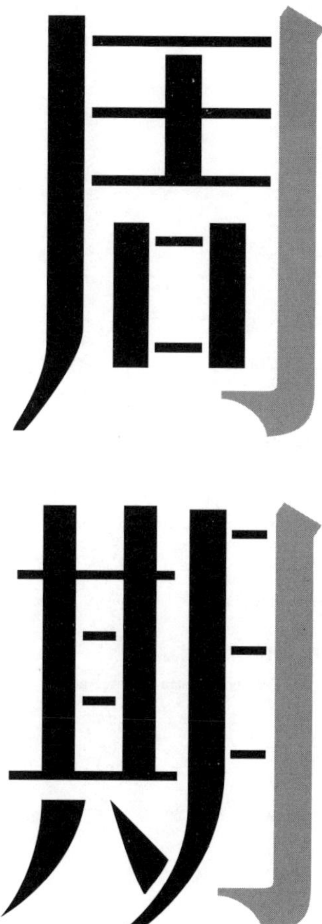

MASTERING THE MARKET CYCLE

Getting the Odds on Your Side

投资机会、风险、态度与市场周期

[美] 霍华德·马克斯（Howard Marks） 著
刘建位 译

中信出版集团 | 北京

图书在版编目（CIP）数据

周期 /（美）霍华德·马克斯著；刘建位译 . -- 北京：中信出版社，2019.2（2022.1 重印）
书名原文：MASTERING THE MARKET CYCLE
ISBN 978-7-5086-9914-1

I. ①周… II. ①霍… ②刘… III. ①经济周期 Ⅳ. ① F014.8

中国版本图书馆 CIP 数据核字（2018）第 297856 号

周　期

著　　者：[美] 霍华德·马克斯
译　　者：刘建位
出版发行：中信出版集团股份有限公司
（北京市朝阳区惠新东街甲 4 号富盛大厦 2 座　邮编　100029）
承 印 者：北京通州皇家印刷厂

开　　本：787mm × 1092mm　1/16　　印　　张：24　　字　　数：294 千字
版　　次：2019 年 2 月第 1 版　　印　　次：2022 年 1 月第 22 次印刷
京权图字：01-2019-0073
书　　号：ISBN 978-7-5086-9914-1
定　　价：88.00 元

献给我一生挚爱的

南希

简、贾斯廷、罗茜、山姆

安德鲁、雷切尔

目　录

中文版序言

过去十多年来，有件事总让我特别高兴，就是我一年一度的亚洲之旅，特别是中国之旅。这十多年来我到访中国十几次，其间，非常荣幸能够认识一些中国最聪明、最有影响力的顶尖专业投资人士，并与他们深入地交流有关投资的看法。我与他们中的很多人都成了相知相敬的老朋友，以及业务合作的好伙伴。这些中国顶尖的专业投资人士对投资事业的激情之巨大，对投资知识的渴望之强烈，直到现在依然令我钦佩，他们和我关于投资的对话总是能代表投资专业的最高水准。

八年前，我写了第一本书《投资最重要的事》，我在书中提及，20世纪60年代我在上大学期间研读过亚洲文化，这对后来我做投资并逐步发展形成自己的投资哲学有很大帮助。最近十几年我每年都和这些中国顶尖的专业投资人多次交流对话，这让我更加深入地理解了中美投资人之间在经济、政治、文化方面的细微差异，一直都在帮助我不断地完善和提升我的投资哲学。事实上，这十几年来和中国顶尖专业投资人士的多次深入交流，对我写这本关于周期的新书贡献很大，特别是在“周期定位”这个方面。

因此，我非常高兴能和中国投资人分享我的第二本书。我的上一本书《投资最重要的事》，以及我以前所写的投资备忘录，其中那些与周期相关的关键内容，构成了这本关于周期的新书的基础。2011 年，我在《投资最重要的事》书中讨论过，市场的涨跌只是一时的，不可能一直如此，上涨之后必有下跌，下跌之后必有上涨，认识到市场波动必有周期对投资至关重要。现在这个世界和八年前有巨大不同，对于投资人来说，市场周期之重要远胜过从前，投资人只有正确合理地理解市场周期，分析影响周期的因素，判断周期未来的趋势，在周期的每个重要转折点采取合适的投资行为，才能长期战胜市场。因此我希望这本新书能帮助你更加深入地理解周期、正确地分析周期、成功地利用周期，形成你自己独有的长赢投资哲学。

在此我要衷心地感谢我的所有中国朋友，我们多年合作，持续交流，让我受益匪浅、收获良多，期待我们将来继续合作，更多地交流。我还要特别感谢我的搭档巢瀚婷女士，她作为橡树资本大中华区的领军人，多年来对橡树资本的发展和我来此与大家共聚的旅程中，厥功至伟。

霍华德·马克斯

译者序

掌握“投资周期第一书”

中国股票投资人都知道股神巴菲特，都喜欢读巴菲特每年年报中给股东写的信。可是，你知道巴菲特喜欢读谁写的信吗?

橡树资本霍华德·马克斯每年都会给客户写几份投资备忘录，像巴菲特给股东写的信一样，分享自己对投资的思考和感悟。巴菲特说：“我会第一时间打开邮件并阅读的就是霍华德·马克斯的备忘录，我总能从中学到不少东西，他的书更是如此。”能让巴菲特十分关注和欣赏，霍华德·马克斯的投资成就肯定也非同一般。

霍华德·马克斯1946年出生，比巴菲特小16岁，1978年开始投资高收益债（即著名的垃圾债券），是第一批垃圾债券专业机构投资者。十年之后，霍华德·马克斯组建了一只不良债权投资基金，可以说这是大型金融机构首次进入不良债权投资领域。后来他又创立了橡树资本，目前管理的资产规模超过1 200亿美元，其中71%是债务投资，其不良债权投资管理规模全球第一。

熟悉巴菲特的投资人都知道，巴菲特不仅股票投资规模做得大，而且固定收益投资规模也做得很大，超过1 000亿美元。其中，巴菲特对垃圾债券情有独钟，并多次对其进行大规模投资，在致股东的信中他也多次对此进行长篇论述。

两位大师的投资领域各有偏重，但长期业绩都非常好。伯克希尔·哈撒韦公司过去 50 多年的平均投资业绩高达 19%；橡树资本过去 22 年的平均投资业绩也高达 19%。

霍华德·马克斯每年都会仔细阅读巴菲特致股东的信，并在自己的书中和投资备忘录中多次引用巴菲特的名言。巴菲特也经常阅读霍华德·马克斯写的投资备忘录，而且非常欣赏他的见解。

有一天，巴菲特建议霍华德·马克斯把这些投资备忘录整理成一本书："你要是写一本书，我会给你的书写推荐语。"之后，霍华德·马克斯就开始整理文稿，下了很大功夫完成了《投资最重要的事》。巴菲特收到书稿，如约做了推荐："这是一本难得一见的好书。"

之后，霍华德·马克斯写了第二本书《周期》。这本书只讲周期，还是在他过去二十多年写的投资备忘录的基础上整理成书，并且加入了新的思考和感悟。这本新书也得到了很多著名投资大师的推荐，其中一位是巴菲特的投资老搭档、人称"长着两条腿的活书架"的查理·芒格。《周期》这本书，告诉我们如何从历史事件中学习经验教训，从而更好地把握未来。"2018 年这本新书出版后，很快登上了《华尔街日报》和《纽约时报》的畅销书排行榜。

霍华德·马克斯的第一本书《投资最重要的事》，我有幸写序推荐。他的第二本书《周期》，我有缘翻译，因此我在三个月内反复读了这本书十几遍。我想说，这本书肯定可以被称为"投资周期第一书"。

人生成功三大要素，天时、地利、人和，天时排名第一。投资成功三大要素，选时、选股、配置，选时排名第一。选时最重要的是周期，讲周期最好的就是这本书。大部分投资人往往只想到市场周期的第一层浅思维，这本书带你进入市场周期的第二层深思维，教你看懂过去的周期规律，看清现在的周期位置，看透未来的周期趋势，获得少数赢家穿越金融危机、长期战胜市场的投资布局真经。所以我称之为“投资周期第一书”。

这本书最大的特色是结合基本面与心理面来讲投资周期。技术分析派讲市场周期只看市场价格数据，宏观分析派讲市场周期主要看宏观经济和货币数据。基本上都是从数据到数据，从模型到模型，既不实用，又无成效。这本书开辟了第三条道路，从经济和企业基本面出发讲市场长周期的基本趋势，从心理面讲市场短周期如何经常大幅偏离基本趋势，基本面、心理面、市场面三面合一，互为因果，互相影响。这样解读周期既符合实际，又好懂好用。

不过投资人都知道，周期这件事，毫无疑问是投资最重要的事，但它像人生命运一样，人人都讲，人人都讲不清楚。没办法，周期这个主题涉及很多方面、很多层次，非常复杂。虽然讲周期的书很多，但这本书讲得最清晰易懂。不过，书中内容也是一环扣一环、一层套一层的，第一次读此书的人，不太容易把握。

如同其他好书，这本书也有一条明显的主线。主线可以分成三个阶段：认识周期、分析周期、应对周期。它们分别对应着这本书的三大部分：认识周期三大规律、分析周期三类九种、应对周期三步操作。

第一部分　认识周期三大规律

本书的第 1 章到第 3 章的核心内容是周期的三大规律。

周期的第一大规律，不走直线必走曲线：前途是光明的，道路是曲折的。任何事件的发展都不会是一条直线，而是一条起伏的曲线。市场周期，大涨之后必有大跌，大跌之后必有大涨。股市如海，永远是潮起又潮落。但是投资人通常只看到股市波动，却没有想到其中其实存在因果关系，上涨过程积蓄着下跌的能量，并最终导致下跌，下跌过程中积蓄着上涨的能量，最终导致上涨。

周期的第二大规律，不会相同只会相似：历史不会重演过去的细节，历史却会重复相似的过程。霍华德 · 马克斯解读投资周期，涨跌的方向会重复历史相似的模式，但涨跌的幅度不会重复历史相似的幅度。股市总是潮起又潮落，非常相似，但潮起多高，潮落多深，次次不同。这是因为随机性的作用。所以周期的大趋势，即大方向可以预测，但具体走势，即涨跌幅度无法预测。

周期第三大规律，少走中间多走极端：市场周期围绕基本趋势线或者平均线上下波动，市场走到一个极端之后，总会向中心点回归或者说均值回归。但是市场回归到中心点之后，却并不会停留，而是继续冲向另一个相反的极端。所以市场不是走到极端就是走向极端。股市只会一直潮起潮落，不是向上涨到极端，就是向下跌到极端。

但是海水潮起潮落的幅度通常很有限，并且相当规律，偶尔遇到台风，巨浪滔天，其涨落幅度和持续时间难以预测。股市波动，大牛市和大熊市如同台风一般威力巨大，大涨或大跌的幅度更大，持续时间更长，更加难以预测。

第二部分 分析周期三类九种

本书的第 4 章到第 12 章分别分析了 9 种投资周期。大自然的周期，相当规律。而人参与的经济活动、企业活动、投资活动的周期，非常不规律，很容易走极端。因为人性决定了这些周期要么向上走极端，要么向下走极端。要研究周期，先研究人，要研究人，先研究人性，人性的表现就是心理和情绪。

第一类周期，基本面周期：经济周期、政府调节逆周期、企业盈利周期。经济周期取决于 GDP（国内生产总值）周期，影响因素一是参加生产的总人口，二是生产效率。政府调节逆周期，其实体现在政府逆周期调节，熨平经济波动，主要依靠货币政策和财政政策，但是政府官员也无法准确预测经济周期。企业盈利周期，从理论上讲，所有企业的产出之和就是一个国家的 GDP，可是企业盈利波动幅度是 GDP 波动幅度的两三倍，甚至更大。其中的主要原因是企业使用了两大杠杆——经营杠杆和财务杠杆。厂房设备等固定资产形成的固定成本在总经营成本中占比越大，形成的经营杠杆越高；负债融资在企业总成本中占比越大，形成的财务杠杆越高。经营杠杆和财务杠杆导致企业销售收入的变化幅度被放大为变化幅度更大的企业盈利。经营杠杆和财务杠杆水平取决于企业经理人的决策。

第二类周期，心理周期：心理钟摆和风险态度周期。

这是书中最重要也最精彩的内容。心理和情绪虽然严格来讲有所不同，但是难以区分，所以作者从便于实际运用出发，把二者结合，心理就是情绪，情绪就是心理。

投资像硬币的两面，不可分离。正面是追逐利润，反面是承担风险。从追逐利润来讲，投资人面对证券的心理和情绪就像钟摆，在恐惧和贪婪两个极端之间来回大幅摆动。这简直是天才的比喻，一下子抓住了那个只可意会而难以言传的东西。我忍不住摘录了下面这段话：

> 证券市场中的情绪波动，就像一个钟摆的运动一样。这个钟摆来

回摆动，形成一道弧线，弧线的中心点完美地描述了这个钟摆的“平均”位置。但是事实上，钟摆待在这个弧线的中心点位置的时间极短，一晃而过。相反，钟摆几乎大部分时间都在走极端，弧线两端各有一个极端点，钟摆不是在摆向极端点，就是在摆离极端点。但是每当钟摆接近极端点的时候，不可避免的结果是，钟摆会反转方向摆向弧线的中心点，或早或晚，反正肯定会反转。事实上，正是钟摆摆向极端点这个运动本身，为钟摆后来反转方向回归中心点提供了能量。

投资市场也形成了类似钟摆一样的摆动：

- 从兴奋到沮丧；
- 从为利好事件欢呼庆祝到为利空事件忧虑不安；
- 从价格过高到价格过低；
- 从贪婪到恐惧；
- 从乐观到悲观；
- 从风险容忍到风险规避；
- 从信任到怀疑；
- 从相信未来的价值，到坚持现在要有实实在在的价值；
- 从急于购买到恐慌卖出。

这种从一个极端到另一个极端的摆动现象，是投资世界最确定的特征，投资人心理像钟摆一样，很多时间都在走极端，要么走向一个极端，要么走向另一个极端，投资人很少停留在中心点上，很少走令人幸福快乐的中庸之道。

在证券市场待过一段时间的人会惊奇地发现，同样的证券，同样的市场，同样的企业，同样的投资人，却会有完全相反的心理和情绪，而且自己的每次反转都被自己认为是对的，反转之后又会再反转。这种反复无常，用钟摆来形容可以说十分神似。

巴菲特说他一生投资成功只靠一个原则：在别人贪婪时恐惧，在别人恐惧时贪婪。其实，投资人做投资，对手就是市场，这里说的别人就是市场。霍华德·马克斯把市场的心理和情绪波动比喻为钟摆，在贪婪和恐惧之间摆动。这和巴菲特的那句名言可以说是绝配。

从投资的另一面承担风险来看，投资人面对风险的态度也是周期性的大起大落，从过度风险规避到过度风险容忍。作者首先说明，风险的正确定义是损失的可能性，不是学术上定义的波动性，并澄清了一个流传很广的错误说法：高风险才有高收益。从风险是损失的可能性来讲，低风险才能获得高收益，因为损失的可能性越小，盈利的可能性越大。作者指出，投资人常常把收益和风险看作一个点，而不是一个可能性区间。

第三类周期，市场周期。这本书中的市场周期一般指的是股市。但从广义上讲，信贷市场和不良债权市场、房地产市场也属于市场，所以为了方便起见，我将它们统一归到市场周期。

信贷周期相对于其他周期，影响力特别大，但谈信贷周期的书要少得多，所以信贷周期是这本书的一大亮点。其实企业都是借短投长，因为短期贷款或者短期债券和商业票据的利率最低。但是企业投资的项目周期要长得多，从销售到回款需要几个月，甚至几年的时间；企业建造厂房，从前期设备投入到收回成本也需要几年时间。所以企业都是不断地滚动融资，旧债到期借新债。可是在经济形势好的时候，再差的企业都能借到钱；在经济形势不好的时候，再好的企业也很难借到钱。作者用窗口来做比喻特别形象，从窗口大开到猛然关闭，简直是冰火两重天，而且变化极快。贷款机构对企业贷款如此，对个人住房贷款也是如此。请注意，管信贷发放的是人，管债券投资的也是人。信贷周期对经济周期特别敏感，对企业盈利周期的影响特别大，对经济和市场的影响也特别大。次贷危机，其实就是信贷周期走极端所造成的危机，而次贷危机引发了全球金融危机。在中国，信贷周期的影响同样很大。读了这本书中的信贷周期，你才能真正明白全球金融危机，才能明白为什么最近中国如此强调"去杠杆"。中国投资人喜欢把信贷周期归为资金面，其实很有道理。

不良债权投资，其实就是破产企业的违约贷款和违约债券，中国的银行称之为不良资产。如果垃圾债还称得上"垃圾"，那么不良债权连"垃圾"都称不上。一般投资人避之唯恐不及，而这正是不良债权具有巨大赚钱机会的根本原因。但是不良债权投资风险极大，只有少数高手才能玩得转，而这本书的作者霍华德·马克斯却是不良债权投资高手中的高手。

房地产周期，是美国次贷危机的根源，也是中国人最关注的周期。房地产周期有三大特点：第一是实物，产品从设想到交付客户长达几年时间，漫长的房地产周期起伏特别大，因此对房地产投资的盈利影响非常大，特别是对烂尾楼的投资。本书作者既投资不良债权，即那些破产企业烂掉的贷款和债券，又投资烂尾楼，他因此发现烂尾楼投资的周期性特别强。房地产周期的第二大特点是开发商只见树木不见森林，只看到自己，没有想到很多同行会有同样的想法，结果出现"一窝蜂"现象，市场要么过热，要么过冷。房地产周期的第三个特点，是投资人盲目相信股市、房价总会上涨，但是这本书的作者用阿姆斯特丹市绅士运河区经过 350 年房价才上涨 1 倍的事例表明，不要相信传说，它不是事实。

股市周期是最重要的市场周期，甚至我们平常所说的市场指的就是股市。股市周期有三个特点：

第一个特点，从多层次组成来看，股市周期集所有其他周期于一身，再加上随机性的影响，形成了股市的波动周期，而且股市周期既受其他周期影响，也影响其他周期。简单地说，基本面加上心理面决定市场面。而市场面反过来影响基本面和心理面。

第二个特点，从波动幅度来看，价格会大偏离，因为投资人不是理性的经济人，他们的心理和情绪会大幅波动，所以资产的买卖价格会大幅偏离价值，投资的机会即在于此，投资的风险也在于此。

第三个特点，从过程来看，大牛市和大熊市都有三个阶段。大牛市的三个阶段是：少数人看到基本面好转，股市小涨；部分人看到基本面好转，股市中涨；所有人看到基本面好转，股市大涨。反过来就是熊市的三个阶段。用巴菲特的话来概括就是：最先做的是聪明人，最后做的是傻瓜。书里讲得最精彩的是，在第三个阶段为什么最后会有一波疯狂上涨，因为原来一直坚持不追涨买入的人，一直看到周围的人在赚钱，实在太痛苦了，实在坚持不了，最后投降了，开始疯狂买入，一下子市场上只有人买，没有人卖出了。作者做了一个比喻，这就像双方进行拔河比赛，在大牛市最后阶段，卖方一下子都投降了，反过来加入买方，结果市场疯狂上涨，可是因为再也没有人卖出，市场最终涨不动了，而一有风吹草动，市场就开始反转下跌。所以经常会有人说：我一买，市场就开始跌了。因为你是最后投降的那批人中的一个。此外，市场涨起来很慢，跌起来却很快，作者将它比喻为：股市泡沫就像气球，充气慢，但泄气非常快。作者提醒道：世界上没有只赚不赔的神奇投资产品，就像世界上没有长生不老的神药一样。当这种神奇的投资产品非常流行时，市场发出了大泡沫的严重警告。

第三部分　应对周期三步操作

认识周期的三大规律，只为了一个目的：应对周期，利用周期，从而获得更多盈利和更高的业绩。这就是这本书讲的第三部分：应对周期。这也是最实用的一部分（第 13 章到第 16 章）。

概括地说，应对周期就三步：有识、有胆、有备。中国人常说，有胆有识。其实是先有识后有胆，有胆有识还不够，还要有备，以防万一。

第一步，有识——现在市场到周期的什么位置了。看清现在，才能把握未来。作者的方法是，给市场量体温，就是用一些关键指标来衡量市场估值水平，以及市场情绪是过热还是过冷。市场情绪非常容易传染，在大牛市里，保持众人皆醉我独醒，非常困难。

第二步，有胆——在别人贪婪时恐惧，在别人恐惧时贪婪，这也是巴菲特投资成功的秘诀。从承担风险的角度讲：别人越不谨慎小心，自己越要谨慎小心。我们前面搞懂了市场波动永远是周期性的，市场涨得越高，跌的可能性就越大，我们应该早早卖出。反过来，市场跌得越低，涨的可能性越大，我们应该及时买入。但说起来容易做起来难。大熊市里人人恐慌，有几人有胆量勇敢地进场买入？大牛市里，人人贪婪，有几人有胆量勇敢地卖出离场？但是要成功，非如此做不可，难怪投资成功者，往往只是少数人。

第三步，有备——要在三个方面做好出错的准备。第一个是你出的错误，是人就会出错。第二个是来自市场之外的意外事件，比如风暴、洪水、地震、海啸、日本核泄露、英国脱欧、中美贸易战。第三个是市场本身的错误，市场一直保持错误的时间，比你能保持不爆仓的时间还要长！你分析得对，你做得也对，但是市场就是死不悔改，直到你爆仓之后，市场才迅速修正错误，你没能坚持到光明到来的那一刻，死在了黎明前的漫长黑夜里，因为你没有想到黎明前的黑夜会如此漫长，如此难熬，你的弹药和粮食耗光了。所以作者感叹：投资最大的秘诀就是活下来，不是胜者为王，而是剩者为王。巴菲特说："我不要 99% 会成功却有 1% 会爆仓的可能性。"每年都有投资很成功的人，但十几年后还成功的投资人极少。看看巴菲特和霍华德·马克斯，他们经历了几次大危机而不倒，真是令人钦佩。

要想长期投资成功，关键是保持投资组合布局平衡。作者提出，投资成功要在三对关键因素上保持适当的平衡：周期定位与资产选择（选时与选股），激进与保守（进攻与防守），技巧与运气。这三对因素就是左手与右手、左腿与右腿、左脑与右脑，缺一不可，而且要保持适当平衡。但是其实在适当的时候偏向正确的一边才能保持真正的平衡。

中国人喜欢说，人定胜天。投资人容易过分自信，认为人肯定能战胜市场。作者写这本书，讲市场周期，就是想帮助投资人战胜市场。但是他最后提出了，投资人应对周期有局限性，其原因有两个：人不是神，能力有局限；而且有时候，人算不如天算。要成为一个完美的投资人，关键在于认识自己的局限性。

这本书讲的是周期，可是投资人如此用心地研究周期，追求投资成功，却没有想到，投资成功本身也有周期。失败是成功之母，成功也是失败之母。

最后，我们又要从终点返回起点。其实这本书只有一句话：周期永远在。我们投资失败，往往因为觉得"这次不一样"，其实后来才发现，这次还一样，周期永远在。做投资，你可以什么都不相信，但你必须相信周期。只要有人在，就有周期。正如马克·吐温的那句名言：历史不会重演细节，过程却会重复相似。

感谢汇添富基金管理股份有限公司张晖总经理、李文董事长、雷继明副总经理、娄焱副总经理、营销管理部童彬总监多年来对我工作的支持和帮助。

感谢我妻子徐晓杰的付出，让我有更多的时间和精力翻译。感谢我女儿刘林菲经常敦促我的翻译进度，这才让我三个月就完成了翻译。

个人能力有限，这次翻译时间也很紧张，错漏之处请各位多多指正。我衷心希望你和我一样喜欢这本书，我认为这是一本难得一见又十分有用的讲周期的好书！

刘建位

2019 年 1 月 15 日于上海

序　言

八年前，我写了第一本书《投资最重要的事》，主题是投资人应该最关注什么事情。在那本书里，我提到"投资最重要的事是要关注周期"。可是，事实上，这个标签"最重要的事"，我也同样用在其他 19 件事上。结果，20 件事每件都是最重要的事。其实在投资上根本没有所谓单独一件最重要的事。我在《投资最重要的事》中一共讨论了 20 件事，其实每件事都是投资最重要的事，投资人想要成功，一个也不能少。

文斯·隆巴迪——美国绿湾包装工橄榄球队传奇教练——说过的一句话很有名："赢，并非一切，而是唯一。"我一直搞不清楚隆巴迪这句话到底是什么意思，但是有一点毫无疑问，隆巴迪认为赢是最重要的事。同样，我不能说，理解周期就是投资的一切，也不能说投资是唯一重要的事，但是我可以说，在把所有投资最重要的事列成一张清单，并按照重要性排名时，理解周期这件事肯定名列前茅。

做投资管理 50 多年，我认识不少卓越投资人，他们对周期特别有感觉，能觉察到周期大致的走势，以及现在我们处在当前周期的什么位置。对周期有感觉，能让他们比别人更好地预判周期的下一波走势，并相应做好组合投资布局以稳妥应对，自然地，他们的投资业绩做得就会特别好。选时选得好，投资工具用得好，负责投资操作的人又做得好，天时、地利、人和，是投资成功最主要的三大因素。我创立的橡树资本管理公司之所以能够投资成功，绝大部分原因基于此。

鉴于此，我决定在《投资最重要的事》之后，专门写一本书来探讨周期这件投资最重要的事，这是第一个原因。第二个原因是我发现在周期波动里，有些事让我特别着迷。第三个原因源于客户问我最多的一个问题——我们现在处于周期的什么阶段。第四个原因是专门探讨周期本质的书特别少。所以，我写了这本书专门探讨周期，希望对大家有用。

~~~

在我们周围的世界，有些模式和事件一再重复发生，很有规律，影响着我们的行为和生活。冬天比夏天更冷，下雪更多；白天比夜晚更亮。因此，我们会把滑雪度假安排在冬天，把航海度假安排在夏天；我们白天工作和娱乐，晚上睡觉。夜幕降临，我们会开灯；上床睡觉，我们会关灯。冬天我们穿上温暖的厚外套，夏天我们则换上薄泳衣。尽管有些人为了追求刺激，会在冬天到大海里冬泳，有些人选择上夜班，以便把白天空出来做自由安排，但是绝大多数人都遵循大自然四季交替的规律，遵循人体昼夜 24 小时的生理规律来安排生活和工作，这能让我们每天过得更加轻松舒适。

我们人类有能力认识和理解周期模式，这让我们做决策更容易，而且收益更多，损失更少。特别重要的是，知识就是力量，我们掌握了这些重复发生的模式方面的知识，以后在碰到这些事情时，我们做决策就会非常省事了，只要依葫芦画瓢就行了，不用每次都要从零开始再折腾一番。我们知道飓风大多集中在 9 月，所以每年 9 月的时候，我们就
~~~

避免去加勒比海。纽约冬天天气很冷，所以纽约人冬天会去迈阿密市或者菲尼克斯市度假，因为此时那里的气候温暖舒适。我们熟知一年四季气温变化的规律，就再也不用在 1 月的每天清晨，重新想一遍今天屋外是冷还是热，自己究竟应该穿厚衣服还是薄衣服。

经济、企业、市场，和天地一样，也遵循一再重复的模式有规律地运行。有些重复发生的模式，大家一般称之为周期。促成经济周期、企业周期、市场周期形成的原因主要有三个：第一是自然发生的现象，更加重要的是第二个原因——人类心理的起起伏伏，第三是由前面两个因素所导致的人类行为。人类心理和人类行为在创造上述周期上所起的作用非常大，所以这些受人为因素影响很大的周期，比如经济周期、企业周期、市场周期，远远不像钟表和日历那样有规律，但是这些周期也是周期，有明显的波动，对于人类的某些行为来说，有些阶段是好时机，有些阶段是糟糕的。所以经济周期、企业周期、市场周期对投资人的影响极大。如果关注这些周期，我们就会先人一步，赚取更多收益。我们研究过去的经济周期、企业周期、市场周期，搞清楚这些周期的起源和重要影响，警惕周期下一波的走势，就能提前做好决策以妥善应对，就不用像重新发明轮子一样多费工夫了，不用每一次在面对投资环境变化的时候都要辛辛苦苦地从头研究，才能做出应对决策。看清周期，我们就能看清大势，就不太容易被那些纷乱的事件蒙蔽。知识就是力量，掌握这些重复发生的周期模式，能让我们的投资做得更好。

~~~

这就是本书要告诉大家的投资最重要的事，我们一定要关注周期，也许我应该这样说：“倾听周期”。依据词典网（dictionary.com）的解
~~~

释，倾听（listen）这个词有两个义项，二者紧密相关，但又有差别。倾听的第一个义项是用耳朵听，“为了听清楚而把耳朵贴近”。倾听的第二个义项是用心倾听，“留心”。倾听的这两个义项，都和我所说的“倾听周期”的意思相关。

为了合理地布局投资组合，应对投资环境的下一步变化，以及投资环境变化所引发的未来市场的走势变化，投资人必须时时保持注意力高度集中。事件面前人人平等，在同一个投资环境里进行投资操作，一旦有事情发生，每个人都能倾听到。每个人都是用耳倾听的，但是每个人用心倾听的程度差别很大，人们关注事件的程度不同，理解事件的程度也会存在很大差异，因此人们认知事件的潜在影响的程度也差别很大。

不是每个人都是同样用心倾听的。“用心倾听”，我用这个词的意思是“内心听从，牢记在心，遵循指引，用心去做”。换句话说，“吸取教训，信守奉行。”为了更好地表达“用心倾听”这个意思，我可以列举一些反义词，也许这样会使人更明白下列这些词的意思：忽视、忽略、轻视、无视、藐视、疏忽、不关注、不注意、不在乎、不考虑、不理不睬、装聋作哑、放弃、躲避、否认、拒绝。不管怎么说，有一点始终都不变，投资人若不用心关注自己现在所处的周期位置，后果肯定很严重，损失一定很惨重。

为了从本书中受益最大，让自己在应对周期这件投资最重要的事上做得最好，投资人必须学习识别周期，评估周期，搞清楚周期的含义，依照周期所指示的方向行动。投资人如果能够如此用心倾听，那么周期便不再是狂野的力量，无法被控制，肆虐横行，造成严重破坏，而是变成你可以理解的现象，而且你可以利用它来获得投资优势，让它成为你能够挖掘的矿藏，从而让你的投资业绩大幅领先。我希望本书能够帮你化混沌为周期，化周期为知识，化知识为力量，化力量为业绩。

~~~

要掌握长赢投资哲学，必须综合很多基本要素，缺一不可：

第一，分析技能是基础。要培养你的分析技能，包括财务、金融、经济分析技能，这些基本分析技能是投资长赢的基础，而且都是必需的，但只有这些，还远远不够。

第二，市场观很重要。明白市场如何运作非常重要。开始投资之前，你必须先树立良好的市场观，但是不仅如此，你在开始投资之后，随着投资经验不断积累，你的市场观也要相应地增补、质疑、精进、重塑。

第三，大量阅读，多学习。你最初的投资观点，有些来自你阅读的东西，所以阅读是你构建投资观的重要基石之一，不可或缺。在投资过程中，你还要继续坚持阅读，不断地接受你所发现的有益的新观点，不断地抛弃你所发现的无益的旧观点，这样才能帮助自己不断提高投资策略的有效性。关于阅读，有一点很重要，不要只读和投资相关的书，要多读和投资无关的书。传奇投资人查理·芒格经常说：广泛阅读大有裨益；广泛阅读能让人拓宽眼界，学习了解除投资之外其他领域的历史和过程，大大丰富你的投资武器库，增加很多有效的分析方法和决策方法。

第四，结交同行多交流。多和投资同行交流，能大大帮助你提升投资能力。这样做的好处之大，无法估量。因为投资本质上不是一门科学，所以你学习投资这条路永远没有终点，必须干到老学到老。而且投资永远有新东西，永远有新变化，所以没有一个人能成为投资学霸，独
~~~

揽所有投资高见，每个人都有各自的投资高见。一个人可以孤独地做投资，但是我觉得，独自做投资，会让你错失很多好东西，不如多结交同行多交流，这样既能增长见识，又能增进友谊。

第五，投资经验最可贵。其他任何东西都无法真正替代你自己的亲身经历。每过一年，我对投资的看法就会有所不同。我所经历的每轮周期，都会教给我一些经验教训，让我能更好地应对下一轮周期。我觉得，投资是一个长期事业，投资是一辈子的事，我们任何时候都没有理由停下来，故步自封，不思进取。

写书这件事，让我自己受益良多。以书搭桥，让我结识了很多良师益友，增长了我的投资见识，丰富了我的职业生涯。在此我向这些良师益友深表感谢：

第一，阅读大师名著，让我受益良多。这些大师包括彼得·伯恩斯坦、约翰·肯尼斯·加尔布雷斯、纳西姆·尼古拉斯·塔勒布、查理·埃利斯。

第二，引用高人高见，为我的书增光添彩。我写上一本书《投资最重要的事》和其他文章时，引用了很多高人的高见，本书会继续引用这些高人的高见。其中包括塞斯·卡拉曼、查理·芒格、沃伦·巴菲特、布鲁斯·纽伯格、迈克尔·米尔肯、雅各布·罗斯柴尔德、托德·康布思、罗杰·奥特曼、乔·格林布拉特、皮特·考夫曼、邓·卡斯。2013年，我和我妻子南希跟着孩子搬到纽约居住，这让我非常幸运地又认识了另外三位高人：奥斯卡·谢弗、吉姆·蒂施、阿吉特·杰恩。这些高人看待事物，都有自己一套独特的方式。通过向他们学习，我大大增长了见识。

第三，我要感谢我最重要的合作伙伴，也是我们橡树资本的共同创始人布鲁斯·卡什、谢尔登·斯通、理查德·马森、拉里·基尔。让我深感荣幸的是，他们同意采用我的投资哲学作为橡树资本的投资方法之本，并在实践中巧妙地加以应用（这才让我的投资哲学得到外界的认可和好评），在过去合作的30多年里，他们帮助我不断地提升和完善我的投资哲学。后面的内容我会对此进行详述，我和布鲁斯·卡什经常交换看法，互相支持，合作30多年来，可以说我们天天如此。正是共同经历了思想的相互碰撞，特别是在那些困难的日子里的交流，才形成了本书中所提出的周期分析方法。

我还要感谢其他朋友，他们为我创作本书提供了很大帮助：优秀的编辑里克·沃尔夫，他才华横溢；经纪人吉姆·莱文，他人脉很广，资源很多，正是他介绍我认识了编辑里克；我的好朋友卡伦·麦克·戈德史密斯，他推动我把书写得更加吸引人，并做了一次又一次的修订；我的资深助理卡洛琳·希尔德，为我的工作和写作提供了极大支持。我要特别感谢芝加哥大学布斯商学院的兰迪·克罗兹纳教授，他帮助我审阅了本书中有关经济周期和政府调节逆周期的几个章节。

~~~

由于知识会持续不断地增长，我们永远不可能掌握所有知识，所以我期待未来能够学到更多的知识。在投资的世界里，没有哪些知识会永远有效，因为投资环境总在变化，而投资人努力应对环境变化，这又导致环境进一步发生变化。因此，我希望将来我能知道我现在所不知道的知识，我也期待将来还可以通过写备忘录和写书来和大家分享我的新知。
~~~

作者说明：

1. 就像我写《投资最重要的事》一样，一开始我就要向各位女士坦诚地表示歉意，因为我一直用代表男性的“他”。没办法，这是习惯的力量，我从60多年前就开始写作了，我觉得自己更容易也更忍不住用“他”，而不是用“他或她”。交替使用“他”和“她”，我觉得很不自然。主语若是一个人，我也不喜欢用“他们”。在几十年的职业生涯中，我有幸和很多杰出的女士合作过，她们都知道，我非常尊重女士，看待女同事不会比那些男同事低一丝一毫。

2. 与我上一本书《投资最重要的事》一样，为了说明我的观点，本书也会一次又一次地引用我写给客户的那些投资备忘录。我从1990年就开始给客户写投资备忘录了，到现在写了快30年。我也会引用我第一本书《投资最重要的事》里的一些内容。我也可以重新写这些主题，但我可不愿意给自己找麻烦，因为根本没有必要重新发明轮子。相反，我会从我写的第一本书和投资备忘录里摘录一些关键段落。因为我觉得，这些段落已经把意思表达得非常清楚了。我希望我这样做，不会让读者失望，不会让他们觉得我是新作抄旧作，买新书看旧内容，钱花得不值。

为了更好地实现本书的目标，我偶尔会微调这些被引用的段落，有时加几个字，有时删几个字，有时调换顺序，以和原文不同的方式进行呈现。因为这些被引用的段落，都是我自己写的东西，所以我觉得就不用每次引用都加注释了。但是我要说明一下，我做的这些小小的修改，只是为了让这些我过去写的东西更有助于表达我在本书中的观点，我绝对不会改变这些段落原来的意思，也会用我现在更深刻的见解使它们显得更加正确。

3. 和我上一本书《投资最重要的事》一样，本书也是只讲了一个主题。上一本书讲的主题是投资，本书讲的主题是周期，这两个主题有相同的特点，它们都非常复杂，涉及很多相互交织的因素，很难清楚地将它们划分为不同的章节。其中有些因素，很多章节都会涉及，所以你可能会发现书中有些地方重复引用，其中有的是重复引用别人写的东西，有的是重复引用我自己之前写的书和投资备忘录中的内容。没办法，我实在忍不住才会再次引用它们。

4. 请注意，当我谈到“投资”的时候，我会假定投资人是在买入，在持有，或者用投资的行话说“看多”，即投资人预期某些资产的价格将来会上涨。与此相反的投资行为是“卖空”，就是卖掉某些自己手上并不持有的证券，并希望这些证券的价格将来会下跌。投资人并不总是看多，但是在大多数情况下都是看多的人更多。那些卖空股票的人，或者“静卖空”的人（静卖空是指卖空股票仓位市值超过其持股仓位市值），在投资人整体中所占的比例极小。也就是说，在本书里，我的目标读者，是那些正在投资买入和正在持有某些资产的投资人，因为他们预期这些资产的价格将来会上涨，我的目标读者不是那些预期某些资产的价格将来会下跌而卖空这些资产的人。

5. 最后我要说的是，我一开始以为本书只谈周期，结果写着写着，我产生了一些其他想法，它们都是关于很多其他主题的，比如资产选择、“抓住跌落的小刀”。我没有删去这些与周期无关的内容，而是将它们纳入本书。我希望你在读到这些无关周期的内容时也会感到高兴，你可以转个小弯，稍事休息，可能会有意外收获。

01

为什么投资要研究周期？

我们在周期上所处的位置发生变化，我们的赢面就会变化。如果不能相应地改变我们的投资占位，我们面对周期就会消极被动。换句话说，我们忽视了主动调整以改变胜率的机会。但是我们如果既懂周期又会利用，就可以顺应周期的趋势把投资做得更好：当赢面对我们更有利时，我们可以增加赌注，投入更多资金买入资产，提高组合的进攻性；相反，当赢面对我们不利的时候，我们可以退出市场，把钱从赌桌上拿回来，增强组合的防守性。

投资这件事，其实就是做好准备应对未来。我们可以很简单地定义投资人的任务：今天我们安排布置好投资组合，我们希望接下来几年发生的事情会让我们获利。

对于专业投资人来说，要成功，就要做好这件事，而且比一般投资人做得更好，体现在业绩跑赢指定市场基准，即由所有投资人行为决定的市场平均业绩水平。但是要想成功跑赢市场，这个挑战可不小：要取得市场平均业绩非常容易，但是要超越市场平均业绩却非常困难。

我的投资哲学最重要的基本因素之一是，我坚信，我们根本无法知道未来“宏观面”会如何，比如未来经济、市场、地缘政治情况。更准确的说法是，总体而言，极少有人对未来宏观面比其他人知道得更多。因为要想比别人更好地预测未来，我们就需要：有质量更好的数据；对手中的数据分析得更好；知道基于数据分析应该采取哪些更有效的行动；意志坚定，能把计划付诸行动。只有我们知道得比别人更多，我们的预测才能够比别人做得更好，才能让我们的投资业绩比别人的更好。

简单地说，要是我们得到的信息和别人一样多，分析信息的方式和别人一样，得到的分析结论和别人一样，按照这些结论所采取的行动也和别人一样，那么我们凭什么期望自己最后的投资业绩比别人更好呢？在宏观面分析和预测上持续超越其他人，这是非常困难的。

所以，我个人认为，下很多功夫预测未来的宏观面，不可能帮助投资人取得优异或出众的业绩。靠宏观面预测战胜市场而闻名的投资人极少。

沃伦·巴菲特告诉过我，他期望得到的信息要符合两个标准：一是重要，二是可知。尽管“每个人都知道”，最近这些年来，宏观面变化成为决定市场业绩表现的最主要因素，但是“宏观面投资人”的整体业绩水平很一般，一点儿也不引人注目。这并不是说宏观面不重要，而是表明只有极少数人能够精通宏观预测。对于绝大多数人来说，宏观面可以说是不可知的（或者在很大程度上是不可知的，因而不足以让投资人持续跑赢市场）。

因此我根本不理会那些宏观预测，因为绝大多数投资人不可能靠宏观面预测获得成功，我可以百分之百地确定我也属于其中之一。既然宏观面预测不靠谱，在其他方面我们能做些什么？抛开很多细节和细微差别，大体来看，我认为在三大方面如果投入时间分析研究，我们就会收获最多：

第一，基本面。基本面包括行业基本面、公司基本面、证券基本面。我称这些基本面是“可知的”，你要努力比别人知道得更多。

第二，市场面。你要训练自己，严守纪律，支付的买入价格要合理，和上述行业、公司及证券的基本面相匹配。

第三，组合面。你要理解我们现在所处的投资环境，以决定我们的投资组合的战略布局适应投资环境。

关于基本面和市场面这两块儿，已经有很多分析了。以下因素合在一起，构成了我们熟悉的“证券分析”和“价值投资”的关键因素：判断某资产未来能够产生多少业绩回报，通常是用每股收益或每股现金流来衡量，然后基于这些未来业绩预测来估算这项资产现在的价值。

价值投资人做的是什么？他们努力利用“价格”与“价值”之间的不匹配来获利。要把这件事做成功，价值投资人需要先做以下三步：

第一步，评估价值。量化评估某资产的内在价值现在是多少，以及它将来随着时间推移会如何变化。

第二步，评估价格。比较分析这项资产现在的市场价格过高还是过低，比较的基准是这项资产的内在价值和历史价格、其他同类资产的价格，以及所有资产整体的“理论公允”价格。

第三步，构建组合。这些价值投资人利用以上评估价值和评估价格的信息来构建投资组合。在大多数时候，他们组合的近期目标是持有最能创造价值的资产，这些资产拥有最大的价格上涨潜力，或者拥有最佳的上涨潜力和下行风险比。你也许会说，构建投资组合、选择资产，也没什么复杂的，无非就是识别出那些价值最高的资产，选择市场价格相对其内在价值被严重低估的资产。整体而言，长期来看这基本上是对的。但是我认为，在构建组合的整个过程中，加入另外一个因素，会让你获利更多，那就是针对接下来几年内市场可能发生的事件，做好相应的投资组合布局。

在我看来，在某具体的时点上，要优化投资组合布局，最有效的方式是要决定在进攻和防守之间保持什么样的平衡比例。我相信，攻守平衡应该与时俱进，以应对投资环境的整体变化，以及投资环境中的很多因素在其周期中所处位置的变化。

> 关键在于“校准”。你的投资规模，你在不同机会上的资本配置比例，你持有资产的风险，所有这些都应该校准，你将一个从进攻到防守的连续体作为标尺来校准……当得到价值的价格相当便宜时，我们应该积极进攻；当得到价值的价格比较昂贵时，我们应该后退防守。
>
> 《历史还在不断重演》，2017 年 9 月投资备忘录

校准你的投资组合布局，分析周期，因时而变，与时俱进，是本书所讲的最主要的内容。

~~~

为什么要研究周期？要搞清楚其中的原因，我们需要抓住几个关键词。其中一个关键词是“趋势”。

如果影响投资的因素是有规律的，而且是可预测的，例如宏观预测，那么我们可以很有把握地说某事“将会发生”。事实上它们根本没有规律可循，但这并不意味着我们不要思考未来了。相反，我们可以讲，有些事情将来可能会发生，或者有些事情应该会发生，或者有些事情有多大可能性会发生。这些事情就是我所说的“趋势”。

在投资界，我们一直不停地讲风险，但是投资界一直未能达成共
~~~

识的是，风险到底是什么，风险对投资人的行为意味着什么。一些人认为，风险是亏钱的可能性，而另外一些人（包括很多金融学者）认为，风险是资产价格或者收益的波动性。风险的定义非常多，多到我在这里都无法一一列举。

我个人非常倾向于上述第一种对风险的定义：依我看来，风险主要是资本永久损失的可能性。但是也存在另外一种风险——机会风险，即错失潜在盈利的可能性。把上述两种对风险的定义合二为一，我们可以看到，风险就是事情发展不如人愿的可能性。

风险的起源是什么？我们来听听彼得·伯恩斯坦的看法。他是我最喜欢的投资哲学家，他创办了一份投资杂志《经济和组合投资策略》。他在 2007 年 6 月那一期的刊物上这样写道：

> 从本质上讲，风险就是我们并不知道将来会发生什么事……我们每时每刻都在步入未知的世界。将来可能会出现一系列结果，它们构成一个区间范围，但是我们并不知道实际发生的结果会落在这个区间的哪个点上，甚至在通常情况下我们也不知道那个区间的范围有多大。

在后面的内容中我会提到我个人对风险的一些看法（这些看法高度概括，是我在 2015 年 6 月写的投资备忘录《重新再谈风险》中对风险的长篇分析），这些看法直接以彼得·伯恩斯坦的看法为起点，并进行深入思考拓展而来。我的这些思考也许可以帮助你理解风险和应对风险。

伦敦商学院的退休教授埃尔罗伊·迪姆松说："风险意味着，可能发生的事情比将会发生的事情多。"对于经济界、企业界、市场中的每个事件来说，如果只有一件事情会发生——这件事情只有一个结果——这件事情可以被预测，那么当然，其中根本不会存在不确定性，也不会存在风险。如果未来根本不存在不确定性，那么从理论上来讲我们可以精确地知道，我们应该如何布局投资组合以避免损失和获得最大收益。但是在现实生活和投资中，事物发展可能会出现很多不同的结果，所以不确定性和风险根本无法避免。

基于以上讨论得出的结论是，未来不应该被看作一个固定的结果——它注定会发生，完全能被预测。我们应该把未来看作一系列由概率构成的区间，这些概率最好能基于各个事件所发生的可能性进行分析判断，从而把未来看作一个概率分布。概率分布反映了一个人对未来趋势的看法。

投资人或者任何想要成功应对未来的人，必须具备进行概率分布分析的能力——未来要么是清清楚楚的，要么是有些模糊的。你概率分布分析做得好，非常有助于确定合适的行动路线图。但是有一点很关键，你要牢记在心，即使我们知道未来可能发生什么，但是这并不意味着我们会准确地知道未来会发生什么。

关于一个特定问题的众多结果，也许从长期来看它们符合概率分布，但是单一事件的结果会有很大的不确定性。概率分布中包含的任何一种结果都可能发生，尽管其发生的概率有所不同，因为最终发生的那个结果，要经历一个在众多可能发生的结果之间进行选择的过程，影响这个选择过程的因素，不仅是各种结果的不同优势，而且还有随机性。把迪姆松的话反过来说就是，尽管有很多事可能会发生，但是只有一件事会发生。我们也许知道“平均而言”将会发生什么事，但是这与后来实际发生的事也许根本无关。

我自己是这样想的，投资成功就像中大奖，这就好像从彩票箱

（可能出现的结果的完整区间范围）中抽到一张彩票（最终发生的结果）。每种情况都是从很多可能出现的结果中选择某结果，这可能是十里挑一、百里挑一，甚至千里挑一、万里挑一。

卓越投资人比一般投资人强在哪里？卓越投资人的感觉更好，更能想象出抽奖箱里大概有哪些彩票，因此他们更能判断花钱买彩票参加抽奖值不值。换句话说，卓越投资人，其实和其他所有投资人一样，都不知道未来究竟会怎样，但是，卓越投资人对未来趋势的理解明显超过一般投资人。

顺便说句题外话，我想在这里多谈一些个人想法。大多数人觉得，应对未来的办法就是对未来会发生什么形成自己的预测，也许是利用一个概率分布。我认为事实上要应对未来，我们必须做到两点，并不是一点。我们除了要对未来所发生的事情形成自己的预判外，还要估量自己这个预判有多大可能性被证明是正确的。有些事情，我们在预测时对自己的信心很大（例如，我们预测某信用评级为投资级别的债券是否会按约支付利息）；有些事情，我们在预测时无法确定（比如，亚马逊十年后会不会继续是在线零售领域的领导者）；有些事情，我们是完全不可预知的（比如，下个月股票市场会涨还是会跌）。我这里要说的是，并不是所有的预测都有相同的正确可能性，因此我们并不能同等地信赖所有预测。我认为，大多数人并没有认识到这一点，尽管他们本来应该了解这一点。

～～～

前面所说的卓越投资人，对他们我们有更合适的描述：卓越投资人能够洞察未来趋势，因而能够提前布局，提高胜算。

打个比方，一个罐子里面装着100个球，有些是黑球，有些是白球。一个人从罐子里拿出来一个球，你猜它会是什么颜色？

- 你如果根本不知道罐子里的100个球，其中有多少个是黑球，有多少个是白球，就去猜被拿出来的球的颜色，你只能是纯粹瞎猜。与此类似，假如你知道这个罐子里的100个球中有50个是黑球、50个是白球，那么，一个人从罐子里拿出一个球，无论你猜它是黑球还是白球，其实赢面都一样，但是，这也意味着你赢和输的概率都不会超过50%。你这样去和别人打赌会很傻，除非你得到的赔率至少是50%，而且你还能够避免支付入场费（在投资上它相当于佣金或者买卖价差）。当黑球和白球的赢面大小相等时，你押注哪个都不会赚到很多钱，除非你的运气特别好，但是运气这事可靠不住。对罐子里黑球和白球的数量，你知道得并不比别人多，所以这样押注赚钱，的确不靠谱。
- 但是，如果你对罐子里黑球和白球各自的数量特别清楚，那么你的赢面又会如何？比如你知道罐子里的100个球，其中70个是黑球，30个是白球，这就会让你赢的概率大大超过输的概率。如果你赌10美元拿出来的球是黑球，有别人和你对赌，并且支付相同的赔率，那么你有70%的概率能够赚到10美元，有30%的概率你会输掉10美元。假如你连续赌上10次，7赢3输，那么你的期望盈利能有40美元。（请注意这只是大量试验的平均结果，但是短期结果由于受随机性的影响，可能会大幅偏离平均结果。）
- 当然，你的对手之所以愿意给你赌黑球和白球同样50%的赔率，是因为有两个前提条件：一是他不知道罐子里100个球中有70

个是黑球，30 个是白球；二是他不知道你知道这个信息。如果你知道的情况你的对家也知道了，那么他会给你 30% 的赔率来赌黑球出现，这样，你又赚不到钱了。

- 换句话说，要在这场对赌游戏中赢多、输少，你就必须在知识上有优势，你要比对手知道得更多。这正是卓越投资人的优势所在：卓越投资人对未来的趋势比一般投资人知道得更多。
- 但是有一点很重要，你一定要牢记我前面说过的一句话：你即使知道概率，也就是说，你即使对未来的趋势有卓越的见识，也还是不知道未来究竟会发生什么。你即使知道罐子里 100 个球中的黑球和白球的比例是 7∶3，也还是不知道下一个由其他人拿出来的球会是什么颜色。毫无疑问，黑球被拿出来的可能性大于白球被拿出来的可能性，但是还会有 30% 的概率被拿出来的是白球。由于罐子里既有黑球也有白球，特别是在拿球时选中黑球还是白球会受到随机性和外部力量的影响，所以最终结果我们根本无法百分之百地确定。
- 尽管有以上所说的这些不确定性，但是你要评估这个赌局是否值得下注，并不需要百分之百地确定。对未来趋势，你知道得比别人更多，即占有知识优势，就足以让你取得长期投资成功。

~~~

以上所讲的是理解周期能带给我们的好处。一般投资人对周期并不了解：
~~~

- 一般投资人并不完全理解周期的特点和周期的重要性。
- 一般投资人投资经验很浅，没有亲身经历很多轮周期的经验。
- 一般投资人没有仔细读过金融史，因此没有从过去那些周期中学到经验教训。
- 一般投资人把环境主要看作一系列孤立的事件，而没有注意到重复发生的模式及其背后的原因。
- 最重要的是，一般投资人不明白周期的重要意义，以及周期能够暗示他们应该如何行动。

卓越投资人十分关注周期。他们会留意过去的模式是不是会重复发生，保有一种“周期感”，大致判断出我们现在所处的重要周期的类型和位置，而且知道周期信息所传达的含义以及自己应该如何采取行动。

- 我们现在接近某周期上行阶段的开始，还是处于这个周期上行阶段的尾声？
- 如果某周期已经上涨了一段时间，那么这个周期是不是已经上涨得太久了，由此导致我们现在处于顶部即将由涨转跌的危险区域？
- 投资人的行为是不是表明他们正在遭受恐惧或贪婪情绪的影响？
- 看起来，投资人的行为是合理地回避风险，还是愚蠢地容忍风险（承受风险）？
- 市场过热（而且市价过高）或者市场过冷（而且市价过低），是由最近的周期性波动引起的吗？
- 综合考虑以上因素，我们现在所处周期的位置，是不是意味着我们应该加强防守或者加强进攻?

留心这些因素让卓越投资人占据优势，使他们能够赢钱多，输钱少。他们明白趋势，也可以说是赔率，因此有些事他们能知道，而其他人并不知道，这就好像他们知道装在罐子里的黑球和白球的比例。他们能感觉到赢的机会是否大于输的机会，因此他们能够在自己赢面大的时候多投资，而在自己赢面不大的时候少投资。重要的是，他们评判的依据，都是基于当前所观察到的情况。观察分析现在，能告诉我们如何做好准备应对未来，而这并不要求我们能准确地预测未来。对此我在后面的章节中会详述。

记住我们所处周期的位置，它会深刻影响我们的获胜机会。正如你在后面的章节中会看到的那样，以下情况会给你带来改善投资收益的机会：

- 经济和企业盈利更有可能向上摆动，而不是向下摆动。
- 投资人的内心是清醒冷静的，而不是乐观看涨的。
- 投资人关注风险，最好是过度关注风险。
- 市场价格没有上涨得太高。

有些周期符合上述所有情况（甚至更多），而且我们知道自己所处的周期的位置，这些能够帮助我们提高胜算。简而言之，事情按照周期运动变化，让支配未来事件的概率分布重新复位。也许，我应该用投资收益走势图来描述，这会更清楚：

我们所处的周期的位置是中性的（见图 1–1），因而预期收益属于“常态”。

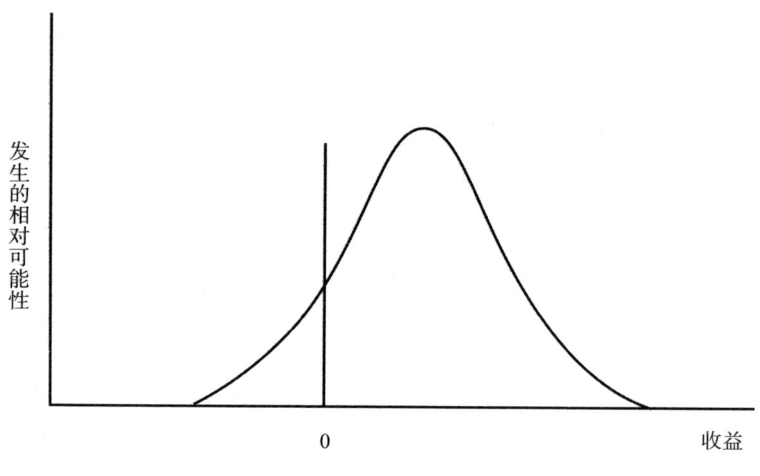

图 1–1 处于周期中性位置

如果我们所处的周期的位置是有利的，那么概率分布会右移，未来收益预期会倾斜，这对我们有利。我们处于周期的有利位置（见图 1–2），赚钱的可能性更大，而遭受损失的可能性更小。

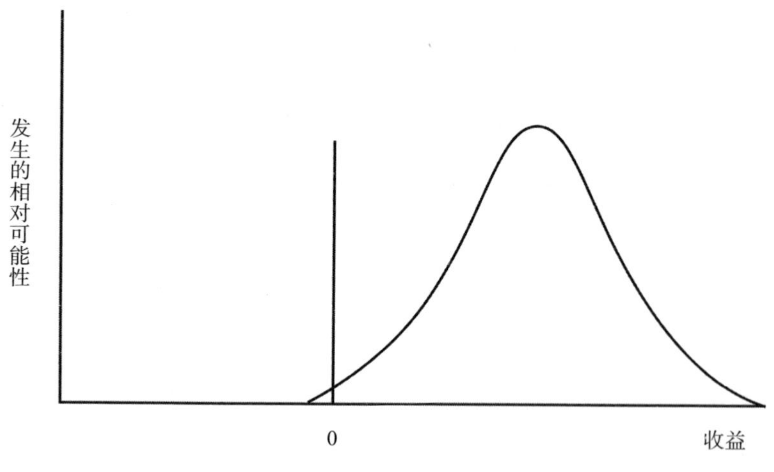

图 1–2 处于周期有利位置

但是如果我们正处于周期危险的顶部位置（见图 1–3），那么赔率对我们不利，这可能引起对我们不利的事情，也自然会让我们赚钱的机会变小，亏损的机会变大。

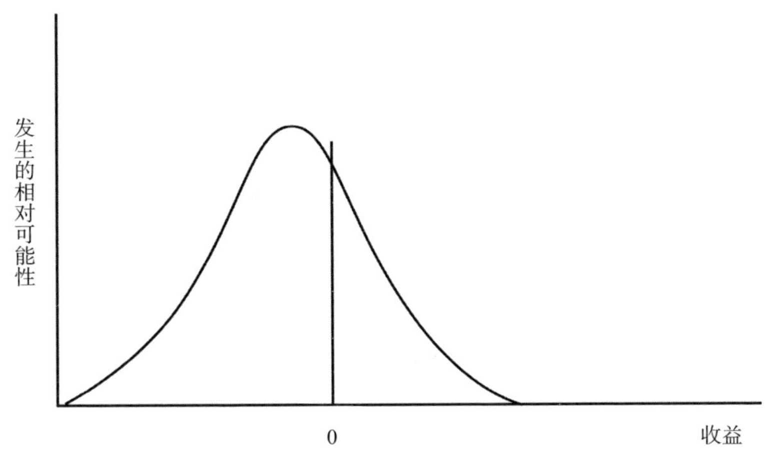

图 1–3　处于周期危险顶部位置

如果我们只是处于单独一个周期中，那么当我们所处的位置发生变化，同样的情形也会出现。例如，不考虑经济周期和企业盈利周期的未来走势（也就是像那些学者所说的“其他条件相同”），当其他投资人都感到沮丧和恐惧时（这会压低资产的价格），我们未来的收益会增多；而当其他投资人都兴奋和贪婪时（这会推高资产的价格），我们未来的收益会减少。

我们在周期上所处的位置发生变化，我们的赢面就会变化。如果不能相应地改变我们的投资占位，我们面对周期就会消极被动。换句话说，我们忽视了主动调整以改变胜率的机会。但是我们如果既懂周期又会利用，就可以顺应周期的趋势把投资做得更好：当赢面对我们更有利时，我们可以增加赌注，投入更多资金买入资产，提高组合的进攻性；

相反，当赢面对我们不利的时候，我们可以退出市场，把钱从赌桌上拿回来，增强组合的防守性。

懂周期的学生和其他那些不懂周期的人一样，并不知道未来实际会发生什么。就像前文所讲的猜球游戏，尽管其中的那些聪明人清楚地知道罐子里黑球和白球各自的数量，但是所有人都不知道从罐子中拿出来的球会是什么颜色。对哪种情况出现的概率大，二者在知识上都有优势。懂周期的学生懂得很多关于周期的知识，也清楚地知道自己现在所处周期的位置，这能大大帮助他们占有优势。有了这种优势，他们的业绩才能跑赢市场。选球的人如果知道罐子里黑球和白球的比例是 7：3，在和别人对赌时就具有优势。懂周期的投资人，比其他不懂的人更加清楚现在所处周期的位置，所以在和大部分不懂周期的人做投资交易时，他们就占据了优势。这本研究周期的书，目的就是帮助你成为一个更懂周期的投资人。

为了帮助你更懂周期，我会描述很多周期过程，这些过程都是我在投资实践中所观察到的真实周期情况。这些周期波动或震荡的幅度看起来特别极端，事实上也确实如此，我从过去 50 多年的投资经验中精心挑选出来这些极端的周期，以证明我的观点。这些极端周期的案例，可能会给你这样的印象，好像我们讨论事件时有意把时间压缩了，让你觉得它们进展得很快，而事实并非如此。周期中的这些事件的过程，经历了数月甚至数年时间。但是这些周期的案例本身是真实的，我希望用这些周期的案例把我对周期的想法表达得更加清晰。

02

周期的特征

大多数人在思考周期时，都把周期看作一系列事件。而且大多数人都是这样理解周期的：这些事件是有规律地、一个接一个地发生的，通常遵循一个固定的顺序，一波上升，接着是一波下跌，后来又是新的一波上升。但是要完整理解周期，这还不够。在一个周期存续期间所发生的事件，不应该只是被看作一个事件接着一个事件发生，而应该被看作一个事件引发下一个事件。这对分析周期事件之间的因果关系非常重要。

我和橡树资本的客户见面，他们总会问我一些问题，想要搞清楚将来世界形势的变化，或者将来市场的走势。这些投资人想要知道这个周期或那个周期，以及我们现在所处周期的位置。此时，我总会拿出一叠纸，画一张周期图来辅助讨论。

我经常会画一条直线，从左边的低点到右边的高点，它相当于周期的中轴线，然后再画一条曲线，围绕那条直线上下波动，它相当于周期的走势线。直线和曲线合在一起，就是一个围绕中轴线上下波动的周期走势图（见图 2–1）。

为了完成本书的写作任务，我开始收集整理资料，为此重新梳理了我在橡树资本的所有文件。结果我发现一大堆我和客户在讨论时随手画的图。我当时画这些图，是为了向客户描述几种不同的现象。每张图上都标有不同的注释，但是每张图都和一个值得讨论的周期有关。本书中的所有章节也是如此，基本上都是在讨论周期。

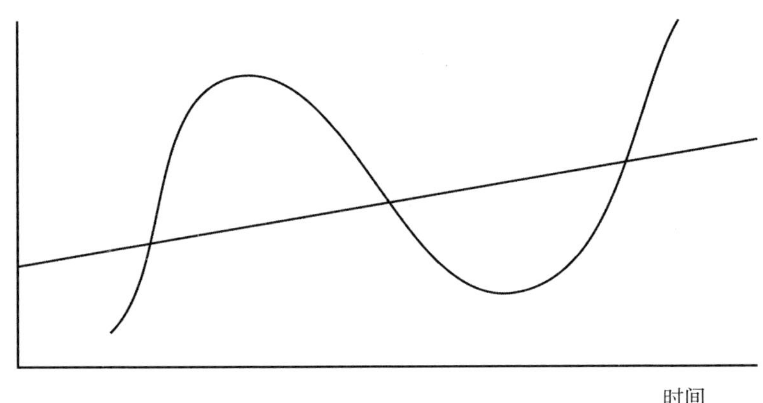

图 2-1　周期走势图

在进一步深入讨论周期之前，我想要做一个说明，我在上一本书《投资最重要的事》中也提过这件事，我坦白承认，我会交替使用上下波动的“周期”和左右摆动的“钟摆”，并把它们作为标签来描述周期性现象。有些周期性现象我用“周期”这个标签来形容，而有些周期性现象我用“钟摆”来形容（详见第 7 章）。用钟摆形容的周期，通常和心理有关。谈到某具体的周期性现象，有时我会说这个现象像是一个周期，有时我又会说这个现象像是一个钟摆。但是，你要是逼问我，它到底是周期还是钟摆，我仔细思考后发现二者确实很难区分。我自己也说不清楚，为什么有的周期我要用这个标签，而不用那个标签，也许这只是一种感觉吧。

我个人倾向于将思考的事物形象化，所以，也许我可以用一幅图来描述周期和钟摆之间的联系。我在后文会用很长的篇幅进一步描述周期是围绕中心点（或者长期趋势）上下震荡的，钟摆是挂在中心点上的（或者标准），并围绕这个中心点左右摆动。但是如果你把钟摆反过来，钟摆就变成在悬挂点上方摆动。钟摆先在悬挂点下方摆动一次之后，你把钟摆反过来，并从左边拖到右边，这时钟摆又开始在悬挂点上方摆动一次，你会看到什么？这就是一个完整的周期。

周期和钟摆其实没有本质区别，我甚至承认，钟摆只不过是周期的某种特殊形式，或者它只是用来解释特定周期的特殊方式。我把某些现象称作周期，而把另外某些现象称作钟摆，我这样分开来说的缘由，我自己很清楚。我希望你读了本书之后，你也会明白。至少我希望，我交替运用周期和钟摆不会影响你理解本书所要表达的意思。

关键的一点是，投资人生活的这个世界，周期上下震荡，钟摆来回摆动。周期震荡，钟摆摆动，有很多形式，涉及很多种类的现象，但是它们背后的根本原因及其产生的模式有很多共同点，而且在一定程度上保持不变，甚至多年之后仍然如此。马克·吐温有一句话很有名，尽管并没有证据表明这句话确实是他说的："历史不会重演细节，过程却会重复相似。"①

不管马克·吐温有没有说过这句话，它都很精彩，概括了本书所讲的很多东西。周期有很多方面，比如原因及其细节、时间及其持续时间，它们都会变化，这一点虽然不同于历史，但是周期会呈现上涨和下跌（背后都有相似的原因），这种模式会永远重复出现，引起投资环境的变化，从而引发投资行为的变化。

我画的周期图都有中轴线，它构成了周期震荡的中心点。这个中轴线，有时会有一个基本方向，或者长期趋势（secular trend，按照

① 此句通常被译作"历史不会重演，但总会惊人地相似"。——编者注

《韦氏新大学词典》的解释，secular 有永久的意思），即通常是向上不断增长。也就是说，随着时间推移，从长期来看，经济增长，企业盈利增长，基于此，股市上涨。如果这些发展变化是科学的，或者是完全自然的物理过程，那么经济、企业、市场的发展轨迹会是一条向前的直线，而且增长速度保持稳定（至少在一段时间内如此）。但是我们都知道，历史根本不是直线前进的，所以经济、企业、市场将来也肯定不会是直线增长的。

事实上，经济、企业、市场的表现在短期内会受到多种因素影响，其中受到人为因素的影响特别大。人类并不是像自然因素和物理因素一样稳定，相反，人类行为随着时间变化而变化，这往往是因为人类“心理”方面的变化。周围环境变化，人类行为也肯定会随之变化……但是有时候，尽管环境没有发生变化，人类行为也会发生变化。

本书所讲的周期，主要是指事物围绕中心点或者长期趋势而上下波动。那些不懂周期的人因为这种波动总是出乎意料而十分苦恼。更糟糕的是，他们不知道其实自己也参与了周期波动，甚至助长了这种周期性波动。但是，正如我在前面所说的，对于那些能看懂周期、看清周期、利用周期的人来说，周期波动是好事，能带来投资获利的良机。

~~~

看看我画的这幅图（见图 2–2），你只要看上几秒钟就会明白，周期性现象的运动过程，其实不难理解，你只要将它分成几个可以被识别的阶段就明白了：

复苏阶段（a）：从一个受到过度压制形成的底部极端点，或者“谷
~~~

底”，开始复苏，移向中心点，或者向均值回归。

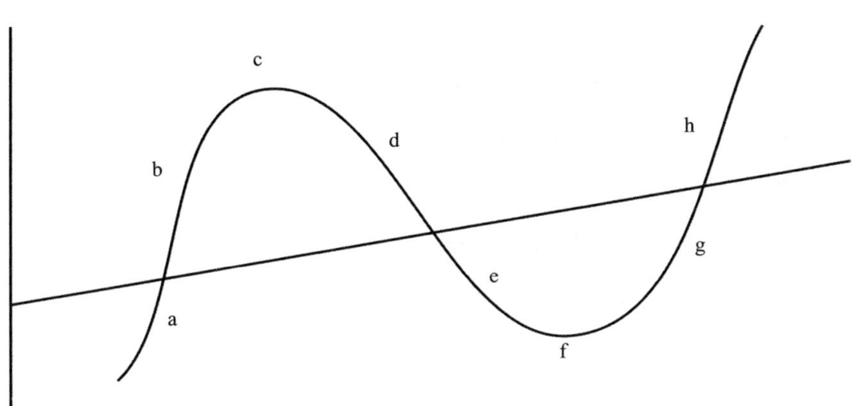

图 2–2　周期性波动

上涨阶段（b）：继续摆动，经过中心点，冲向顶部的极端点，或者“顶峰”。

筑顶阶段（c）：形成一个顶峰。

反转阶段（d）：从顶峰开始反转，向下修正，移向中心点，或者向均值回归。

下跌阶段（e）：继续向下运动，经过中心点，而且继续移向一个新的谷底。

筑底阶段（f）：形成一个底部。

再次复苏阶段（g）：又一次开始复苏，从谷底开始反转，向中心点回归，即均值回归。

再次上涨阶段（h）：接下来，又一次持续震荡上行，经过中心点，而且移向另外一个新的顶峰。

有一点很重要，对于一个周期来说，尽管我们可以将它分成几个明显的阶段，但是我们不能说有一个明确的“起点”或“终点”。上面所说的每个阶段，都可以被描述为代表一个周期的开始阶段，或者一个周期的结束阶段，或者二者之间的任何一个中间阶段。

把周期过分简单化的人会觉得，要界定一个周期从哪里开始，十分容易。但是那些资深投资人会发现，界定一个周期的起点极其困难。关于这个主题，我在投资备忘录《现在一切都很糟》（2007 年 9 月）中讨论过：

> 亨利·基辛格曾经担任 TCW 公司的董事，那时我也在 TCW 公司工作。因为每年他都要来开几次董事会，所以我很荣幸每年都有几次机会亲耳聆听基辛格先生畅谈世界局势。有人问：“基辛格先生，您可以解释一下昨天波斯尼亚所发生的事件吗？”基辛格先生回答道：“哦，是这样的，这要从 1722 年讲起……”关键是，历史是一串连锁反应的事件，要想理解后来发生的事件，必须理解由一连串历史事件所形成的背景。

如果有人问我“我们是怎么走到现在的位置的”，或者问我“是什么导致价格涨到这么高，或者跌到这么低”，和基辛格先生一样，我要解释后来所发生的事件，就必须基于历史事件。但是，尽管这样说，为了解释后来所发生的事情，我们到底应该具体向前追溯多少年作为分析的起点，这可不容易确定。

经常有人问我“是什么原因导致周期开始”，或者问我“我们现在接近周期的尾声了吗”，我认为这些问题本身就有问题，因为周期永不停止，从来不会开始，也从来不会结束。更好的提问方式应该是，“是什么原因导致周期现在这一波上行阶段开始"，或者问"周期这波上行阶段从开始到现在持续多长时间了"，或者问"我们接近这波下行阶段的尾声了吗"。你甚至可以问，"我们现在接近这一波周期的尾声了吗"——只要你能够界定这一波周期是从一个峰顶到下一个峰顶，或者从一个谷底到下一个谷底。但是如果你没能界定周期其中一个波段的起点和终点，那么整个周期就无法被界定一个起点，我相信以后它也不会有一个终点，因为周期无始无终，永远波动震荡。

~~~

我前面说过，周期的波动起伏都围绕着中心点。周期的中心点——人们经常视其为长期趋势、常态、均值、平均值，或者称之为"中庸之道"——在某种程度上被认为这个水平是"正确且合适的"。周期若处于极端状态，大家会认为此时失常了或者过度了，通常周期会回归正常水平。一种事物处于周期性波动时，大部分时间不是高于均值，就是低于均值，最终在走到极端后，又会反转向均值的方向回归，通常它都会符合这样的规律。从处于周期的极端最高点或者极端最低点，回到中心点，这一过程经常被称为"均值回归"。均值回归这种趋势很强大，也很有道理，在大多数行业都是如此。但是，当回顾前面我们所列出的周期各阶段时，你就会看到，周期模式通常包括两种方向相反的运动，既有均值回归，从非理性的极端点回归中心点（复苏、反转、再次复苏三个阶段），也有均值偏离，从理性的中心点移向非理性的极端（上涨、下跌、再次上涨三个阶段）。

合理的中心点，经常发出一种磁性般的吸引力，将其周围周期性摆动的事物，从极端拉回"常态"。但是事物回归中心点之后，却往往
~~~

不会在此停留很长时间，而是继续摆动下去。正是这股力量，让事物从一个极端摆回中心点。这股力量会继续发挥作用，让其在到达中心点后，继续摆动下去，而且越摆越远，摆向另一个相反的极端。

这种周期模式十分可靠，我们要学会识别和接受，这一点非常重要。细节会变，比如摆动的时机、时长、力量、速度，以及这些细节背后的重要原因。这些周期的细节部分，可能都属于马克·吐温所说的“历史不会重演细节”。但是周期的细节背后的基本运动模式，往往非常相似。具体而言，每个周期的运动模式都是从高点或者低点摆回到中心点，但从来不会停留在中心点……不管这个中心点所处的位置多么“正确”或多么“合适”。周期会继续移动下去，经过中心点，移向另一个相反的极端，这种运动模式非常可靠。例如，股票市场从“过于低估”的水平回归到“公允定价”水平，之后，它却极少停在这里不动。通常是基本面改善和乐观程度上升，这两股力量合在一起，导致市场因受到压制而被过于低估的价格水平开始复苏，进而向均值回归。当这股力量拉动股价回归“公允定价”水平之后，还会继续拉动股价上升，到达过于高估的水平。周期波动并非必定如此，但通常如此。

~~~

周期经过中心点后会继续移动，偏离中心点。周期偏离中心点的程度越失常，越过度，就越有可能引发大混乱。周期如果向一个极端点摆动得越远，回摆的力度就可能越猛，造成的破坏可能越大，因为促使周期运行到顶部阶段的有效行为，在周期运行到其他阶段时，其效果就会变差，甚至会起反作用。

换句话说，随着周期从中心点向极端靠近，周期造成大混乱的潜
~~~

力变大：经济增长“太快了”，企业盈利增长“太好了”，股价上涨“太高了”，其结果往往会是涨得越高，跌得越惨。股市小幅上涨之后，必有回撤，股市中幅上涨之后，必有回调。牛市之后，必有熊市。大泡沫之后，必有大崩盘。

~~~

周期波动震荡所围绕的中心点究竟是什么？我说过，中心点就是分布在长期趋势线上的一点。例如，一个国家的国民生产总值，过去几十年呈现出的长期趋势是年平均增长率为2%。但是其间，有些年增长快一些，有些年增长慢一些，有些年甚至是负增长。个别年份的表现，只是周期围绕长期趋势波动震荡过程的一部分。

重要的是，这个长期增长率本身也有一个周期，只是这个周期更长，更加平缓。你必须观察更长的时间，才能看出这个漫长的周期。例如，人类社会发展往往遵循一种上下波动的长周期模式，我们回想一下罗马帝国的历史。我们所说的短周期，其实就是围绕长期趋势的波动起伏。

行业周期也是如此，但是因为长周期要横跨几十年到几百年，而不是几个季度或者几年，所以长周期所需要的时间框架，比任何一名观察者的寿命都要长，所以我们活着的时候，很难发现自己所处的长周期，也就很难把这个长周期纳入决策分析的过程。

我在2009年1月写的投资备忘录《长期视野》中，探讨过这个主题：

有一个古老的故事，讲的是很久以前，印度有一群盲人走在路上，
~~~

遇到了一头大象。每个盲人都走上前去摸大象，分别摸到大象身体上不同的部位，有的人摸到的是象牙，有的人摸到的是象腿，有的人摸到的是象尾，有的人摸到的是象耳，结果每个人都根据自己摸到的大象身体的那一小部分的形状，断定大象的整个身体就是这种形状。我们其实都像那些盲人一样，尽管对自己目睹的事件了解得相当清楚，但是每个人的所见其实极有限，我们很难综合众人所见，但只有进行综合分析，我们才能不只见树木不见森林，看清全貌。在未能看清整体之前，我们知道的只是自己所接触到的那一部分……所以，我们需要吸取一些重要的教训：第一，我们需要研究和记住发生过的那些事件；第二，我们要意识到事物的周期性。盲人摸到象腿，可能会误以为它是大树的树干，类似地，短视的投资人也许会觉得，股市这波上涨或者下跌会永远持续下去。其实这两种想法的错误非常相似，都是以偏概全。我们如果回顾市场几百年长期波动震荡的历史，就会明白长周期会重复相同的模式，也就能看清楚我们现在处于的长周期的位置。

~~~

现在是一个很好的时机，让我来讲解一个关于周期特征的最重要的观点。我们前面讲过，周期包括复苏、上涨、筑顶、反转、下跌、筑底、再复苏、再上升这些阶段，很多人都把这些阶段看作一系列事件。大多数人都认为，这些事件是一个接一个地按照固定不变的顺序发生的：先是一波上涨阶段，后面跟着一波下跌阶段，后面又是一波新的上涨阶段。

但是要完整理解周期，这还远远不够。在周期存续期间发生的这
~~~

些事件，不应该只被看作一个事件接着一个事件地发生，而应该被看作一个事件引发下一个事件，因果关系远远重于先后顺序：

- 当事物如钟摆一般摆向一个极端时，这样的运动给自身带来了能量，并在摆动中把这些能量储存起来，令其重量持续增加。事物的重量越大，就越难大幅度摆动，这样摆幅会越来越小，很难离中心点更远，直到最终到达一个极端。
- 最终事物停止运动，沿着这个方向的摆动就到了尽头。一旦如此，其自身重量所产生的重力，会把它拉回到大趋势或者中心点。正是事物自身在先前中心点摆向极端的过程中所积蓄的能量，又让它向反方向摆回中心点。
- 随着我们关注的这个事物从一个极端摆动回归中心点，并在回归的过程中给予了自身动能，导致其摆回到中心点之后，并不会停留，而是继续摆动，只是摆向另一个相反的极端。

在经济世界或者投资世界里，一个周期包括一系列事件，正是通过这种方式，一个事件发生又引起下一个事件。前面描述过的周期三阶段，听起来像是一个物理性的周期，支配这个周期的是一股物理力量，比如重力、动能，但是在经济周期和投资周期的波动震荡中，最严重偏离基本趋势的点，以及偏离的时机、速度、幅度，大部分都是由参与者的心理波动所引发的。

如果你认同是人类心理因素而不是物理因素，是周期像钟摆一样摆动时的能量或动能的主要来源，那么上面所说的钟摆摆动的三大阶段，也能在很大程度上完美地解释投资周期中的摆动和波动，投资人应对这些周期波动有很大困难。在每一类周期中，先前的事件是如何引发后续的事件的，我对此所做的解读，构成了本书后续章节中最重要的内容。

按照这种事件因果相连的周期观，本书复盘了过去发生的几个重大周期事件以及它们的完整过程。如此复盘每个周期过程，目的是要让大家弄清楚三点：过去引发每个事件的原因是什么，现在发生的事件对整个周期过程有什么意义，现在发生的事件如何影响后续事件。复盘这些周期的整个过程，可能会让你觉得有很多重复的地方，在有的周期中已经讲过的东西，我在后面的内容中还会不止一次地再讲（不过，我每次讲的是它们不同的方面）。但是，我详细复盘这些真实世界中曾发生的周期案例，是希望能够帮助读者弄懂周期，以及如何进行投资布局来应对周期。

~~~

有一点非常重要，你一定要注意这种因果关系：我所谈论的周期，包括一系列事件，每个事件都会引发后续的事件，前是因，后是果。但是同样重要的是，不同领域的周期都有一系列事件，从而导致不同领域形成不同的周期，一个领域的周期变化，又会影响其他领域的周期。因此，经济周期会影响企业盈利周期；企业盈利周期又会影响上市公司公告的盈利数据；上市公司公告的盈利周期又会影响投资人的态度；投资人的心态周期又会影响市场波动；市场波动周期又会影响获得信贷的松紧程度……而信贷周期又会影响经济、企业、市场。

周期性波动的事件，既受到内生因素变化的影响（包括此前发生的周期性事件），又会受到外生因素变化的影响（发生在其他领域的事件）。很多外生事件也是其他周期的组成部分，但是并不是所有事件都
~~~

是如此。我们要理解周期事件之间的因果关系很不容易，但是这对我们理解和应对投资环境变化至关重要。

你一定要明白，尽管我后面所描述的周期是各自分开的、互不相关的，但是这远远不符合周期的真实情况。我会提供一个叙述流畅的故事，来描述每一种类型的周期独立运行的情况。我会给大家这样的印象，每个周期都有自己独特的生命旅程。我也会给大家这样一个印象，某类周期在一个特定方向的摆动会终止，然后另一类型的周期开始一波与其对应的摆动，或者前一类周期引发了另一类型的周期开始一波摆动。这也就是说，从顺序上看它们有先有后，但是它们各自独立，分别属于两个不同类型的周期。换句话说，我会分开来单独讨论每一个类型的周期……尽管事实上这些不同类型的周期并不是孤立地运行的。

我这样描述周期也许会让你觉得，不同的周期都是相互独立的、自给自足的。这也许听起来像是在周期 A 中发生的某事件，会影响周期 B，而周期 B 又会影响周期 C，而周期 C 也许会反过来影响周期 A。这样说，也许给你的印象是，周期 A 影响周期 B 之后，周期 A 就暂停了，这时周期 B 开始对周期 C 产生影响。但是事实并不是这么一回事。

不同周期之间的相互交叉影响，并不像我描述得那么清清楚楚。不同的周期会按照自己的模式运行，但是它们同时会持续不断地相互影响。我想努力梳理清楚我脑子里的各种思路，为此必须把这些思路分开，一个一个地单独处理，本书的内容就是这样组织起来的。但是我描述的这些周期行为与其他周期完全隔离、孤立运行，只是一种分析上的概念。实际上，这些周期现象经常乱成一团，彼此根本无法被完全分开。A 周期影响 B 周期（和 C 周期），而 B 周期影响 A 周期（和 C 周期），而这三个周期又都影响 D 周期，D 周期又反过来影响 A、B、C 周期。这些周期都是混乱交织在一起的。但是我们要思考这些周期，就必须条理清晰，只有这样，我们才能够清清楚楚地想明白这些周期以及它们的影响。

～～～

最后，也许可以用“杂记”作为标题，关于周期的特征，我想再多谈一些东西，这对你深入透彻地理解周期非常重要：（下面开始罗列的几条经验总结，来自我在 2001 年 11 月所写的投资备忘录《你不能预测，但你能预防》。）

- 周期是必然的，人根本无法避开周期。每隔一段时间，一波上涨持续很长一段时间，冲向一个极端的高点（或者一波下跌持续很长一段时间，跌向一个极端的低点），人们就开始说“这次不一样”。他们引用那些导致“老规则”过时的变化，包括地理政治变化、机构变化、科技变化、人的行为变化。但是后来的结果往往是，老规则仍然有效，周期重新开始。最终，树不会长到天上去，也极少有东西会跌到化为乌有。相反，大多数现象表明结果都是周期性的。
- 投资人记不住过去的事，进一步加强了周期的影响力。正如约翰·肯尼斯·加尔布雷斯所说的，“人的投资理财记忆时间极其短暂。”这让市场参与者无法识别这些周期模式一再发生的特征，因此周期是不可避免的。
- 同样或者非常相似的情景再现，有时距上一次发生才过了短短几年。新生代，他们通常很年轻，往往自信地宣称，这是卓越的、创新性的重大发现，它将会改变金融世界，甚至更广大的经济世界。在人类积极努力地不断进步的领域里，极少有像金融领域这样，历史所占的分量简直无足轻重。过去的经验，其实就是记忆的一部分，却被年轻人鄙视为那些老顽固的避难所，因为那些老古董没有见识，欣赏不了现代金融世界不可思议的伟大奇迹（投资备忘录《金融投资幸福感简史》，1990 年）。

- 周期能回调进行自我修正，周期运行方向反转并非完全取决于外部因素。周期反转（不是沿着原来的方向持续下去），是因为内部因素：趋势给自身创造了反转的理由。因此我经常说，成功本身孕育了失败的种子，失败本身也孕育了成功的种子。我们经常说，失败是成功之母，成功也是失败之母。
- 其实，从客观的数据来看，周期的上行阶段和下行阶段相当对称。但是，人是有感情的动物，总感觉周期并不是那么对称。负面的价格波动，就是下跌，经常被称为“波动性”。正面的价格波动，就是上涨，经常被称为“盈利”。暴跌崩盘的市场，被称为“恐慌性抛售”，而暴涨经常会有更好听的描述方式（但是我认为暴涨最好被看作“恐慌性抢购”，例如，1999 年的高科技股泡沫就是这样的）。媒体上那些评论员经常这样说“投资人投降了”，当市场周期跌到谷底时，此前一直理性持股，不跟随市场进行恐慌性抛售的投资人也坚持不住了，他们纷纷大量卖出。其实，在股市涨到顶部时，我也经常看到投资人投降，原来一直坚持不追涨买入的精明投资人也抗不住了，也开始追随市场大量买入。

从我 50 多年的投资经验来看，金融周期大体上是对称的，不过很多投资人可能会低估，甚至忽视这一点。周期的每一波运动，都会有

“相反的一面”，也就是说，有涨必有跌，每一波上涨总会跟着一波下跌，也许更好的说法是，每一波上涨都会导致一波下跌。

“大涨之后是大跌”的现象，大家经常谈论，也普遍理解。这个说法非常恰当地描述了周期的对称性。大多数人都知道，大涨之后必有大跌。不过只有极少数人能够看明白，真相是大涨引发大跌。我们要明白以下两点：第一，大涨之后的周期性调整不会是温和的、逐渐的、没有痛苦的；第二，没有大涨就不可能有大跌。

我们必须注意，周期的这种对称性只是针对上涨和下跌的方向，至于周期上涨和下跌的幅度、时点、速度，却并非一定对称。（这是尼克·崔恩的观点，详见下一章。）因此周期有涨必有跌，前面有一波上涨，后面也许就会有一波下跌，不过涨幅和跌幅未必一样，后面的跌幅可能大于，也可能小于前面的涨幅。周期出现反转下行，也许是在到达顶点之后，马上就开始下跌，也许是在高点停留很长一段时间之后，才开始回调。有一点可能很重要，我们一定要注意，周期往往是涨得慢，跌得快。一波大牛市要持续好多年，才会上涨到最大限度，但是大牛市之后的大熊市却像飞速的载货列车一样，很快就会跌到谷底。我的长期合作伙伴谢尔顿·斯通说得好：“气球漏气比充气快多了。”

我们再次回到据说是马克·吐温的名言：“历史不会重演细节，过程却会重复相似。”理解这句话，对我们理解周期至关重要。假如这句名言确实是马克·吐温所说的，我想他想说的是，对于一个具体的历史类型（比如谣言四起）而言，一个历史事件和另一个历史事件在细节上会有不同，但是它们基本的模式和过程是一致的。

金融领域里的周期确实如此，特别是金融危机，可以说它是绝对如此。后面我会做详细讨论，2007—2008 年的全球金融危机之所以会发生，是因为金融机构大量发放次级抵押贷款，而大量发放次级抵押贷款又是因为市场预期过度乐观，缺乏风险规避意识，资本市场过度慷慨大方，从而导致围绕次级抵押贷款产生了大量不安全行为。因此那些思想狭隘得只会生搬硬套的人会说："下一次再看到那些不合格的房屋购买人，也可以很容易地拿到抵押贷款融资，我绝对会调整投资组合，变得非常谨慎。"但是造成金融危机的这种情形，再也不会重演了，因为全球金融危机的教训太深刻了。然而，牛市过后熊市到来的信号基本一样：过度的乐观情绪是一件危险的事；风险规避是维护市场安全必不可少的关键因素；过度慷慨大方的资本市场最终会导致不明智的融资，造成参与者发生危险。

概括来说，具体细节就像音符一样并不重要，甚至是无关紧要的。但是基本模式就像主旋律一样至关重要，绝对有再次出现的趋势。理解这种趋势，并能够识别再次出现的同一模式，是我们应对周期的重要因素之一。

最后，我想引用据说是阿尔伯特·爱因斯坦给"疯狂"所下的定义："一次又一次做相同的事，却希望得到不同的结果。"人们投资那些市场价格已经涨上天的东西，因为"每个人都知道"这些东西完美无瑕且定价过低，人们认为，这些东西能够提供高收益，而且没有任何亏损的风险，这样的想法肯定是疯了。过去每一次泡沫破裂之后，我都会看到这种神话般的信仰褪去神圣的光环，露出谎言的本来面目。但是很多人，要么根本不懂周期，不知道大涨之后必有大跌，不知道大泡沫之后经常会是大崩盘，要么尽管心里知道却做不到，因为太想快速发财了，以致对这种风险视而不见。他们下一次还会相信这种"每个人都知道"的高收益、零风险的完美投资神话，跟随疯狂的大众追涨买入。

那些已经上涨一段时间，并实现惊人涨幅的证券和市场，更加容易出现周期性回调，而不是继续上涨。很多投资人相信"这次不一样"，急于追涨买入，此时，你赶紧告诉他们，历史告诉我们，大涨之后必有大跌，上涨肯定不会直到永远，但是周期肯定会直到永远。

~~~

这一章的篇幅很长，涵盖了很多主题，这也表明周期具有很多不同方面的特征，而要把握周期的这些特征很不容易。正是因为这个原因，我们要完全深入地理解周期，既要靠分析，又要靠直觉。投资和很多其他方面一样，那些既有分析能力又有直觉能力的投资人会走得最远，他们的长期业绩也会做得最好。那么这种直觉能力能够通过后天学习和培养吗？能。有些人经过后天努力能够学到某种程度的直觉能力，但是大多数有很强直觉能力的人，天生就有这方面的天赋。简单地说，有些人往往“一下子就想到了”（不管想到的是什么东西），但是有些人怎么想也想不到，也就是说他们没有那种一下子顿悟的直觉。

市场如战场。打仗想要胜利，很多装备是必需的。投资想要成功，很多知识和技能也是必需的。所以投资人必须学习财务会计、金融投资、证券分析等主要课程。但是我个人认为，投资人想要获得成功，只学这些课程还远远不够。因为这些课程的内容缺少一个投资成功的基本因素，即理解周期现象以及周期如何发展变化，这正是本书后面的内容所要讲的。在行为经济学和行为金融学这两门新设立的学科中，一些研究发现对我们认识周期很有启发，我建议各位认真学习。投资人要真正弄懂周期，心理学不可或缺，而且极其重要。

关于周期最伟大的教训，我们要通过亲身经历才能真正学到……正如一句名言所说的：“经验就是你没有得到你想要得到的东西时所得到的东西。”我现在对周期的经验，比我刚入投资这行时多太多
~~~

了。50 多年前，我进入第一国民城市银行成为一名年轻的证券分析师。

可是，因为我们每过十年才能看到一个大周期，所以任何投资人想要完全依赖个人经验积累来学习进步，需要非常耐心地坚持几十年的时间。我希望你通过读我写的这些东西，能够增加自己对周期的理解，加快完成你对自己的周期教育。

古埃及历史学家修昔底德在《伯罗奔尼撒战争史》第一卷第一章的末尾这样说道："如果研究者想得到关于过去的正确知识，借以预见未来（因为在人类历史的进程中未来虽然不一定是过去的重演，但同过去总是很相似的），从而认为我的著作是有用的，那么，我就心满意足了。"[①] 修昔底德真是我的知音，他在 2 400 年前写的这段话，完美地描述了我写本书的目的。

① 引自《伯罗奔尼撒战争史》，广西师范大学出版社，2004 年。——编者注

03

周期的规律

我们努力想要看透人生，方法是识别模式，进而找到人生获胜的公式。这条路，说起来很简单，但在很大程度上，做起来很复杂，因为我们生活的这个世界充满随机性，同样的事情，同样的情况，人们的行为却前后不一，甚至他们即使想和上次做得一模一样也做不到。过去的事件受到随机性的很大影响，因此未来的事件也定会如此，我们肯定无法完全准确地预测。这让人感到不高兴，因为随机性，也就是我们通常所说的运气，让我们的人生难以预测，难以制定规则，难以永保安全。

2013 年秋，我收到读者发来的一封邮件，讨论我上一本书《投资最重要的事》中写的一些内容。邮件的发件人叫尼克 · 崔恩，他在伦敦的林德尔 · 崔恩资金管理公司工作。尼克 · 崔恩和我讨论的话题是，我运用周期这个词来描述我这里讨论的这些现象是否合适。我和尼克 · 崔恩通过邮件交流得十分愉快，后来我们从线上聊到线下，共进午餐，我们吃得很开心，聊得也很开心。

等到主菜上来的时候，有一点经过我们一番交流之后变得很清楚了，驱使尼克 · 崔恩写邮件给我的原因是，他坚信要把某些事情描述为具有周期性，这些事情发生的时间和程度必须有规律，只有这样，人们才能可靠地预测。例如，无线电波、正弦波遵循有规律的可预测模式，它们的每次起落都具有相同的幅度、频率、终点。

词典网这样定义物理学上的周期："一个完整的交替变化过程，在此期间一个现象达到最大值和最小值，最终回到终值，而终值等于最初开始的初值。"在数学上周期的定义是："一组因素组成的一个序列，这些因素最初的循环顺序保持不变。"换句话说，物理学上的周期和数学上的周期所遵循的模式非常规律，周期在最终结束时，从终点又回到起点，这就是我们所说的周而复始，这是因为这些波动的时间和路径总是相同的。尼克·崔恩说得很有道理。

但是，经济、企业、市场，当然还有投资人的心理和行为，并不是像物理学和数学上的周期那样有规律。我们俩共进午餐，我谈了我的看法，我想尼克·崔恩最终也赞同了我的看法——并非一定要持续显示出前后如此高度一致的规律性才能被称为周期。这完全取决于你如何定义"周期"这个词。

我在写给尼克·崔恩的邮件中说道：

> 我想说的是，通常情况下，事物都有起伏。大多数自然界的事物都有一个生死交替的周期，投资人心理有一个非常明显的乐观情绪和悲观情绪交替上升的周期，乐观情绪上升，从而推升市场价格上涨，接下来，悲观情绪上升，从而压低市场价格。你也许会认为，这样说就是把复杂问题简单化，相当于废话，没有什么用。但是这里有一个关键点，某种东西在市场价格上涨的时候，投资人就有一种心理倾向认为，这种东西的市场价格会一直上涨，只会涨，不会跌；反之则会认为它的价格永远只会跌，不会涨。你和这种一根筋式的心理倾向对赌，却能赚到大钱……

在这个世界上，极少有事物是非常规律地运动的，是足以让你运用机械般的操作流程就能从中获利的。但是这并不意味着你不能利用周期的波动来获利。

我并不认为，波动必须周而复始，即从终点又回到起点，才能被称为周期。很多周期的终点高于起点，也就是说，这种周期是围绕一条长期向上的趋势线上下波动的，但这并不意味着这种波动就不是周期性的，也不意味着在这种波动里，投资人不应该选择进出时机——在上升阶段趁机入市以便水涨船高，在下行阶段避免入市以免亏损，这与投资人从头到尾一直持有不动截然不同。

《剑桥词典》中对周期的定义是："一组事件按照一个特定的顺序发生，一个事件接着一个事件，而且这种顺序经常重复。"这个周期定义适用于一般的非科技的世界。我看到它很高兴，在过去 50 多年的投资生涯里，我不断地思考投资世界的周期和钟摆现象，它们与这个周期的定义十分吻合。

~~~

尼克提出异议，说我讨论的现象不够规律，不够资格被称为周期性现象。我并不同意尼克的看法。不过我们要下很大功夫，才能理解这些周期性现象的不规律性，以及从中我们能够学到的经验教训。

在这里要注意的最重要的事，正如我在上一章中所说的，我所称的周期性现象，并不是完全来自机械的、科学的、物理的运动过程，有时它们与此根本无关。周期如果能像科学一样有规律可循，就会很可
~~~

靠，也很容易预测，但是我们也很难从中获利（这是因为巨大的利润来自同样的事情有些人比其他人看得更准，如果周期完全可靠也完全可以预测，那么世上根本不会有见识高人一筹的人了）。有时，这些不是特别规律的周期有一个基本原则（有时候，它们也没有），但是大部分变化都要归因于人类在创造周期中所扮演的角色。人类参与这个创造周期的过程，由此导致人的情绪和心理倾向影响周期现象。概率或者随机性也对某些周期影响很大，人类行为也对这些周期的生成有很大影响。这些周期能够存在，很大程度上是由于人类的行为，但是这些周期的波动有随机性，因此它们也不可靠。这在很大程度上也是因为人类的行为。

~~~

人类必须生活在现实世界中。我们寻找模式和规律，能够让我们活得更加舒服，也获利更多。也许这起源于史前人类的生存经验，他们发现每天是一个周期，每年也是一个周期。史前人类也许从更早的经历中学习到血的教训——白天不要去水坑边喝水，因为白天母狮也会带着幼狮去那里喝水。也许，史前人类通过经验积累慢慢地知道，有些粮食作物在春天播种要比在秋天播种收获得更多。总结出来的规律越是确定，人的生存就越容易。现在，人类的大脑已经形成根深蒂固的习惯，那就是寻找可以用规律解释的模式。

但是，我们努力想要看透人生，方法是识别模式，进而找到人生获胜的公式。这条路，说起来很简单，但在很大程度上，做起来很复杂，因为我们生活的这个世界充满随机性，同样的事情，同样的情况，人们的行为却前后不一，甚至他们即使想和上次做得一模一样，也很难做到。过去的事件受到随机性因素的影响很大，因此未来的事件肯定也
~~~

会如此，我们肯定无法完全准确地预测。这让人感到不高兴，因为随机性，也就是我们通常所说的运气，让我们的人生难以预测，难以制定规则，难以永保安全。因此我们寻找那些可以让自己理解事物的解释，而且经常做过了头。我们在投资上确实如此，在生活的其他方面也是如此。

我读过一本书，发现里面有几段话对这个主题讲得非常精彩。这本书是 2008 年出版的《醉汉的脚步》，专门讲随机性，作者列纳德·蒙洛迪诺是美国著名的理论物理学家，任教于加州理工学院，并曾和霍金合著过《时间简史》（普及版）。我引用的第一段话是他在这本书的前言中所写的：

> 我们要抵抗直觉保持理性思考，就像抵抗洪水继续肆虐一样，非常困难……人的天性就是要为每件事的发生找出理由，因此我们很难接受很多事其实没有原因，或者找不到原因，它们只不过受到不相干的随机因素影响，然后就发生了。因此，我们首先要认识到，有时候成功并不是因为特别有能力，失败也不是因为特别无能，经济学家阿尔钦所说的“偶然因素”，也就是运气。成功靠能力，也要靠运气。随机过程是自然界的根本所在，在我们日常生活中更是随处可见，但是大多数人并不了解随机性，也很少想过随机性。其实随机性就是我们常说的运气。

本书中有一章讲拍电影能不能大卖，完全是不可预测的，甚至是变幻莫测的。列纳德·蒙洛迪诺引用了制片人威廉·戈德曼对这个问题的看法：

戈德曼并不否认，一部电影的票房表现确实是有原因的。但是他强调这些原因实在太复杂了，而且从项目立项到周末正式上映，这条路非常艰难曲折，会受到很多无法预测也无法控制的因素影响，而且很容易遭受挫折，以至我们想要靠过去长期积累的经验，猜测一部尚未杀青的影片的未来票房表现，还不如抛硬币更靠谱。

列纳德·蒙洛迪诺接下来又讨论了随机性因素对棒球选手击球成功率的影响：

> 击球的任何结果，也就是击球成功的概率，主要取决于击球手的能力，但是也受到其他很多因素的综合作用：球手的健康状况；风速，阳光，或者夜晚看台的灯光；球手接到的投球质量；比赛的进展情况；他是不是猜对了投手会怎么投球；他挥动球棒时手眼协调是否完美；他在酒吧里遇到的金发辣妹，是不是让他晚上玩到很晚才睡，结果他早上困得起不来；早上吃的墨西哥肉酱芝士热狗配蒜香薯条，是不是让他吃坏了肚子，他比赛时想吐，想拉肚子。如果不是有这么多根本无法预测的因素，棒球击球手的击球成功率就会非常容易预测——他们不是每次击球都是本垒打，就是每次击球都是打不中。这就相当于学生考试，不是次次满分，就是次次零分。

我们知道，各种各样的因素会影响最终结果，而且在所有领域都是如此，其中很多因素是随机性的，也就是我们平常所说的偶然和运气，所以结果根本不可预测。很多经济领域和投资领域的发展变化，肯定也是无法预测的。即使收入是稳定的，个人的消费倾向也会受到很多其他因素影响，比如，天气，战争，还有他们所在国家的足球队是否赢了世界杯（而这又受到足球打在防守队员身上如何反弹的影响）。一个公司可能发布财报，业绩增长，这是很大的利好消息，但是这家公司的股票价格的涨跌是不确定的，因为股价表现结果还会受到其他很多因素的影响：竞争对手的业绩相对如何，中央银行是否选择本周加息或降息，这周公布盈利的股市行情是好还是坏 。有这么多变量影响，我所关注的这些周期肯定不是完全规律的，所以它们不能被简化为可靠的决策制定规则。

举个例子。我在做高收益债，也就是垃圾债投资时，有件事让我特别烦恼。我做垃圾债投资 20 余年了，有段时间，流行这么一个观点：债券发行在接近期满两年时，往往会出现违约。如果事实确实如此，这个观点就会非常有用。这样，想要避免债券违约，人人都能做到了，我们只要提前卖出所有发行之后快要期满两年的债券就行了，然后再把那些发行之后熬过两年还能存续下来的债券买回来。（不过，这条避免债券违约的妙招忽视了一个重要问题，那就是你的交易对手也不傻：到了接近两年的那个危险的日子时，市场上的买家愿意出多少钱来买你的债券呢？既然每个人都知道，接手即将发行期满两年的债券会承担很大的违约风险，谁还会去出高价买入呢？而过了两年这个危险期之后，你要买回这些债券又必须付出多高的价格呢？你要买，别人也要抢着买，结果肯定会比你买入的价格高出很多。）

也许，一大批发行后期满两年的债券发生了违约，这正好符合上述那个非常流行的说法。但是巧合关系与因果关系有非常大的不同。这个现象可靠吗？它的背后的原因是什么？它将来会重复发生吗？我应该在这上面下赌注吗？具体来说，整个高收益债的历史不到 20 年，这让我产生怀疑，我们的经验和样本规模，是否足以使我们判断这个说法的可靠性。我个人倾向于认为，这个所谓的发行期满两年就会违约的规律，不是基于严谨的思考，而是更多地基于人性渴求简单有效规则的一厢情愿，因此人们很容易没有真实可靠的依据，就凭空做出推断。

我认为，人们应该认识到，债券违约受到范围广泛的众多因素的影响，就像导致棒球球手击球成功或者失败的因素很多一样，绝大多数高收益债的违约，其实与其发行之后的存续年限毫无关系。把马克·吐温的那句名言倒过来说，而且用在这里非常合适：历史的过程会重复相似，但是历史的细节却不会重演。

~~~

我坚定地相信，市场将会继续上涨和下跌，而且我想我还知道，为什么以及什么因素导致上涨和下跌是近在眼前的，还是相对缓和的。但是我永远不知道下面这些问题的答案：市场什么时候会涨或者什么时候会跌？市场上涨或下跌还会持续多久？市场涨起来有多快或者下跌得有多快？什么时候市场会反转回归中心点？它们会向相反的方向持续运动多久？其他很多方面也充满了不确定性，我们必须承认这些不确定性。

~~~

我发现承认自己的无知，反而让我相对于其他大多数投资人有了一个巨大的优势，因为其他绝大多数投资人都不太懂周期，也不留意周期以及这些周期启示我们接下来应该采取哪些合理行动。我所说的这种巨大优势，也许每个人都能获得，有了这种优势，对于我来说就足够了。我和同事们能让橡树资本在过去 20 多年中的投资业绩大幅领先市场，获得跑赢市场的巨大业绩优势，其根源就在于拥有这种理解周期的巨大知识优势。这些关于周期的知识和经验，正是我在本书中想要传达给你的思想。

04

经济周期

一个国家就是一个经济体，它的总产出就是所有劳动力的工作小时总数和每小时产出的乘积。因此，一个经济体的长期产出主要取决于像人口出生率和劳动生产率这样的基本面因素（但是也取决于社会和环境其他方面的变化）。这些因素相对而言每年的变化很小，我们只有以每十年为期观察它们，才会发现逐渐显现出的变化。因此，经济增长率长期而言是相当稳定的。

经济的潜在长期增长率相对而言保持稳定，有些人也许因此会预期，每个年度的经济增长率的表现也会持续保持稳定。可是，很多因素容易发生变化，导致经济增长率每个年度都会变化，甚至即使经济增长率的年平均水平符合长期趋势线，经济增长率水平也会年年出现差异。

经济周期（过去很多时候，我们也称经济周期为“商业周期”）是企业周期和市场周期的基础，企业界和市场上的周期性事件主要取决于经济周期。经济增长得越快，企业盈利越有可能扩张，股票市场也会随之上涨。在这里，我会简短地讨论一下影响经济周期的因素。不过在我开始讨论之前，我要坦白承认，而且每次我在讨论经济之前都会做这样的坦白：我并不是经济学家。这算不算一个很骄傲的声明？

我大学选修过经济学的课程，读硕士研究生时也学过经济学，也认真地思考过经济学。工作后我成了职业投资人，天天都要跟经济学打交道，而且我觉得我自己大体上可以说是一个经济人，我的大多数决策都是基于逻辑推理的，推理的依据是考量成本和价值，并且考量风险和潜在收益。但是我对经济的思考不同于学术界的经济理论研究，不是完全基于理论和数据，而是主要基于常识和经验。我敢肯定，我在书里写的这些东西，很多经济学家都不会赞同（当然经济学家之间也互不买账）。经济学研究成果既不清楚，也不准确，因此我们有很好的理由可以把经济学称为“令人郁闷的科学”。

衡量一个国家经济产出的主要指标是国内生产总值（GDP），它表示一个经济体生产的所有商品和服务最终被出售的总价值。国内生产总值大致等于这个国家的国民工作小时总数乘以每小时产出价值的乘积。[在我的投资生涯早期，流行的指标是国民生产总值（GNP），但是后来这个名词就不流行了。二者的区别是对本国内的外国生产商所创造的产出的处理方式不同：GDP 包括本国内的外国生产商所创造的产出，而 GNP 不包括，因为外国生产商不属于本国国民。]

大多数人（当然是大多数投资人）关心的主要经济问题是，今年或者明年我们的经济会增长还是会下滑，增长率或者减少率是多少。这些其实都属于我称之为短期经济周期的组成部分（我很快会介绍其他经济指标）。

我们在考虑美国 GDP 未来某年的增长情况时，通常一开始假设增长率为 2%~3%，然后根据具体情况略微调整。但是我们每年预估的 GDP 增长率的出发点都是正增长的。例如，上一年伊始，很多人都讨论当年 GDP 的增长率。乐观主义者认为，美国 GDP 增长率会接近 3%，而悲观主义者觉得它可能连 2% 都达不到。但是几乎每个人都认为美国经济肯定是正增长的。关于经济衰退的官方定义是连续两个季度负增长，很少有人认为美国 GDP 的增长会落入负增长区域，上一年不会，再过几年也不会。

长期经济趋势

很多投资人都关注年度经济增长率是高还是低，是正增长还是负增长。实际上，他们关注的只是短期的经济增长。短期的经济增长是很重要的，但并不能代表一切。从长期来看，短期经济增长的重要性会削弱，长期经济增长会变得越来越重要。

我前面说过，大多数吸引投资人注意的周期，都是围绕一个长期趋势或者中心趋势上下波动的。尽管这些波动从短期来看对企业和市场的影响非常大，但是结果证明，长期而言基本趋势变化的影响要大得多。因为围绕长期趋势线的上下波动最后会相互抵消（从单一年度来看，市场上涨会迎来一片欢呼声，而市场下跌会引发人们的沮丧情绪，可是很多年后，我们才会明白短期的涨跌并不重要）。但是长期基本趋势的变化，将会导致我们的长期投资业绩出现差异。

2009 年 1 月，我写了一份投资备忘录《长期视野》，专门讨论了这个主题。我从中引用了一些内容。

一开始，我在这份备忘录中讲了很多证券市场曾经历的长期趋势，它总体上呈上升态势，但其间的过程是相当痛苦的。下面我会把它们罗列出来，但是我省略了备忘录中的详细描述：

- 宏观环境
- 企业增长

- 借贷思维模式
- 投资流行程度
- 投资人心理学

上面所列的五大方面的发展变化，形成了一股强劲的动力，近几十年来一直推动经济持续增长和股市持续上涨，由此形成了一个向上的长期趋势，它接近于一条直线（见图 4–1）。

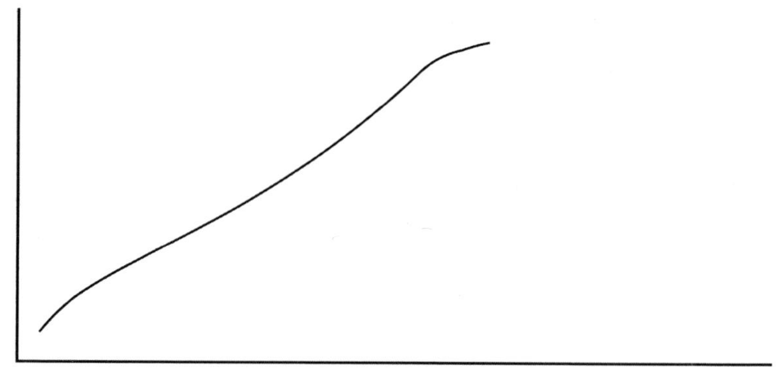

图 4–1　长期趋势线

前途是光明的，道路是曲折的。尽管美国经济和股市的长期趋势接近于一条向上的直线，但实际走势绝非一条直线。每隔几年，市场都会出现一阵短期波动（见图 4–2），使得经济和股市的走势偏离长期趋势。围绕长期趋势线的周期波动，导致经济和股市走势经常出现上下振荡。大多数上下振荡的幅度相对较小且时间较短，但是 1970—1979 年，美国发生了经济滞胀，通货膨胀率高达 16%，其中有两年美国股市累计下跌接近一半，1979 年 8 月 13 日出版的那期《商业周刊》的封面用大标题宣称“股票已死”。我在证券市场里待了 40 多年，一路走来，并不都是鲜花和美酒。

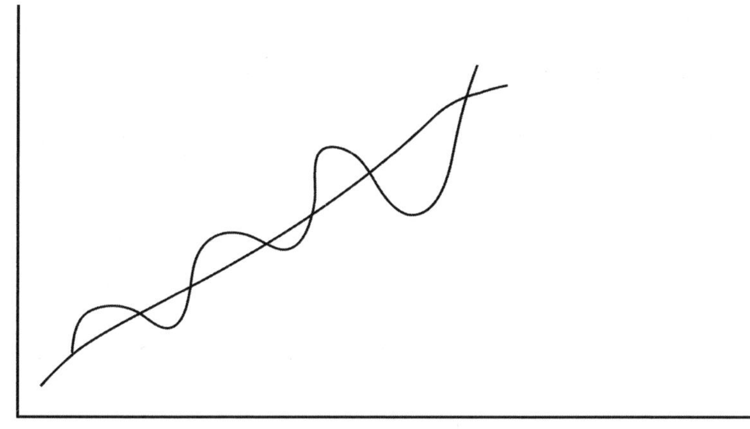

图 4–2　周期波动

一次又一次，我们看到经济状况起起伏伏，从经济增长放缓到经济繁荣，从经济衰退到经济复苏。市场同样也经历了起起伏伏，时涨时跌。这些波动都可以归因于正常的经济周期以及外部变化，比如 1973 年的第一次石油危机，1998 年的亚洲金融危机。1975—1999 年，标准普尔 500 股票指数只有几年是下跌的，但是没有一年跌幅超过 7.5%；而有 16 年股市涨幅超过 15%，并且有 7 年涨幅超过 30%。

尽管股市时涨时跌，但是投资人长期来看都赚钱了，股票投资逐渐变成风靡美国的流行浪潮。沃伦·巴菲特能够成为美国最富有的人之一，靠的就是买入股票和整体收购公司。股市整体趋势持续上涨，直到 2007 年到达顶峰……

到 2007 年年中，我做基金经理已经有 39 个年头了。按照人的平均寿命来说，这相当于半辈子了，但 39 年也只不过是美国股市这个长周期中的一段时间而已。也许，美国股市 1975—1999 年持续上涨所形成的长期向上的趋势线，本来应该被看作一个长周期（见图 4–3）中的上行阶段的一部分。既然是一个周期，前面有上行阶段，那么后面必然会有下行阶段。但是只有在经历后再回头审视的时候，你才能看清楚整个长周期，以及其间上行阶段有多长，下行阶段又有多长。

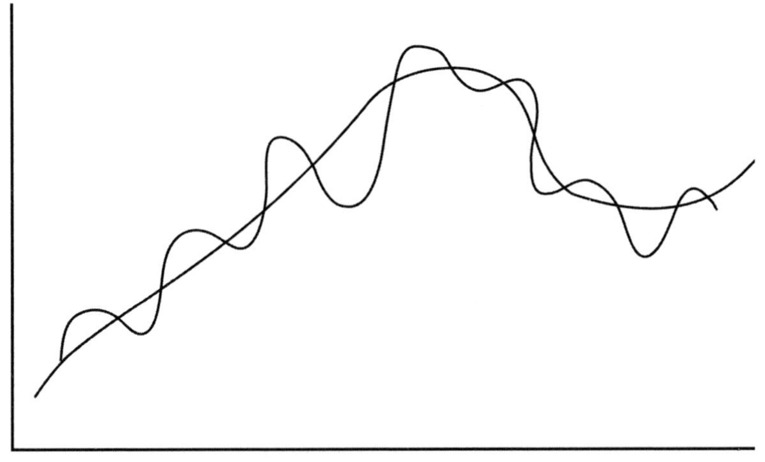

图 4–3 长周期

这里我主要想讨论的是，我意识到长期趋势本身也有周期，而不是只有围绕长期趋势的短期走势有周期。我们过去几十年所经历的长期上涨，其实处于一个长期周期的上行阶段。

接下来我要讨论短期经济周期，这是大多数投资人最关心的问题。在此之前，我想要再多花一点儿时间来讨论长期经济周期：塑造长期经济周期的基本因素，以及现在对长期经济周期的前景展望。然后我会转到讨论短期经济周期的内容。

我前面谈过，一个国家每年经济产出的主要决定因素之一是工作小时总数。相应能够支撑工作小时总数增加的最基本因素是人口增长。人口增长意味着，每年会有更多人制造和销售产品，同时有更多人购买和消费产品，从而进一步鼓励扩大生产。而扩大生产，相当于创造更多的 GDP。人口增长，工作小时总数自然会随之增加，从而推动 GDP 增长。因此，人口出生率是一个最主要的因素，通常可以让我们假定经济会正增长。相反，如果人口收缩，我们想要实现经济增长，就会面临很大阻碍。

人口增长，短短一年中并不会有很大变化。达到生育年龄的人口数量，短期之内不会有太大变化，他们生育孩子的意愿在短期之内也不会有太大变化。这些因素需要经过几十年甚至更长的时间才会出现较大变化，从而引发未来人口数量的深远变化。

哪些因素能够导致一个国家的出生率发生变化（即每对夫妇生养孩子的平均数量）？

- 国家政策。比如，中国的计划生育政策实行了很长时间，但是这项政策最近开始修订，中国允许生育二孩了。
- 战争。第二次世界大战使战争期间美国人口出生率大幅降低，但是“二战”结束之后，人口出生率大幅上升，由此形成婴儿潮一代。
- 经济状况。经济和其他因素一起发挥作用，能够改变人们的心理，让人们考虑自己是否有经济能力要孩子。
- 其他社会风气。比如，现在的美国年轻人普遍推迟结婚成家的年龄。

人口出生率发生变化需要经过几十年的漫长时间，而且即使已经出现变化，也需要再过几年才能够实际影响 GDP 增长。以中国的计划生育政策为例。你也许会说，中国的计划生育政策转变是一夜之间发生的：从 1978 年到 2015 年 10 月 28 日，中国一直提倡“一对夫妇生育一个孩子”，似乎一夜之间政策就变了，2015 年 10 月 29 日，中国共产党第十八届中央委员会第五次全体会议公报宣布全面二孩政策。但是那些即使已经要了一个孩子的夫妇，在二孩政策实施的第一天就积极响应国家号召，努力生二孩，也还需要大约 20 年的时间，他们所生的二孩才能长大成人、开始工作，才能为中国的经济发展做贡献。因此，一年之间的 GDP 变化，不可能在很大程度上归因于人口出生率的变化。

另外一个决定 GDP 的重要因素是每小时劳动产出值，即生产率，更准确的说法是劳动生产率；对于整个国家来说，最准确的说法是全民劳动生产率。劳动生产率变化，是长期 GDP 增长率变化的基本决定因素。由此第一个推论是，不管人口增长率如何，只要劳动生产率提高，GDP 就会随之加快增长，而如果生产率降低，GDP 增长速度就会放缓。第二个推论是，如果生产率的增速提高，GDP 的增速就会提高，而如果生产率的增速放缓，GDP 的增速就会随之放缓。这些只不过是简单的数学推导而已。

生产率的变化，就像出生率的变化一样，需要经过几十年时间，才能显现出效果。生产率提高，主要来自生产过程的进步。第一次生产率大飞跃发生在工业革命时代，大约从 1760 年到 1830 年，蒸汽动力和水力驱动的机器取代了力量十分有限的人力，大型工厂取代了效率低的小作坊和家庭生产。第二次生产率大飞跃是电力和汽车革命，发生在 19 世纪后期和 20 世纪早期。电力取代了蒸汽动力和水力等低效的动力，汽车取代了马车等低效的运输工具。第三次生产率大飞跃发生在 20 世纪的后 50 年，电脑和其他形式的自动化控制，开始取代人脑来指挥机器进行生产。当然，第四次浪潮正在进行中，即现在的信息革命，信息获取、储存和应用取得了巨大进步，现在最热门的大数据和人工智能，能够取得人类过去做梦都想象不到的巨大成就。

一定要记住，这几次生产率大飞跃，工业革命、电力革命、汽车革命、信息革命，都是逐渐发生的，不是一夜之间发生的，也不是几年之内发生的。每次生产率大飞跃都推动了 GDP 实现巨大增长，但是尽管如此，历史上并没有出现过一个年度 GDP 大幅增长或者一个年度 GDP 大幅下滑的情形。生产率的提升速度，往往在很多年中都持续保持稳定。因此，经济衰退或者经济复苏所形成的 GDP 短期周期性变动，通常不能被归因于生产率的变化。

很明显，劳动小时数和每小时劳动产出共同决定了国内生产总值的长期趋势。但是，什么因素导致这两个因素发生变化？下面是一个清单，它只列出了部分因素。

- 人口迁移。中国的城市化进程就是一个案例。中国的大量农民进城务工，一方面增加了劳动力供应，助推中国崛起，使中国发展成为低成本制造大国，另一方面促进了中国消费阶层人数的扩大。另一个例子是从拉丁美洲到美国的移民。美国像其他发达国家一样人口出生率持续下降。但是，移民持续不断地从美国南部边界涌入，尽管有一部分是非法移民，但是这些移民数量的增长填补了美国因人口出生率下降而造成的劳动力供给缺口，扩大了美国的劳动力供给，提高了消费率，即最终消费占 GDP 的比值。
- 决定工作小时总数的因素。工作小时总数会偏离就业总人数，也肯定会偏离有兴趣工作的总人数。

（1）“劳动参与率”（workforce participation），达到适合工作年龄的人口占总人口的比例，包括已就业的人数或者正在找工作的人数。

（2）失业率，即能够参与工作却没有工作可做的人数占总劳动人数的比例。失业率上升和下跌会相应引发消费者支出及企业支出的变化（因而会导致商品需求的变化，也会导致生产商品的劳动力需求的变化）。

（3）就业者人均工作小时数。它会随着经济发展的变化而变化：在商品需求低迷的时候，企业会相应缩短员工每周的工作小时数，而当商品需求高涨的时候，企业会批准员工加班（如果需求继续强劲增长，当员工加班也无法满足时，企业就会雇用更多员工，或者增加一个轮班）。

- 野心。获利的动机和对生活更美好的愿望，能够推动劳动者（自然也是推动整个社会）更加努力地工作，生产更多商品和提供更多劳务。多生产才能多赚钱，多赚钱才能多花钱。也许，你忍不住会想这些事都是顺理成章，放之四海而皆准的，但事实并非如此。例如，苏联的经济体制在很大程度上制约了劳动者的积极性，其他一些国家的经济体制也压制了员工做更多工作的意愿。（我亲眼看到，有些欧洲银行的员工，到了下班时间就打卡离开办公室，但是这并不是为了证明他们已经工作到下午5点，就像美国的银行员工那样，而是为了表明他们到了下班点就准时离开，因此他们没有违反每周35小时工作总时长规定的上限。）
- 教育。美国公立教育质量下滑，可能对美国劳动者的素质造成负面影响，从而减少他们未来的经济贡献，相应地，也会削弱他们创造更多收入的能力，因而美国未来可能无法支撑更多的消费。

这些负面的趋势，可能会抵消移民涌入美国的正面效果。

- 科技创新。科技创新导致一批新企业诞生，但是也导致一批老企业灭亡。科技创新创造了一些新工作，也消灭了一些老工作。概括来说，科技创新提供了一个超级案例，体现了经济进化的达尔文特征：科技创新创造出赢家和输家。新技术取代了人力和旧技术，但是这些新技术绝对不是从此“安全无忧”了，因为将来会由更新更好的技术来取代，或者用现在的流行语来说就是颠覆。科技就是周期模式的缩影：上升与下跌，生存与死亡……再生。
- 自动化。用机器代替人类劳动的能力，是一个特别有趣的因素。一方面，我们可以把自动化看作强化经济周期的添加剂，因为自动化提高了生产率，或者每小时劳动的产出数量。例如，农业机械化，可以用更少的农场工人生产出更多的食品，而成本却比以前低得多。但是另一方面，自动化减少了用于生产的劳动小时总数。现在我们会看到，那些30年前有上百名员工的工厂，现在只要几名工人就够了。这样正负效应抵消后，自动化对GDP的净效应也许是中性的，也许是正效应的，但是，自动化有能力消灭工作，所以自动化也许会有减少就业的影响，相应地也会减少人们的收入，下一步就会降低人们的消费水平。
- 全球化。很多国家融入全球经济，也许会增加全球经济的产出，部分因为专业化分工所带来的好处，但也许不会增加全球经济的产出，因为全球经济整体而言是一个零和游戏（甚至是负和游戏）。但是很明显，全球化对不同国家的经济所造成的影响差别很大（在每个国家内部也创造出赢家和输家）。就像我前面所举的中国的例子。正是工厂劳动力数量大幅增加，推动了中国经济加速增长，且在过去30年持续保持高增长，让中国成为领先于世界其他国家的出口大国。但是同样的趋势导致发达国家从中国进口大量商品，而这些商品如果不从中国进口，也可以在本国国内生产。因为有了大量进口，进口国相应地减少了国内生产，从而影响了本国 GDP。美国如果不从中国大量进口，而选择在美国国内由自己生产，那么也许美国的 GDP 会更高。不过，我们也必须同时把从中国大量进口低价商品对美国的好处考虑进来，这样才能更加准确地评估全球化对美国经济的整体影响。

~~~

第二次世界大战期间，美国受益于本土未受战争重创，因此基础设施保持完好，美国很幸运。而且“二战”后美国从由人口出生率猛增所形成的婴儿潮中大大受益，这两大有利因素结合在一起，推动了美国经济实现巨大增长。“二战”之后，美国产品是世界上质量最好的，美国公司的经营非常成功。在当时还没有全球化的世界里，美国工人可以保持最优厚的薪水，而且工作岗位稳定，因为那时还没有其他国家用成本更低的商品来与其竞争。管理技术改进，生产率大幅提高，进一步推动了美国经济增长。美国长期经济增长速度很快，推动了美国消费需求快速增长，创造出了一个良性循环，让很多人受益……但是这种良性循环不会一直持续下去，永远不变。

最近，美国的经济看上去增长有些放缓了（其他国家也是如此）。这是一个围绕长期基本趋势波动的短期的周期性波动变化，还是一个长期趋势本身的变化？这还需要经过几十年，我们才能够清楚地知道答案。但是最近兴起的一个学术流派指责其为“长期滞涨”，也就是说从基本面来看，长期增长趋势放缓了。
~~~

美国的人口增长率和生产率增长都已经下滑了，其他发达国家也是如此。这两个因素综合来看意味着，美国未来的 GDP 增长将会进一步放缓，甚至低于“二战”开始后的那几年。我们可以推断，最近这些年生产率的大幅提升，在未来是不能复制的。其他国家劳动力供应充足，而且劳动力工资便宜得多，所以美国企业在美国本土生产的美国人所需的商品，要和那些在劳动力成本很低的国家所生产的商品进行竞争，根本不可能获胜。这会对美国那些技能低或者教育水平不高的美国人的就业产生负面影响，导致美国低收入阶层的收入水平相对于其他国家而言更不平等，而且收入更低。这些话题当然对 2016 年美国总统大选影响很大。

人口增长和生产率增长的变化，需要几十年才能体现出效果，但是很明显，它们会影响国家的经济增长速度。20 世纪，先是美国超越欧洲成为经济大国；后来日本在 20 世纪七八十年代快速崛起，一度要称霸全世界，可是到了 80 年代后期，日本经济开始衰退，陷入负增长；再后来，新兴市场国家，特别是中国，成为最近几十年经济快速增长的国家，可是最近这些新兴市场国家的经济增速也慢下来了，尽管如此，这些新兴市场国家未来几十年的 GDP 增长速度，肯定还会超越发达国家。印度有 13 亿人口，只比中国少 1 亿，拥有丰富的人力资源，有条件成为下一个经济快速增长的国家，不过前提是印度必须提高效率，减少腐败。一些前沿市场国家（frontier markets），比如尼日利亚和孟加拉国，其经济增长速度紧追新兴市场国家，正在等待机会加入经济快速增长的国家行列。

一个国家的社会发展有兴起之时也有衰落之时，因而会加快或者减缓经济增长速度。这种潜在的趋势明显遵循一个长周期，不过围绕这个长周期上下波动起伏的短周期更容易被识别出来，也更易于我们讨论。

短期经济周期

我前面说过，经济预测人士以及购买他们预测报告的人，紧紧地盯着未来一年或者两年的经济增长率，换句话说，他们非常关注在短期经济周期的上行阶段所展现出来的增长率以及增长持续的时间，他们也同样非常关注，在短期经济周期的下行阶段是否会连续两个季度负增长——如果会，它就会被定义为一波衰退。这些现象其实都代表着，经济走势围绕长期向上趋势发生短期的上下波动。既然决定长期经济增长趋势变化的基本因素，一个季度之间或者一年之间的变化极小，那么我们何必要关注经济增长的短期变化？为什么短期经济增长还会发生变化偏离其长期趋势？为什么美国经济不是每年都保持 2% 的长期平均增速稳定地增长？

这些问题提供了一个很好的机会，让我可以给大家介绍本书的三大主角：心理、情绪、决策过程。人口出生率和生产率经常被看作独立变量，甚至是像物理学上的力学变量。人口出生率取决于生育率，而影响生育的因素以及生育率本身长期而言非常稳定。与人口出生率类似，生产变化率，即每单位劳动产出的变化速度，一般被认为主要取决于技术进步和技术传播。换句话说，尽管经济体是由人构成的，大家却并不认为经济增长水平高度反映了人本身的变化。

但是，事实确实如此。尽管长期趋势决定了潜在的经济增长率，但每年 GDP 实际增长率并不会完全听从长期趋势的指令，相对而言它会出现变化，偏离长期趋势线……这在很大程度上是因为人的参与。

人口出生率也许决定了工作小时总数的长期趋势，但是其他因素会导致工作小时数在短期内出现变化。工作意愿并不是固定不变的。有时候，经济情况不是鼓励而是阻碍人们去找工作，就像我们前面所说的那样，有时候，世界性大事件会改变消费水平。

最明显的例子是，世界性大事件能够造成大恐慌，从而阻碍经济发展。次级抵押贷款危机以及金融机构纷纷崩溃，并在雷曼兄弟公司 2008 年 9 月宣布破产的时候达到最高潮，这阻碍了消费者的购买意愿，阻碍了投资人提供资本，阻碍了公司建造工厂和扩充劳动力。甚至那些一切如常的人也会削减消费和投资支出，尽管他们并没有在危机中失去工作，没有因为贷款逾期而让银行提前收回住房，也没有看到自己的投资组合市值大跌，但是由于他们的内心极度恐惧，他们照样会削减消费和投资。这很快影响了整个美国经济，结果出现严重衰退，从 2007 年 12 月开始，一直持续到 2009 年 6 月。

如果劳动力就业数量以及他们的收入相对保持稳定，那么我们也许会预期他们的收入被用于消费支出的比例会相对保持稳定。但是事实并非如此，消费水平的波动幅度大大超过了就业和收入水平的波动，这是因为我们称之为“边际消费倾向”因素的变动，边际消费倾向是指每增加 1 美元的收入中会有多少钱被拿去消费，因为边际消费倾向会在短期内发生变化，所以消费会独立于收入发生变化，也就是说，即使收入变化不大，消费也会变化很大。

劳动者拿出更大比例的收入用于消费，可能因为以下原因：

- 报纸的头版头条刊登了令人高兴的好消息；
- 他们相信选举结果预示着经济增长会更强劲，收入会更高，税收会更低；
- 消费信贷变得更容易获得；
- 资产升值让他们觉得自己更加富有；
- 本国球队赢了世界杯。

上述因素中的第四个因素资产升值，让他们觉得自己更加富有，也被称为“财富效应”，因而特别值得我们注意。这些资产持有人，首先，他们基本上不可能卖出他们手上的股票或者房子换成现金，只为了消费更多；其次，他们应该也明白，股价上涨、房价上涨都是浮云，因为这些资产市场价格上涨，只是账面上的浮盈，来得快，去得也快，所以这并不是转变消费模式大把花钱的好理由。但是事实摆在那里，股价上涨，房价上涨，手上这些资产升值了，人们就会花更多钱，消费更多。这种现象表明心理会影响行为，行为会影响经济，从而导致经济短期出现变化。

其中有一点特别重要，经济增长预期在多大程度上能够自我实现。人们（和企业）如果相信未来经济增长会很好，就会消费更多，投资更多……消费增长了，投资增长了，未来经济自然就会增长得更快。反过来也是如此。我个人相信，很多公司得出的结论是，2008 年全球金融危机引发经济大衰退之后，肯定不会出现一波 V 形反转，尽管前面几波衰退之后都出现了一波 V 形反转，但是这次不一样。有了这样的预期，他们自然不愿意扩建工厂，也不愿意扩招员工，由此导致美国经济复苏相当温和，只是逐渐缓慢地复苏。美国尚且如此，其他国家的经济复苏就更加乏力了。结果是你想什么，就会做什么，你做什么，最终就会得到什么，这就是我们经常所说的预言往往会自我实现。

短期 GDP 变化还有另外一个原因，它和存货有关。企业也许过高地估计了它们的产品在未来某季度或某年度的需求，因此它们大幅度地扩大了生产规模，导致产量大大超过它们能够销售出去的数量。或者它们保持生产规模稳定不变，却意外碰到需求疲软。这两种情况都会造成产量超过销量，产品卖不出去自然会导致存货增加。而存货积压过多，反过来会导致厂商在后续几个季度或者年度内调低生产规模，直到存货恢复到它们所期望的合理水平。正是这种方式，存货增加和存货减少，经常导致经济产出短期上涨或下跌。

以上讲的少数几个案例就可以说明，这些因素能够导致一个经济体在某季度或者某年度的产出总值发生变化，偏离按照人口出生率和生产率水平推算出来的、本来可以达到的长期潜在的产出水平。这种结果表明，这些影响短期经济增长的因素本质上并不稳定可靠，并不像物理学的力学变量那样稳定不变。这些影响因素很多是人类行为的产物，因此它们和人类行为一样，无法确定，也无法预测。

~~~

写到这里，我想多说几句，谈谈经济预测。很多投资人都是根据经济预测来提前决定如何采取行动，而这些经济预测要么是他们自己做的预测，要么是他们从经济学家、银行、媒体那里得到的预测。不过，我怀疑这些预测包含的信息可能根本没有价值，也不会帮助他们取得投资成功。（对此更加详细的讨论，请看我的上一本书《投资最重要的事》第 14 章。）

对经济预测这个话题，我的看法是经济预测对于投资来说基本无用。我的依据是：

- 做投资，要达到一般业绩水平，即市场上所有投资人的平均业绩水平，或者市场基准业绩水平，非常容易，买指数基金或者照着指数做投资就行了。
- 既然要达到平均业绩水平非常容易，真正成功的投资，就必须跑赢其他投资人，跑赢市场平均业绩水平。因此，投资成功，很大
~~~

程度上是一个相对概念，是基于相对业绩表现来进行衡量的。

- 只预测到了即将发生的事情，并不足以保证你能获得卓越的相对业绩。这是因为如果都持有同样的看法，每个人的看法就都是对的，每个人都采取相同的投资行动，就会获得相同的投资业绩，那么你也就不可能业绩高人一筹了。因此，只预测正确并不能确保投资成功，你必须比其他投资人预测得更加准确，才能确保你的投资更加成功。
- 同样的道理，你并非一定要完全正确才能获得投资成功：你只要错得比其他投资人更少就行了。
- 投资成功并不是来自拥有一个正确的预测，而是来自拥有一个超越大众的卓越预测。你能够卓越地预测吗？

大多数经济预测，都是根据当前水平结合长期趋势来进行推断的。经济通常不会大幅偏离当前水平和长期趋势，所以这种推断出来的预测结果，在大多数情况下都是正确的。但是这种推断型的预测很简单，而且是共享的，已经反映在市场给予资产的价格上了，因此并不能为你带来卓越的投资业绩，甚至即使后来事实证明你的预测是对的。这正像获得诺贝尔经济学奖的经济学家米尔顿·弗里德曼所说的那样：

> 所有这些人，看到的是同样的数据，读到的是同样的资料，他们的预测虽然比较正确，但是几乎从来没什么大用。

最具有潜在价值的预测，是那些能够正确地预测到经济增长偏离长期趋势和近期水平的预测。预测者如果做出的预测和大家不一致——并不是基于当前水平和长期趋势的简单推论，而且事实证明他的预测是正确的，那么结果肯定会出人意料，会让其他市场参与者大吃一惊。于是大家纷纷手忙脚乱地调整持仓，以应对这种出乎意料的变化。结果，正确预测到这一点的人因为提前布局而大赚一笔，业绩领先。这里只有一个问题：大幅偏离长期趋势这样的事，第一不会经常发生，第二人们很难准确地预测到，所以大多数非传统型预测和非推断型预测的结果都是不正确的。因此，任何人如果只是基于这种让人意外的预测来做投资，往往就可能达不到市场的平均水平。

因此我认为，经济预测有以下三种可能性：

- 大多数经济预测只是简单的推断。这些简单的推断经常是正确的，但是人人都会这样预测，人人都正确，因此根本没有价值。
- 非传统预测。预测经济增长未来一年或两年会大幅偏离长期趋势，如果这是正确的，那么它肯定会非常有价值，但是这种预测往往都不正确。因此大多数偏离长期趋势的预测都是不正确的，也就没有价值了。
- 预测经济增长会大幅偏离长期趋势的极少数预测。结果表明这类预测是正确的，它们自然很有价值。这些人也会因为眼光独到而受到大家的膜拜，但是人们很难提前知道，哪个预测会是真正正确且有价值的预测。这是因为非传统预测大多数都是不正确的，所以整体来看这类预测的平均成功率很低。非传统预测总体而言不可能是有价值的。偶尔有几个预测者，因为一次令人震惊的正确预测而声名鹊起，但是这只是一次例外，回顾他们过去做出的大多数预测，预测结果其实并不准确，也不值得其他人追随。

总体来看，上面所述关于经济预测的三个可能性都不是非常令人鼓舞。因此，约翰·肯尼斯·加尔布雷斯所说的那句话十分精辟："我们会看到两类预测者：一类预测者根本不知道，另一类预测者根本不知道自己不知道。"

长期经济周期的长期变化极难预测，而且这种长期预测的正确性也极难评估。对短期经济周期的上行和下行趋势，一个人要持续做到比其他人预测得更好，也是极其困难的。按照经济预测采取行动，听起来特别诱惑人，尤其是如果这种经济预测是正确的，那么从理论上讲人们能获得很高的回报。但是能够做出正确的预测，而且持续做出正确的预测，难度极大，我们千万不要低估持续正确预测的难度。

~~~

下面是我相信的关于经济周期的几条最重要的基本原则：

- 经济产出是工作小时总数和每小时产出的乘积，因此，一个经济体的长期增长主要取决于一些基本面因素，比如出生率和生产率增长率（不过也受到其他社会和环境变化的影响）。这些基本面因素在一个年度之间通常变化极小，在十年之间才会逐渐变化，因此经济增长率的平均水平会在几十年的时间里都相当稳定。我们只有用最长的时间框架才能看清楚，一个经济体的长期增长率是显著加快还是显著放缓。但是经济长期确实会如此变化。
- 既然经济潜在的长期增长率会几十年都保持相对稳定，一个人就会忍不住预期，经济增长的年度表现也是一年接着一年地保持稳定。但是很多因素很容易发生变化，由此导致经济年度增长率发生变化，甚至经济年度增长率即使平均而言沿着长期趋势线移
~~~

动，也会出现年度变化。这些影响因素，也许可以被归纳为以下两大类：

（1）内部性因素。年度经济表现可能受到经济体内部经济单位所做决策发生变动的影响。比如，消费者消费更多还是储蓄更多，企业生产扩张还是收缩，增加存货（这要求增加产量）还是出售更多存货（相对于增产增销而言，这会削减产量）。这些决策经常受到消费者或企业管理者心态的影响。

（2）外部性因素。年度经济表现也会受到经济体外部事件的影响。第一，人为事件，严格来说这些不是经济事件，比如，爆发战争，或者政府做出决策改变税率、调整关税，或者商品价格联盟调整价格。第二，没有人类参与的自然事件，比如干旱、飓风、地震。

- 长期经济增长从长期来看是稳定的，但是它也随着长周期的波动而出现变化。
- 短期经济增长平均而言遵循长期趋势，但是每年会围绕长期趋势线出现短期上下波动。
- 人们非常努力地想要预测经济增长率的年度变化，然后以此作为投资决策的依据，获得潜在投资盈利。平均而言，投资人的预测在大多数时候都接近于真实水平。但是极少有人能够持续做到预测正确；只有少数人的预测能够比其他人做得好得多；只有少数人能够正确地预测经济增长大幅偏离长期趋势。

~~~

我经常发现，这真的很神奇，每当我写到结尾，打算进行总结的
~~~

时候，一个完美的案例就会从现实生活中跳出来，或者从我读到的东西中跳出来。这次还是如此神奇，就在我要完成这一章初稿的那天，一个完美的案例从我读的报纸上跳出来了。2016 年 6 月 23 日，新闻报道了英国脱欧的公投结果，大多数人投票赞成英国脱离欧盟。

这个公投结果大家普遍都没有预料到：在公投之前，英镑和伦敦股市持续走强，就连伦敦的博彩公司所开出的赔率也倾向于英国脱欧公投不会通过。你看，所谓的专业预测也不过如此。

英国决定脱欧，可能后果很严重，包括经济上、社会上、政治上，对英国的影响会很大，对欧盟的影响也会很大，对全世界其他国家的影响也很大。对消费者、投资人、企业界人士的心理也会有负面冲击，从而导致近期经济增长放缓。这样的结果也会增加贸易障碍，降低全球经济效率。

此外，英国脱离欧盟这个事件，以及其可能引发苏格兰和北爱尔兰寻求脱离英国的影响，将会改变直接相关国家经济的长期增长态势，也可能会影响世界上其他国家的经济增长。从现在起再过 50 年，可能都会有人指责这个事件改变了世界经济中大部分国家的增长轨迹，因此它也改变了整个世界经济的增长轨迹，导致世界经济的长周期突然出现转变。

如果英国脱欧公投是另外一个结果，那么未来几年的经济环境会有相当大的不同，也就是说，英国脱离欧盟，导致英国的经济长周期转变了发展方向。这是非常有可能的。我们只是不能确定，英国脱离欧盟会如何影响英国的经济长周期，影响程度有多大，以及对世界其他国家经济的连锁影响会如何。

05

政府调节逆周期

经济有周期，而周期会走到极端，这并不是我们想要的。一方面，经济太过强劲会引发通货膨胀，导致经济增速过高，以致未来经济衰退变得不可避免。另一方面，经济如果过度萎靡，就会导致企业盈利下滑，让很多人失业。因此，中央银行和财政部的工作，其中一部分应该是管理周期。

既然周期上行和下行可能会走极端，那么应对周期走极端的工具应是逆周期的，我们可以按照它们自身的周期来加以运用。在理想情况下，干预经济周期工具的周期正好与经济周期的走势相反。可是就像其他与周期相关的东西一样，要管理这些干预周期的工具，远远不是那么容易。因为如果不是这样，我们就不会看到这么多经济周期走到极端的现象了。

在大多数国家中，资本主义和自由市场获得普遍认可，并以它们为基础构建高效的经济体制，合理分配经济资源，鼓励更多经济产出。

尽管市场经济体制受到世界各国的普遍认可，但是市场经济极少是完全自由的，政府从不干预。政府干预有很多方式，从制定和执行法律法规到设立实体机构直接参与经济活动，比如美国的抵押贷款机构。

不过，政府干预经济的最重要方式应该是通过中央银行和财政部的政策措施，努力控制和影响经济周期的上行和下行。

中央银行

过去几百年来，国家赋予中央银行巨大的权利和责任，比如美国联邦储备银行。过去中央银行扮演的主要角色是发行货币，以及按照客户要求把货币兑换为黄金或白银。而现在中央银行最关注的是管理经济周期。

早期，很多中央银行发行货币。随着时间推移，中央银行逐步承担起了管理经济周期的职责，它们最关注的问题往往是通货膨胀。特别是在这个世界上，有些国家经历过多次恶性通货膨胀，每年通货膨胀率高达百分之几百，相当于物价每年上涨好几倍，也就是说，货币一年之后贬值到只有年初的几分之一，这就像第一次世界大战后的魏玛共和国时的德国那样。因此，中央银行转向管理通货膨胀。中央银行管理通货膨胀的目标不是消灭通货膨胀，因为大家普遍认识到：第一，通货膨胀有很多方面像苦口的良药，尽管它的过程有些令人痛苦，但确实也能够带来好处；第二，通货膨胀在很大程度上是不可避免的。因此中央银行的目标不是消灭通货膨胀，而是控制通货膨胀。

通货膨胀的原因有些神秘，就像这里描述的其他过程一样，不可靠，不可持续，时有时无，时断时续。有时候，某种情况会导致的通货膨胀相当严重，但是在其他时候，同样的情况导致的通货膨胀却不温不火，甚至根本算不上通货膨胀。但是总体来说，大家都认为，通货膨胀是经济周期中一波强劲上行所产生的结果。

- 商品需求增长相对而言过度超过供给，此时可能引发“需求拉动型”通货膨胀。
- 生产投入要素的价格上涨，比如劳动力工资和原材料，此时可能引发“成本推动型”通货膨胀。
- 进口国的货币相对于出口国的货币发生贬值时，对于进口国来说，其进口货物的成本会由于货币汇率上涨而上涨，由此可能导致“进口成本推动型”通货膨胀。

上述三个原因，其中任何一个都会导致获得商品的成本上涨，即物价逐步上升。物价上升，就是通货膨胀。但是，正如我刚刚所说的，有时候这些事件发生了，却没有伴随通货膨胀加剧，有时候通货膨胀率上升了，上述这些事情却没有发生，所以在影响所有这些现象的因素里，有很大的心理成分。

因为通货膨胀往往来源于经济的强劲增长，中央银行努力控制通货膨胀，实质上等同于努力抽走经济增长发动机里的部分燃料，而促进经济增长的动力燃料之一就是资金。中央银行的这些措施包括减少货币供给、提高利率、卖出证券。私人部门从中央银行购买了证券之后，这些货币回笼到中央银行手里，退出了流通。流通的货币量少了，往往会减少商品的需求，这样就能抑制通货膨胀。那些强烈专注于把通货膨胀置于中央银行控制之下的中央银行行长被称为“鹰派”，这些鹰派中央银行行长往往会更加快速地做出上述控制通货膨胀的举动，而且其力度相当大。

当然，问题是这类行动本身的效果，是与刺激经济增长政策的效果相反的。中央银行采取的这些措施能够完成把通货膨胀控制在正常水平范围的目标，但是中央银行这样做也会抑制经济增长，结果就不是对国家有利了。

这个问题现在变得更加复杂了，因为事实上最近几十年来，很多国家的政府还给了中央银行第二个职责——除了控制通货膨胀之外，政府还希望中央银行能够支持就业。当然，经济走强，就业率就会向好。因此，中央银行要鼓励经济增长和就业，就要采取刺激性措施，比如增加货币供给，降低利率，通过买入证券来给经济注入流动性。美联储最近的"量化宽松"计划，就是这样做的。那些强烈关注刺激就业并且倾向于采取刺激经济增长措施的中央银行行长，被称为"鸽派"。

关键是大多数中央银行行长同时肩负两个工作职责：一个工作职责是限制通货膨胀，这就要求中央银行压制经济增长；另一个工作职责是支持就业，这就要求中央银行刺激经济增长。换句话说，中央银行行长的两个工作职责是互相对抗的，因此中央银行行长的工作要求中央银行在采取行动时要小心谨慎，保持微妙的平衡，既要控制通货膨胀，又要促进就业。

我们前面讨论过这个事实，经济是周期性的，有时候会强劲增长，有时候则会增长乏力（甚至会收缩）。一方面，经济上行会促进就业，但是也会引发通货膨胀率上升。另一方面，经济滞胀或者经济收缩，会抑制通货膨胀率上升，但是也会削减就业。所以中央银行行长的工作职责要求他们运用逆周期调节措施的力度要适当。这也就是说，限制周期波动幅度不要过大，在经济过度繁荣的时候要把经济放缓，把通货膨胀控制在目标水平之下；相反，在经济增长过于缓慢的时候，要出台措施刺激经济增长，支持就业。

但是就像投资人看待周期的视野有局限一样，中央银行行长也是人，看待周期的视角也是既看不远也看不准的。而且中央银行行长比一般投资人更难做，投资人只有唯一的目标赚钱，而中央银行行长同时肩负两个任务，刺激经济增长和抑制经济增长，很明显他们根本不可能同时完成这两个目标相反的任务。现在这个时候，中央银行行长应该选择刺激经济还是抑制经济？不管他们选择哪一个目标任务，措施被实施的力度应该有多大？如果利率过低（像 2008 年金融危机之后美国一直保持零利率来刺激经济增长一样），经济增长仍很乏力（像 2008 年金融危机之后美国的经济一样），在此种情况下，是不是应该提高利率以提前抑制通货膨胀率上升？但提高利率会不会扼杀美国经济本来就不温不火的缓慢增长？投资人要理解和预测经济周期，是很困难和有挑战性的；对于中央银行行长来说，控制通货膨胀和促进就业同样不容易。

中央政府

政府的职责要比中央银行大多了，其中只有一小部分是和经济事务相关的。就像中央银行一样，政府也有职责要在适当的时候刺激经济增长，同时有职责控制通货膨胀，不过不像中央银行那样直接控制通货膨胀。财政部所负担的经济工作的重点也是管理周期，既不要让经济增长得太快，也不要让经济增长得太慢。

政府管理经济周期使用的主要工具是财政工具。财政工具主要是税收政策和政府支出政策。因此，政府在想要刺激本国经济增长时，可以削减税收，增加政府开支，甚至直接分配刺激资金，让个人和企业有更多的资金来消费和投资。相反，政府认为当经济增长过快而有经济过热的危险时，就会创造条件，让经济增长的速度慢下来，这时政府会增加税收，削减支出，从而减少经济体中的需求，让经济活动放缓一些。

在政府调节逆周期的主题之下，我们最终绕不开政府赤字这个敏感的话题。过去，大多数政府运作要保持预算平衡。简单地说，政府要保持收支平衡，政府花的钱不能超过政府通过征税等途径所收的钱。但是后来国家债务这个概念兴起来了，政府能够借债，从而导致国家财政出现赤字，也就是说，政府花出去的钱超过收进来的钱，政府超支了。

我大概记得，在我年轻的时候，人们关于政府借债是否合理就有过激烈的争论，但是现在关于政府借债这个问题，我们再也听不到很多反对意见了。大家都普遍接受了老百姓可以借钱，国家也可以借钱的观念。但是问题又来了，大家时不时地会争论，到底政府负担多少债务才是审慎的。答案似乎是“不要比政府现有债务水平高太多”。

约翰·梅纳德·凯恩斯在 20 世纪 30 年代提出的经济理论中用了很大篇幅，浓墨重彩地阐述了政府面对经济周期所应该扮演的角色。此前的经济学一直特别看重商品总供给在决定 GDP 水平上所扮演的角色，而凯恩斯的经济理论完全不同，它关注的是总需求在决定 GDP 水平上所扮演的角色。凯恩斯说，政府应该通过影响需求来管理经济周期。而要完成影响需求的任务，政府可以运用财政工具，其中包括政府财政赤字。

凯恩斯敦促政府伸出援手，促进疲软的经济加快增长，政府所使用的手段就是采取积极的财政政策，增加财政赤字，扩大政府支出，以刺激需求。政府财政支出超过以税收为主要来源的财政收入，其收支相抵之后是净支出，这相当于把资金注入经济。这样就会促进消费支出和投资支出。政府赤字是刺激经济增长的，因此凯恩斯认为，政府赤字有助于应对经济疲软。

相反，当经济增长强劲的时候，凯恩斯说，政府应该增加财政盈余，政府支出要低于财税收入，收支相抵后是净盈余，这相当于把这部分资金抽离经济，从而抑制消费支出和投资支出，财政盈余是收缩经济增长的，因此是应对经济过热的合理措施。不过，政府运用财政盈余冷却欣欣向荣的经济，这些年来极其少见。就像你参加派对，大家玩得正高兴的时候，没有人愿意扫大家的兴。讲经济首先要讲政治，政府向民众收的税多而为民众花的钱少，那么这届政府所吸引到的选民投票肯定会少。相比之下，其他党派推出非常慷慨大方的政府开支计划，因此吸引到的选民投票也肯定会多。财政盈余政策由此变得十分罕见，比我们现在见到赶马车的鞭子还要稀罕。

总结

经济有周期，而周期会走极端，这并不是我们想要的。一方面，经济太过强劲，会引发通货膨胀，让经济增速过高，以致未来经济衰退变得不可避免。另一方面，经济如果太过疲软，就会导致企业盈利下滑，让很多人失业。因此，中央银行和财政部的工作，其中一部分就是管理周期。

既然周期上行和下行可能会走极端，那么应对周期走极端的调节工具应该是逆周期的，我们可以按照它们自身的周期来加以运用。在理想情况下，干预经济周期工具的周期应正好与经济周期走势相反。可是就像其他与周期相关的东西一样，我们要管理这些干预周期的工具，远远没有那么容易。如果不是这样，我们就不会看到这么多经济周期走极端的现象了。

06

企业盈利周期

决定一家企业盈利的过程既复杂又多变。经济周期对一些企业的销售收入的影响很大，但是对其他企业的销售收入的影响却小得多。这主要是因为企业的经营杠杆和财务杠杆的水平不一样，因而造成销售收入变动对不同企业的盈利影响的程度不同。销售收入变动的百分比尽管相同，但对有些企业的盈利冲击会远远大于其他企业。

我前面说过最近美国 GDP 的平均增长率在每年 2% 到 3%。在经济疲软的年份，GDP 增长率可能低到 1%，但是在经济繁荣的年份（或者经济开始复苏的年份），GDP 增长率可能达到 4% 或 5%。在困难时期，GDP 年增长率甚至会反转，变成负增长。如果连续两个季度经济都是负增长，就会被定义为衰退。总之，美国经济确实会波动，但是波动的幅度还是比较温和的：美国 GDP 的年均增长率几乎总会落在最高增长 5% 到最低增长 –2% 的区间里，而涨到区间上限或者跌到区间下限的极端情形，我们每十年最多只能见到一次。

GDP 年均增长率这么稳定，是不是意味着企业盈利的年均增长率也同样稳定？事实远不是如此。企业盈利增长率在经济繁荣的年份会大大超过 5%，即企业盈利增长率区间上限会大大高于 GDP 增长率区间的上限。而在经济糟糕的年份，企业盈利增长率区间的下限会大大低于GDP增长率区间的下限。也就是说，企业盈利波动也遵循一个周期，而且企业盈利周期会受到整个经济周期的影响，但是企业盈利周期的上行幅度和下行幅度，要大大超过整个国家经济周期的震荡幅度。所以企业盈利的波动要比整个国家GDP波动得更大。这是由什么原因造成的？是什么因素导致企业盈利周期的表现明显不同于整个国家的经济周期？

第一，经济的上行和下行，对于企业盈利幅度的上升与下降来说，非常重要。GDP对消费的影响胜过其他任何一个因素，GDP增长得多，意味着更多的消费，而更多的消费意味着对商品更加强劲的需求，而更加强劲的需求意味着，企业能够卖出更多的商品，且卖出商品的价格更高，企业也能提供更多的工作和更高的工资，这又会进一步推动更多的消费。所有这些连锁反应集合在一起，GDP增长就会意味着企业的收入会随之增长。

按照定义，一国之内所有企业的销售收入加总在一起等于整个国家的GDP，因此所有企业销售总额的变动比值也等于整个国家GDP的变动比值。但是这并不意味着，所有企业的销售收入都遵循和整个国家GDP相同的周期变动模式。

某些行业里企业的销售收入对经济周期的变动是敏感的：经济上行，这些企业的销售额就会随之上升；相反，如果经济下行，这些企业的销售额就会随之下滑。但是另外一些行业里的企业销售收入对经济周期的波动不敏感，而且不同企业的敏感程度差别很大，敏感程度很大的企业销售增长率会比经济增长率大得多，而敏感程度很小的企业销售增长率会比经济增长率小得多。

- 行业的原材料和零部件销售会直接对经济周期做出反应。企业在集中扩大生产的时候，也就是在GDP扩张的时候，需要更多的化工原料、金属、塑料、能源、线材、半导体，才能支持扩大生产，反之亦然。
- 日常生活必需品，比如食品、饮料、药品，对经济周期的波动并不是很敏感。这些日常必需品，人们每天都需要消耗一定的数量，不管经济是好还是坏，所需消耗的数量基本相同。（但是需求并非绝对固定不变：当经济衰退时，人们会消费降级。比如，人们虽然购买同样多的食品，却会买更便宜的食品；人们会减少去餐馆吃饭的次数，而更多地在家里吃饭。到了经济繁荣的时候，人们会消费升级，去购买更好更贵的食品，选择去餐馆就餐的次数也会增加。而且对于那些财务紧张的人来说，他们甚至会减少这些“生活必需品”的开支，因为收入所限，他们要么买食品，要么买药品，要么交房租，只能三选一。）
- 低成本消费品的需求并不会有很大波动性，比如我们日常穿的衣服、读的报纸、网络下载等，但是那些高成本的消费品，比如奢侈品和度假旅游，需求的波动性就很大了。
- 价格高的“耐用消费品”需求，比如个人购买汽车和房子，企业购买卡车和工厂设备，对经济周期高度敏感。其中主要有三个原因：第一，这些是耐用消费品，也就是说它们能够被用上很多年，所以经济疲软的时候，这些耐用消费品的更新可以被延迟，旧的照样可以用，等人们有钱以后再买新的；第二，因为这些耐用消费品，买一次要花人们很多钱，所以当经济困难的时候，人们赚的钱也少，就很难买得起它们，需求自然就减少了，但是当经济繁荣的时候，人们赚的钱变多了，就很容易买得起它们，需求自然就增加了；第三，企业在生意好的时候，需要增加固定资产投资来扩大生产，相反在经济形势不好的时候，企业的生意也不好，对设备等固定资产的需求也会降低。以上的三个原因造成耐用消费品需求对经济周期高度敏感。

- 人们对日常服务的需求，一般波动不大。如果这些日常服务是必需的（比如每天通勤上班），而且价格很低（比如理发），那么人们对这些服务的需求不会对经济形势的变化高度敏感。此外，这样的日常服务本身和生鲜食品一样，保质期很短，无法被长期储存，我们要天天坐地铁上班，要月月理发，所以这些日常服务我们必须持续不断地购买。但是人们对这些日常服务的需求仍会随着经济变化而改变，比如，平常你一个月理一次头发，遇上经济特别糟糕的时候，你会觉得能省一点儿是一点儿，也可以拖到两个月才去剪一次头发。

此外，某些产品的销售对经济周期以外的其他周期更加敏感。因为耐用品比较昂贵，我们可以贷款购买，然后选择分期还款，所以（如果在其他方面都相同的情况下）人们对耐用品的需求会对信贷周期非常敏感。贷款融资容易，人们对这些耐用品的需求就会上升，贷款融资困难，人们对这些耐用品的需求就会下降。人们对另外一些商品的需求会受到非周期性变化因素的影响，例如，增加人们对智能手机和笔记本电脑更新需求的敏感因素有：降价促销、推出新款、技术改进。

不过，在很大程度上，经济增长仍然决定了企业销售规模扩大或缩小的过程。GDP 增长强劲，企业销售额一般也会强劲增长；GDP 增长乏力，企业销售额一般也会增长乏力；GDP 下滑，企业销售额一般也会下滑。

~~~

但是经济增长和企业利润增长之间的关系并非强关联。这是因为经济周期的运行并不是影响企业销售状况的唯一因素（就像我们前面刚刚讲过的那样），而且企业销售额的变动不一定会导致企业盈利发生同等幅度的变动。造成后一种现象的一个主要原因是，大多数企业都运用了两种杠杆，从而放大了盈利变化对销售变化的反应程度。美国人称之为杠杆（leverage），英国人称之为传动装置（gearing），后者传达的意思更明白。

第一类杠杆是经营杠杆。盈利等于收入减去成本（或者费用）。收入是销售的结果，我们知道很多原因会导致销售收入发生波动。成本也受到很多因素的影响，从而导致不同类型的成本以不同的方式发生波动，特别是成本对销售变化的反应。

大多数企业的成本都可以分为三类：固定成本、半固定成本、可变成本。我们以一家出租车公司为例来进行说明：

- 固定成本。这家出租车公司的总部设在一幢商务办公大楼里。如果公司客流量增加不大，公司总部就不需要为此增加更多的办公面积。但是即使客流量下滑了一些，公司总部的办公面积也不能马上减少。所以出租车公司总部办公室的成本属于固定成本。
- 半固定成本。出租车公司有一个出租车车队。现在，客流量有所增加，现有的车队规模也可以应付，但是如果客流量再大幅增加，并且超出车队现有规模的最大运输能力，那么出租车公司就必须添置更多的车辆。所以，车辆成本对于出租车公司来说属于半固定成本。
~~~

- 可变成本。出租车行驶需要加油。如果出租车业务量增加导致行驶里程增加 X%，那么基本上耗油量也会增加 X%。所以对于出租车公司来说，汽油成本属于可变成本。

以上三类成本之和就是公司的营运总成本。而这三类成本对销售收入的敏感程度不同。比如，这家出租车公司的客流量增长 20%，销售收入也会增长 20%，但是公司总部办公室的开支不用增加；公司购买出租车的成本，一开始不需要增加，也许后来当车辆数量不能满足大幅增长的需求时，公司就需要购置新车，相应地车辆成本就会增加；汽油费用会马上随着需求增长，而且同步增长。因此，出租车公司的总成本会随着客流量的增长而增长，但是总成本的增幅往往低于收入的增幅。这就会导致公司的边际利润率上升，也就是我们常说的毛利率上升。这意味着公司营业利润增长幅度要大幅超过其销售收入增长幅度。这就是经营杠杆：一个百分点的经营收入增长，能够撬动营业利润增长更多百分点。一般来说，企业的总成本中，固定成本比例越大，可变成本比例就越小，这就会导致企业经营杠杆水平越高。

经济形势良好，企业销售收入增长，这时候经营杠杆对企业是一件好事，它会让企业利润增长幅度大于销售收入增长幅度。但是，经营杠杆是一把双刃剑，如果经济形势不佳，企业销售收入下滑，那么这时候经营杠杆对于企业来讲就不是什么好事了：企业利润下滑幅度会超过销售收入下滑幅度，销售收入如果下滑得太多，甚至会让企业从盈利变成亏损。但是，企业可以采取措施来限制销售收入下滑对盈利的影响程度。这些措施包括裁员和关店。但是这些措施不一定有效，因为以下四个原因：（1）这些节省开支的措施需要一段时间才能产生实际效果；（2）有些节支措施反而会在短期内增加费用支出，比如，裁员意味着马上要支付一大笔人员遣散费；（3）这些节支措施通常只能限制负面效果，并不能彻底消除负面效果；（4）这些节支措施的实际效果很少能够达到人们的预期。

第二类杠杆是财务杠杆。比如，一家企业的营业利润从 3 000 美元下降到 2 000 美元，下降幅度为 1/3。如果这家企业需要 30 000 美元的资本投入，且资本完全来自股东的股权投资，那么这意味着公司一分钱也不用向银行借就能筹到足够多的钱，一分钱利息公司也不用付。所以公司营业利润下降多少，属于股东的净利润也会相应地下降多少——这家公司的净利润也会下滑约 33%。

但是大多数公司所筹集的资本都是既有股权融资，又有债务融资的。相对于股权投资人，即股东来说，持有企业债权的债权人相对而言拥有优先地位，股权投资人首先承担亏损。也就是说，如果公司盈利下降，那么下降的部分完全由股东来承担；公司发生亏损，也首先要由股东承担亏损，公司用股东投入的资本来弥补亏损，直到属于股东的权益资本被全部用完，如果这还不够弥补亏损，那么剩余的亏损才会由债权人来承担。所以只要公司账上还有股东权益，债权人的投资收益就不会发生改变，不管公司亏损多少，亏的都是股东的资本——债权人只管收利息，公司承诺支付多少利息——即便公司发生亏损——就要支付承诺的金额。（这也是为什么债券和票据都被称为“固定收益证券”——它们的收益一直是固定的。）

我们假设这家企业 30 000 美元的资本结构是这样的：15 000 美元权益资本，15 000 美元债务资本（公司每年需要支付 1 500 美元的利息）。这意味着，如果营业利润从 3 000 美元下降到 2 000 美元，那么净利润就会由原来的 1 500 美元（息税前利润 3 000 美元 – 利息 1 500 美元），下降到只有 500 美元（息税前利润 2 000 美元 –1 500 美元），营业利润减少了1 000美元。也就是说，营业利润从3 000美元下降到2 000美元，下降幅度为1/3，会导致这个企业的净利润从1 500美元下滑到500美元，降幅为2/3，你会看到净利润的下滑幅度把营业利润的下滑幅度放大了1倍。这种净利润下滑幅度放大营业利润下滑幅度的效应，就是财务杠杆发生作用的结果。

~~~

决定一家企业盈利的过程既复杂又多变。经济周期对一些企业的销售收入的影响很大，但是对其他企业的销售收入的影响却小得多。这主要是因为企业的经营杠杆和财务杠杆的水平不一样，因而造成销售收入变动对不同企业的盈利影响的程度不同。销售收入变动的百分比尽管相同，但对有些企业的盈利冲击会远远大于其他企业。

当然，一些经济系统之外的另类因素的变化，也会对企业盈利造成非常大的影响。这些特殊情况的变化包括：管理层对存货、生产规模和资本投资的决策；技术进步（包括企业部门、同行业竞争对手，甚至其他竞争行业中的企业的技术进步）；法律法规和税收政策的变化；行业以外，甚至企业界以外的外部因素的变化，比如天气、战争、时尚潮流。尽管宏观经济周期为企业销售收入和盈利变化提供了大背景，但是我们并不能由此就简单地认为，经济周期波动有多大，企业销售和盈利预期也会有多大，相反，企业销售收入和盈利的波动可能比经济周期的波动大得多。这些特殊的另类因素的变化是最主要的原因。

接下来，我想多花点儿时间讨论科技这个话题。“毁灭”这个词现在很流行，新技术能够毁灭传统行业，也能够创造新竞争，从而摧毁这个行业里的企业曾经一直享有的高毛利率。报纸行业就是一个很好的例
~~~

子。其实在 20 世纪 90 年代，报纸行业非常风光：

- 20 世纪 90 年代，大家都把报纸看作不可或缺的信息来源。
- 大多数人天天买报纸，甚至每天买两份报纸，他们在上班的路上买一份报纸看，在下班回家的路上再买一份其他报纸看，而且报纸很便宜，买一份报纸花不了人们多少钱。
- 你即使在星期一买了一份报纸，到了星期二你也得再买一份报纸。报纸没有“保质期”，也不能被延长使用，新闻一定要新鲜。
- 本地企业，比如电影院、二手车市场，想要把信息传达给目标客户，只有很少几个信息传播渠道，报纸就是其中之一。而且在本地广告业务上，外地报纸根本竞争不过本地报纸。
- 一家报纸的竞争主要来自其他报纸、电视台、电台。可是一旦一家报纸在一个城市里牢固地建立起了自己的地位，它就很难被取代，因此，报纸企业可以被看作拥有强大“护城河”的企业。

以上这些因素的综合作用，让报业就像无法被攻破的堡垒一样牢固，所以市场都把报业企业的股票视为“防守型”股票，因为报业企业的收入和盈利高度稳定。

可是，随着互联网、其他形式的在线社交媒体程序和手机应用程序变得越来越普及，它们断掉了报纸的大部分财源，而这一过程只用了不到 20 年的时间。现在，很多企业都在竞相把信息直接传递给消费者。报纸在奋力挣扎，想要保持住市场份额和盈利能力，而现在“免费”已经成了数字世界中很多方面的典型特征，并把报业百年来的传统业务模式打得七零八落。

百年报纸行业完败给网络，给我们提供了一个很好的案例。它告诉我们，企业系统、行业系统和经济系统以外的另类因素，对一家企业的销售收入和利润造成了天翻地覆般的巨大影响——完全偏离经济周期以及传统的企业盈利周期。但是，技术本身是否也有周期？有，即一个技术从诞生到繁荣，再到被新的技术取代。几年前才诞生的创新性技术，短时间内就会被更具创新性的技术快速取代，技术迭代的速度越来越快。大家原来认为有些行业是铁打的饭碗，不会被创新性的新技术毁灭，这些行业的数量现在看起来每天都在缩减。

三四十年前，整个世界看起来还是很稳定的，为人们提供了一个相对而言基本不变的大背景。人类生活，经济发展，包括经济周期在内，像一出戏剧，一幕一幕地逐渐上演，而且日益丰富多彩，和长期基本不变的世界大背景形成鲜明对比。现在，主要因为科技的发展进步（也包括社会和文化方面的发展变化），再也没有任何东西看起来会是一成不变的。事实上，很多东西实在发展变化得太快了，以致我们大多数人都跟不上周围世界的快速变化了。

07

投资人心理和情绪钟摆

企业周期、金融周期、市场周期，在上行阶段大多都会走过头，不可避免地在下行阶段也往往会走过头。这种周期容易走过头的现象，都是投资人心理和情绪钟摆摆动过度所造成的结果。因此，理解和警惕市场心理和情绪走过头，是对投资人的入门级要求。只有这样，人们才能避免周期性波动走极端造成的伤害，也才有希望从中获得盈利。

到现在为止，我们讨论过了经济周期、政府调节逆周期和企业盈利周期。在很大程度上，这三大周期为投资提供了大背景或者投资环境。这三大周期对于投资来说都可以算作外部性因素，它们各自按照自己的流程独立运行。但是，如果你认为经济周期、政府调节逆周期、企业盈利周期的运行是“机械性的”，可以完全控制投资结果，那么你低估了心理或者情绪的角色。我经常交替使用心理和情绪两个词（心理和情绪肯定是不同的，但是我一直找不到一个很好的区分方式，所以我会跟着个人感觉来交替使用这两个词）。

首先，心理和情绪的摆动会强烈地影响经济周期和企业盈利周期，我们前面已经说过了。其次，情绪和心理的摆动，在引发投资世界的上涨与下跌上，扮演着非常突出的角色，在短期内尤其突出。

正如我在第 1 章中所说的那样，周期和钟摆这两种现象之间并没有根本性差别。事实上，如果想让我和大家更加轻松，我可以把这一章的标题改成“心理周期”，用学术界统一使用的命名系统来命名这种现象，这样可以省去我这个作者和读者的很多麻烦。但是由于某些说不清道不明的原因，我早在 1991 年 4 月写给客户的第二份备忘录《第一季度表现》中，就开始用“钟摆”这个词比喻投资人的心理和情绪变化了。从此之后，我就和钟摆这个词分不开了，过去 26 年来，我一直用钟摆这个词，已经习惯了，所以我现在还是会继续用钟摆这个词来形容投资人的心理和情绪。

我先介绍一下我所说的钟摆的意思，为此我要引用备忘录《第一季度表现》中的内容：

> 证券市场中的情绪波动，就像一个钟摆的运动一样。这个钟摆来回摆动，形成一道弧线，弧线的中心点完美地描述了这个钟摆的“平均”位置。但是事实上，钟摆待在这个弧线的中心点位置的时间极短，一晃而过。相反，钟摆几乎大部分时间都在走极端，弧线两端各有一个极端点，钟摆不是在摆向极端点，就是在摆脱极端点。但是每当钟摆接近极端点的时候，不可避免的结果是，钟摆会反转方向摆向弧线的中心点，或早或晚，反正肯定会反转。事实上，正是钟摆摆向极端点这个运动本身，为钟摆后来反转方向回归中心点提供了能量。
>
> 投资市场也形成了类似钟摆一样的摆动：
>
> • 从兴奋到沮丧；
>
> • 从为利好事件欢呼庆祝到为利空事件忧虑不安；
>
> • 从价格过高到价格过低。

这种从一个极端到另一个极端的摆动现象，是投资世界最确定的特征。投资人心理像钟摆一样，很多时间都在走极端，要么走向一个极端，要么走向另一个极端，投资人很少停留在中心点上，很少走令人幸福快乐的中庸之道。

我重新回到投资人情绪像钟摆这个话题，在 2007 年 7 月我写了一份投资备忘录《一切都好》，在做出一个新的评论之前，我又列举了我观察到的像钟摆一样摆动的 6 个投资因素：

- 从贪婪到恐惧；
- 从乐观到悲观；
- 从风险忍受到风险规避；
- 从信任到怀疑；
- 从相信未来的价值，到坚持现在要有实实在在的价值；
- 从急于购买到恐慌卖出。

我觉得特别有意思的是，上面所列举的这些两极分化现象，其实在很大程度上是互相交织的。当市场强劲上涨一段时间后，我们无一例外地会看到上面所列的这些两极分化现象像钟摆一样摆到前一个极端；而当市场持续下跌了一段时间之后，我们会看到上面所列的这些两极分化的现象像钟摆一样摆到后一个极端。我们极少看到前后两类极端现象混合的情况，因为其实每个两极分化现象的前后两个极端都是互为因果的，一个极端引发相反的另一个极端。

后来我还写了很多关于投资人心理和情绪像钟摆的东西，和我在本书第 1 章中所讲的周期完全一致。钟摆总是在摆动，摆向一个极端或者另一个极端；接下来，它摆到一个极端，到此为止，然后，钟摆开始反转，掉头摆向中心点，钟摆回归中心点的推动力是动能的反转。也可以说，钟摆往往会摆回中心点或者回归平均值，但是就像大多数周期一样，钟摆经常摆过头，从中心点一晃而过，继续摆向另一个极端，和它开始摆动时所在的那个极端完全相反。

~~~

为什么心理和情绪钟摆很重要？我在本书里所谈的经济周期、企业周期、信贷周期、市场周期向上摆动或者向下摆动会走过头，主要因为（也代表着）投资人的心理和情绪走过头了。

- 经济产出和企业盈利的年增长率，从长期趋势线来看只是温和增长，但是参与者的决策加剧了周期性，导致增长速度高到很不正常（这并不同于经济从衰退开始复苏的那种正常的高速增长）。这经常代表投资人过于乐观、人为地进行扩张，后期一定会有大幅收缩，因为大涨之后往往会有大衰退。
- 同样，理性来看，长期而言，股票总体上提供的投资收益率水平，应该大致相当于企业本身所发放的股票红利加上企业盈利符合长期趋势线的增长率。如果企业股票的收益率大幅超过企业红利加上其潜在收益率水平，并持续相当长一段时间，那么这种股票的收益率可能会被证明过高了。这相当于透支了企业未来的盈利，让企业的股票变得危险了——意味着股价将会出现一波向下修正。
~~~

企业周期、金融周期、市场周期，在上行阶段大多都会走过头，不可避免地在下行阶段也往往会走过头。这种周期容易走过头的现象，都是投资人心理和情绪钟摆摆动过度造成的结果。因此，理解和警惕市场心理和情绪走过头，是对投资人的入门级要求，只有这样，人们才能避免周期性波动走极端所造成的伤害，也才有希望从中获得盈利。

我们一提到增长和升值，就会让人感觉是"对的"，是"健康的"。但是如果这些市场参与者以那些股市长期收益率的正常水平为参照来建立自己的投资行为，那么整个投资世界会更加稳定，不可能会有狂风巨浪，他们也不会轻易犯错。相反，投资人往往不满足于获得长期正常的收益率水平，而是时不时地总想得到更多的收益，这种内心的贪婪种下了祸根，反而让投资人高位追涨，结果他们最终实际得到的收益更少，连长期平均水平也达不到。投资收益率能够达到正常的平均水平，即相当于企业红利加上长期潜在盈利增长率，投资人就应该心满意足了，但这种中庸之道并不符合人的本性。我在2004年7月写的投资备忘录《良好平衡》中，讨论了为什么正常收益率水平看起来很美却并不适用的问题，现在我把数据更新到2016年，原文不变如下：

> 总而言之，所有投资人的态度和行为的波动合在一起，会让股票市场成为一个超级钟摆。我在投资行业经历过47个完整年度，从1970年到2016年，标准普尔500指数收益率最高的那个年度上涨了37%，收益率最低的那个年度下跌了37%。但是长期来看，好年份和坏年份相互抵消，股市长期收益率通常为每年收益率的10%左右。过去，能够一直取得这样的平均业绩表现，每个人都会很开心，都想再多获得几年这样的业绩。
>
> 但是请记住，一个摆动的钟摆，也许会摆到中心点——相当

于“平均水平”，但是它其实在这个中心点停留的时间极其短暂，可以说是一晃而过。同样，金融市场这个超级钟摆也是如此，在“平均水平”这个中心点停留的时间也极其短暂。有个问题很有意思，它很好地描述了这个现象，请你来回答一下：我从 1970 年到 2016 年经历了 47 个完整年度，算下来我的年平均收益率为 10%。这 47 年里有多少个年份股市的收益率处于“正常水平”加减 2%，即处于 8%~12% 的合理区间之内？

我自己预期的答案是“不是很多”。但是我一算，自己也大吃一惊，竟然只有 3 个年度。我做投资 47 年，竟然只有 3 个年度的股市收益率处于正常水平，平均 16 年才遇到 1 年股市是正常的！我同时很吃惊地看到，股市年收益率（偏离“正常水平”20 个百分点，即上涨超过 30% 或者下跌超过 10%，可以说是大幅偏离正常水平）这 47 个年度里有 13 个年度大幅偏离正常水平，占比超过 1/4。所以，有件事我敢拍胸脯自信地说，股票市场表现符合正常水平绝对不是正常现象，所谓的常态其实是非常态。股票市场如此大幅度波动，根本不能用企业、行业、经济这些基本面变化来解释。股票市场经常大幅偏离正常收益水平，在很大程度上要归因于投资人的心理和情绪像钟摆一样大幅摆动。

最后我要说的是，这些年来，股市年收益率达到极端水平的时间，并不是随机分布的。相反，股市收益率达到极端水平的年份是成群结队地连续出现的，这是因为投资人的心理摆动往往会持续相当长的一段时间，就像赫布·斯坦因那样，一直持续到停止为止。这 47 个年度，出现了 13 个极端的大涨年份和大跌年份，大多数时候，都是两个同样方向、同样极端的年份先后出现，它们只相隔一两年。

实际情况会怎么样？

有些股市格言所讲的道理久经时间的考验，可以说颠扑不破，其中有一句话说得很好："市场在贪婪和恐惧之间来回波动。"之所以如此，其根本原因在于：投资人的心理和情绪在恐惧和贪婪之间来回摆动。换句话说，有时候人们感觉良好，积极乐观，预期好事会发生，而且后来情况确实如此，此时，投资人就会变得贪婪，什么都不顾了，心里只想着赚大钱。贪婪让人争抢着去投资买入，结果大家纷纷开出更高的价格，从而导致市场上涨，资产升值。

但是反过来，有时候投资人感觉不好，预期就变成负面的了。在这种情况下，恐惧主导了投资人的心理和情绪。投资人不再一心只想着赚钱了，而是担心会亏钱。这就导致投资人买进的数量减少，原来推动资产价格上涨的动力就会消失，市场涨不动了。后来投资人甚至开始卖出了，从而使价格下跌。处于恐慌状态时，投资人的情绪带来了巨大的反向力量，让市场转为熊市。

投资人的心理和情绪像一个钟摆，在贪婪和恐惧两个极端来回摆动。我在 2004 年 7 月写的投资备忘录《良好平衡》中探讨了这个主题：

> 当我还是一个菜鸟分析师的时候，我经常听到这句投资格言："推动股市涨跌的是贪婪和恐惧。"当市场环境处于健康的平衡状态时，一场拔河比赛就开始了：一边是乐观派，想的是要挣钱；另一边是悲观派，想的是别亏钱。乐观派想要买入股票，即使今天的买入价高于昨天的收盘价，他们也要买入；而悲观派想要卖出股票，即使今天的卖出价低于昨天的收盘价，他们也要卖出。
>
> 很多时候市场涨也涨不了多少，跌也跌不了多少，因为这场拔河比赛背后的心理是双方势均力敌，绳子两头的人的重量不相

上下，或者绳子两头的人的心理预判旗鼓相当。也许乐观派占据优势，持续了一段时间，可是乐观派争抢着出更高的价格买入，推动证券的价格越来越高，在达到极点后，价格再也涨不动了，于是悲观派重新夺回优势，卖出的力量压过乐观派买入的力量，股价开始下跌……

在我投资职业生涯的初期，没过多久的时间，我就明白了，推动市场涨跌的经常是“贪婪和恐惧”。市场就是买方乐观派和卖方悲观派双方的拔河比赛，可是在比赛的紧要关头，会有很多人突然叛变，从绳子这头的队伍退出，加入绳子另一头的队伍。这会让绳子的一头拥有压倒性优势，贪婪或者恐惧统治整个市场，结果让市场急剧变化。一个极端的情况是，投资人的心理和情绪里完全只有贪婪，没有一丝恐惧，这时每个人都只想买入，没有一个人想要卖出，很少有人能够找到价格不会上涨的理由，所有的理由都支持价格会继续上涨。就这样，价格涨起来了，而且往往是跳跃着蹿升，人们看不到有调节器控制上涨的速度。

很明显，1999 年科技股大牛市就是如此疯狂。当时贪婪主导了整个市场。那些没有参与这波疯狂大牛市的人，只能被迫眼睁睁地看着别人发大财。“谨慎的投资人”不敢买入，两手空空，看着别人买入赚大钱，感觉自己当初不买真是愚蠢。推动市场大涨的买方一点儿恐惧的感觉也没有。“这是新范式，”买方大声吹响战斗的号角，“赶紧上船吧，要不然你又错过这班船了。顺便说一下，我现在正在买入的价格肯定不会过高，因为市场总是有效的。”每个人都发现越买越涨，于是越涨越买，这就形成了良性循环，让科技股持续不断地涨下去，好像它能够上涨到永远。

但是最终，有些事情变化了。有一块儿绊脚石把公司的好事绊住了，或者是一家知名的公司公告出了问题，或者是一个外部性因素突发干扰。市场价格下跌了，可能因为价格涨得太高、重量过大而自然回落，也可能因为市场心理没有征兆地出现反转而让价格下跌。可以肯定的是，我认识那么多投资人，没有一个人能够说清楚到底科技股泡沫破裂的原因是什么。但是不知什么原因，市场上贪婪的气氛很快蒸发了，恐惧心理开始主导市场。原来大家都在说“赶紧买入，要不然你就错过机会了”，现在大家的说法换成了“赶紧卖，要不然股价就要跌到零了”。

恐惧情绪开始占据上风。人们担心的不是错过机会不能赚钱，他们担心的是亏钱。人们原来是非理性繁荣过度乐观，现在却是过度谨慎。1999 年，上市公司乐观地预测，未来十年像是天上掉大馅饼一样，投资人一听都热烈欢呼，而且深信不疑。过了 3 年，到 2002 年，投资人的心态就全变了，他们深受公司丑闻折磨，气得大叫：“我再也不会相信上市公司的管理层了！”他们愁得大叫：“我怎么能保证上市公司的财务数据准确可靠呢？”结果造成股价大跌，债券价格也大跌，比如，几乎没有人愿意买入丑闻缠身的上市公司所发行的债券，即使它们跌到了白菜价也没人要。正是在市场从贪婪到恐惧走到极端的时候，市场也会显现出最大的投资赚钱的机会，就像 2003 年的不良债权市场的行情那样。

“贪婪与恐惧”是一个明显的心理和情绪的连续统一体，一个极端是恐惧，另一个极端是贪婪，投资人的心理和情绪在二者之间连续不断地来回摆动，这清楚地解释了很多投资方面的问题。还有其他关键的心理和情绪摆动吗？还有很多，其中大部分的运行方式都类似于从恐惧到贪婪这个钟摆。这种情况往往并非巧合。衡量投资人心理和情绪的各种指标之间是相关的。这里我列举几个例子。

从贪婪到恐惧的摆动，其底层是从兴奋到沮丧的摆动。正如前面所描述的，可能不能简单地说，是那些利好事件导致了贪婪产生。那些利好事件先让投资人过度兴奋，然后这种过度兴奋引发了贪婪。相反，负面的利空事件导致了投资人心情沮丧，而沮丧又引发了恐惧。兴奋和沮丧这两种基本情绪，导致了市场随后发生从贪婪到恐惧的摆动。

兴奋的投资人一看现在的发展很好，内心就会十分兴奋激动，再一想明天会更好，就会更加激动。这会助长他们的赚钱美梦，提高他们的盈利预期。相反，悲观的投资人不可能感到乐观，从而产生贪婪。你好好想想，兴奋和恐惧无关，沮丧和贪婪也无关。

同样的方式，我们从贪婪和恐惧往下深挖一层，能看到投资人也会在乐观主义和悲观主义之间摆动，利好事件通常会让人预期有更多有利的事件和更加有利的结果……这种心态大家都很熟悉，即乐观主义。乐观主义通常会成为贪婪的温床。你想想看，如果人们的预期是负面的，那么你觉得他们会因此变得非常贪婪，并受到贪婪驱使大量投资买入吗？如果谁这样想，那么他肯定是脑子出了问题。很明显，乐观主义和悲观主义驱动着人们的其他情绪，并影响人们的行为。

~~~

我想讨论的下一个心理和情绪的钟摆现象是，投资人会在信任和怀疑之间摆动，一个极端是过度信任，执迷于未来盈利的可能性，另一个极端是过度怀疑，坚持一定要得到实实在在的有形价值——不是远在天边而是近在眼前的，不是未来得到而是现在得到的。

有时候，通常是世界局势良好而且资产的市场价格正在上涨的时
~~~

候，就算关于公司未来发展的那些利好故事被吹得再离谱，投资人都愿意全盘接受，尽管这些资产的价格已经上涨了很多，风险也提高了不少，但是投资人仍旧相信价格还会涨，宁愿承担高风险。于是他们高位追涨买入。但是当情形改变，变得糟糕的时候，他们会变得过度保守，更容易排斥看好未来的预测，即使这样的预测相当合理，他们也根本不会相信，完全拒绝买入。此举很大程度上只是因为市场价格已经下跌了。实际上，资产的价格更便宜了，未来赚钱的可能性反而增加了。

有些投资人根据盈利来估值，需要花很多时间预测今年整个年度的盈利情况，以及未来长期盈利的增长率。有些投资人根据资产来估值，需要下很大功夫评估企业的有形资产价值、无形资产价值、业务竞争优势价值（用来预测别人愿意出多少钱收购这些资产，以获得相关业务的竞争优势）。还有一些人想另辟蹊径，从其他方面来寻找估值的线索：兼并收购，资产负债表重组，从私有企业转为上市公司交易。有些投资机构专门做估值，它们利用这些估值方式，还有其他很多估值方式预测未来，再按照这些预测对企业进行估值。

我举一个例子。2000—2001 年，橡树资本管理的不良债券基金，投资几亿美元购买了一些破产通信公司的不良债权。从每笔不良债权投资来看，按照购买价格推算的这家通信公司的整体价值，都只相当于这家公司投资的交换机和光缆这些硬资产的历史成本的一小部分。要是能把这些设备转手卖出去，只要比它们的历史成本高一个百分点，我们就能赚大钱。

第一笔资产销售做得很顺利，我们一下子就赚了 50%，但是此后不久，就再也没人来竞标买入这些资产了。购买我们出售的电信资产的第一个买家非常开心，觉得自己占了大便宜，后来的潜在买家却回避了这些资产，再便宜他们也不买了，因为后来这类资产的供给严重过剩了。这件事让我想明白了，1999 年，那些电信企业对未来的业务增长预测如同鲜花盛开一般灿烂，且投资人完全接受，愿意出高价为如此美好的未来买单。但是到 2001 年，投资人看明白了，那些电信企业所说的美好未来大部分都是虚构的，一分钱也不值，因为整个电信行业的供给能力远远超过了现实需求，也超过了未来几十年的需求。这些过剩设备的供给能力，投资人这辈子都看不到其全部被消化吸收的那一天。投资人对未来纳入估值的接受意愿，也表现出一个起伏的周期，这个周期是现在威力最强大的周期之一。

一个关于房地产的简单比喻，帮助我想明白了这种现象：一座空置的大楼值多少钱？第一，这座大楼当然有重置价值，重新盖一座大楼，需要花很多钱；第二，大楼既然空置，自然一分钱的收入也产生不了；第三，大楼虽然不赚钱，但仍然要天天花钱，包括税收、保险、最低程度的维护、支付贷款利息，还有机会成本。换句话说，这个空置的大楼就是一个大坑，你得不断拿钱往里填才行。投资人如果正处于悲观的情绪之中，就根本看不了太长远，只能看到未来几年，他们只会想这栋大楼这几年不能带来收入，只会产生支出，是一个现金流为负的无底洞。他们根本不可能想象得到，将来会有一天，这栋大楼能租出去，变成赚钱的聚宝盆。但是当他们的情绪转为积极向上，对未来的盈利潜力的兴趣高涨起来时，投资人就会憧憬美好的未来，整个大楼都租出去了，天天都能够进账很多现金，它简直是一棵摇钱树，因此，就算是高得离谱的价格，也会有人愿意买它。

> 投资人愿意把价值归于未来的意愿变化，代表着一栋大楼从全部出租到全面空置的摆动变化。这种从未来价值为零到价值都在未来的钟摆摆动的影响力极其强大，我们千万不可以低估。（2004 年 7 月投资备忘录《良好平衡》）

卓越投资人的特征是成熟、理性、善于分析、客观、不受情绪左右，因此他们能够彻底地深入分析投资基本面和投资环境，并在此基础上计算出每个潜在投资资产的内在价值。当这个资产的市场价格相对于内在价值被打了很大折扣，或者内在价值未来有很大的增长潜力时，卓越投资人觉得以现在的市场价格买入是一个好主意，就会出手买入。

卓越投资人会努力在恐惧和贪婪之间保持适当的平衡。恐惧的同义词其实是风险规避、厌恶损失、关注不确定性和随机性；而贪婪的同义词是野心、进取、贪得无厌。所有人都会感觉到这些情绪，但是卓越投资人会让这些相互矛盾的情绪保持平衡。两股对抗的力量相互抵消，形成一股合力，引导卓越投资人的行为变得更加负责任，更加明智，更加平和。

但是以下几点非常重要：

- 很少有人总能够做到心情平和，不被情绪所困。
- 因为这个原因，只有少数投资人能够树立标杆，界定中心点的位置，而且能够一直处于贪婪与恐惧平衡的中心点上，不管未来如何发展变化，他们都能一直保持平衡，既不太贪婪，也不太恐惧。
- 相反，大多数投资人都是在贪婪和恐惧之间大幅摆动，在情绪乐观时变得过于贪婪，在情绪悲观时变得过于恐惧。

- 大多数投资人的心理和情绪，是在错误的时候摆动到错误的位置。利好事件出现导致市场过度兴奋，因而他们纷纷买入，推高价格直至过高水平，这时大多数投资人却变得更加贪婪，还想进一步追高买入。相反，不利事件出现导致市场过度沮丧，因而他们纷纷卖出，压低价格直至过低水平，这时大多数投资人却会变得更加恐惧，还想进一步杀跌卖出。

关于投资人心理和情绪的摆动，我在2016年1月写的一份投资备忘录《投资心理学》中这样写道：

> 不客观、不理性的古怪想法，会以很多种方式普遍影响人类行为。就像卡罗尔·塔维里斯在2015年5月15日的《华尔街日报》发表文章，评论理查德·塞勒教授的书《“错误”的行为》时所说的那样：
>
> “作为一个社会心理学家，我很多年来一直觉得那些经济学家实在太有趣了，他们竟然会假设人是‘理性人’，简直太稀奇古怪、太荒谬离谱了。人是理性的？这些经济学家是活在地球上的地球人吗？甚至早在50年前，实验研究就表明，人总会一直坚持自己明显错误的决策，而不是承认错误，改变主意；人总会在吃大亏之后急于想要捞回损失，却亏得更多；人在预测错误之后只会给自己找理由，却死也不会承认自己的预测错了；如果得到的事实信息不符合自己的想法，人经常不是改变想法，而是改变信息、抵制信息、歪曲信息，甚至主动拒绝信息。”
>
> 我们要搞清楚事件的来龙去脉、重要性、潜在后果，非常困难。这种困难很大程度上来自投资人心理上的怪癖，而且反馈

> 会加剧投资人的反应，因此投资人容易过于强调好的一面或者坏的一面，而不是用平衡、客观的方式来同等地看待事件好坏两个方面。出现好消息，加上积极正面地解读，已经能够强劲地推动价格上涨，这时大多数投资人会变得很乐观，迫不及待地想要买入……如果出现坏消息，那么结果正好完全相反。当你回头审视时，情况会更加明显。因此，理解人的心理和情绪如何走极端，并积极地应对这一点，给我们指出了一个有望改善投资业绩的好方法。

可以肯定的一点是，心理和情绪确实会像钟摆一样摆动，大多数人的行为也会随着心理和情绪的摆动而摆动。人在恐惧和贪婪之间摆动，就是一个最典型的心理和情绪的钟摆。事实上，这不但解释了大多数投资人的行为，而且如果把投资人当作一个整体来看，这也解释了整个市场的行为。事件利好，人们的心理和情绪就积极向上，市场也会跟着人们的情绪向上走；而事件引发了利空消息，人们的心理和情绪就变得消极，市场就会跟着人们的情绪向下跌。

钟摆在弧线中心点停留的时间很短。相反，钟摆经常摆向弧线的一个极端，首先它从一个心理和情绪的极端反转，因为这个极端要么高得过头了，要么低得过头了，反转之后，它向中心点回归，但是到了中心点之后，它并不停留，而是继续向另外一个极端摆动过去。

卓越投资人抵制心理和情绪过度，因此拒绝参与心理和情绪的摆动。我认识的那些投资高手，绝大部分人天生就是那种不容易被情绪左右的人，事实上，我相信，他们不容易被情绪左右的性格，是他们投资成功的最重要因素之一。这是我观察到的保持时间最长的分析结论之一。与此相关的是，投资人经常问我的一个问题：人能不能学会没有情绪？我的回答是：“也能，也不能。”我认为，要学会警惕情绪可能造成的不良影响，努力抵制这些情绪的不良影响，是有可能的。但是我也认为，那些天生不容易情绪化的人，做起投资来会容易得多。缺少情绪是上天赐予投资人的一大优点。它在投资上是优点，但是在其他领域，比如在婚姻上，可能就是上天给你的一大缺点了。我的意思并不是说，一个容易情绪化的人不可能成为卓越投资人，但是他们需要花很大精力去自我体察自己的情绪，自我约束自己的情绪。

~~~

以上所说的各种不同的情绪钟摆会交织在一起，这一点非常重要。此外，还有一点也很重要，这些钟摆现象之间有因果关系。就像利好事件发生，会让人产生极度兴奋的心理和情绪，而极度兴奋的情绪又会催生乐观主义，乐观主义又会导致贪婪程度增加，所有这些因素都像钟摆一样摆动。它们的摆动加在一起，导致投资人对事件的感觉也会发生摆动——一个极端是他们感到一片光明，另一个极端是他们感到一片黑暗。你的情绪是什么颜色，你对事件的感觉就是什么颜色，投资人的情绪色彩不断发生变化，投资人对事件的感觉也会随之不断地变化，这种带有情绪色彩的感觉反馈会带来更多的兴奋、乐观、贪婪。

我在 2016 年 1 月的投资备忘录《投资心理学》中如此描述这种现象：

> 投资人之所以不能得到恰当的结论，最重要的因素之一是他们评估世界往往利用情绪主义，而不是利用客观主义。投资人的错误主要有两种形式：选择性感觉，歪曲性解读。也就是说，有时候投资人只注意利好的事件而忽视利空的事件，有时候情况正好完
~~~

全相反，他们只注意利空的事件而忽视利好的事件。有时候投资人看问题用的是正面的积极向上的视角，有时候他们用负面的消极视角。但是，投资人对事件的感觉和解读极少是平衡、不偏不倚的。

自从2015年8月在中国经历了一些事之后，我就回顾了自己所看过的那幅古老的漫画，它仍然称得上是最棒的漫画之一（见图7–1）：

图7–1 “昨天对于市场来说是利好的事，今天看起来却不是好事。”

关键在于，投资人在心理上对待好消息和坏消息极少能一碗水端平。同样，投资人解读事件也常常是有偏见的，因为他们都是跟着感觉走，看到消息时的情绪好，就往乐观的方面解读，看到消息时的情绪不好，就往悲观的方面解读。大多数的发展变化，既有好的方面，也有不好的方面，但是投资人通常过度纠结于好的一面，或者过度纠结于坏的一面，而不是同时考虑好坏两个方面。这又让我想起了另外一幅非常经典的漫画（见图7–2）：

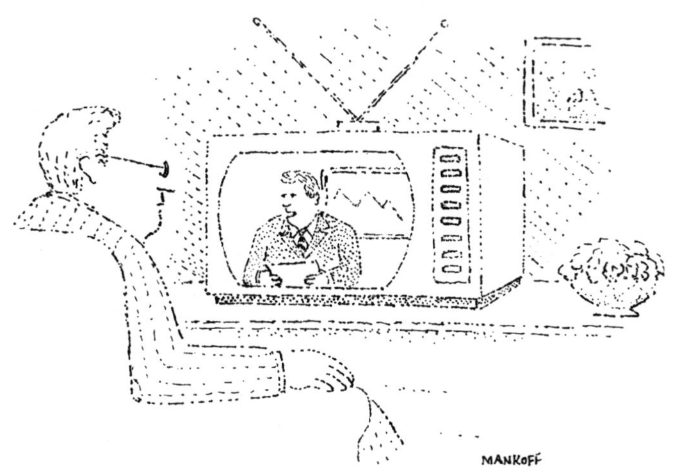

图 7–2 “我们来回顾一下今天的股市行情，先是降低利率的消息推动股市上涨，后来由于人们预期利率降低有可能引发通货膨胀，结果导致股市下跌，直到后来人们意识到低利率也许会刺激低迷的经济开始增长，于是才开始推动股市上涨，最后，股市又转向下跌，因为市场恐惧经济过热会导致政府再次强行提高利率。”

这些看起来都很明显：投资人的立场很少保持客观、理性、中立、稳定。首先，投资人表现出高度的乐观主义、贪婪、风险忍受、信任，这些心理和情绪所导致的行为是争抢着高价买入，推动资产价格上涨，但潜在收益率随之下滑，风险提高。后来，由于某种原因，也许是一个引爆点一下子炸开了，投资人心理和情绪发生大转变，他们变得悲观、恐惧、风险规避、怀疑，这样的心理和情绪所导致的行为是争抢着低价卖出，由此引发资产价格下跌，潜在收益随之提高，风险随之降低。值得注意的是，这些现象中的每组现象往往是按照同一个步调发生的，而且从一个极端到另外一个极端的摆动幅度，往往超过按正常推理所得出的摆动幅度。

其中有一件非常疯狂的事情：在现实世界中，我们对事物的

> 评价会在两个极端“非常好”和“不是那么好”之间摆动。但是在投资界，我们的情绪钟摆所摆动的两个极端是“好到完美无缺”和“坏到无可救药”。钟摆从一个极端摆到另一个极端，在摆动弧线上“幸福的中心点”几乎不做停留，只是一晃而过，即使是在中心点附近的合理区间内，摆动的时间也相当短。人们的情绪首先是完全否定，后来是彻底投降，之后又变成完全肯定。

这个世界充满了利好的事件和利空的事件，在大多数日子里，我们看到的事件有些是利空的，有些是利好的。有些事在发生的时候有两面性，因此我们既能往好的一面解读，也能往坏的一面解读。

以第二幅漫画（图 7–2）为例。低利率是好事，因为低利率能刺激企业积极开展业务经营，提高企业未来现金流的折现价值。但是低利率也是坏事，因为低利率会助推企业经营活动更加强劲，导致通货膨胀率上升，而通货膨胀率上升就是给中央银行发出的一个信号——应该加息，减少对经济的刺激。解读本身不会在一天之内从一个极端到另外一个极端来回摆动好几次，但是解读确实也会过度摆动，而且确实很快就会发生大转变。

几年前，我的朋友乔恩·布鲁克斯写了一篇文章，很好地描述了偏见性解读是如何发挥作用的。这篇文章讲的是，投资人对生活感觉良好（这往往意味着市场已经涨了相当长的一段时间了），这时不管发生什么，投资人都会往好的方向上想：

- 经济数据强劲：经济走强——推高股价；
- 经济数据疲软：美联储可能会推出宽松货币政策——推高股价；
- 经济数据符合预期——推高股价；

- 银行赢利40亿美元：业绩情况有利——推高股价；
- 银行亏损40亿美元：坏消息不妨碍大局——推高股价；

- 石油价格大涨：全球经济增长推动石油需求上升——推高股价；
- 石油价格下跌：消费者有更强的购买力——推高股价；

- 美元跳水：对货物出口商是特大利好——推高股价；
- 美元走强：对货物进口商是特大利好——推高股价；

- 通货膨胀率上升：导致资产升值——推高股价；
- 通货膨胀率下降：改善盈利质量——推高股价。

当然，同样的事件我们也可以都往坏的方向上想。如果投资人的心理和情绪是负面的，市场已经跌了一段时间，那么每个事件都会有负面的解读。强劲的经济增长数据可以被解读成坏事，因为这会让美联储提高利率，收回刺激性。疲软的经济数据更可以被解读成坏事，因为这意味着企业会难以达到市场盈利预期。换句话说，重要的不是数据，重要的也不是事件，重要的是人对数据或事件如何解读，而做何种解读会随着人的心理和情绪的摆动而摆动。

在钟摆摆动到极端时，会出现具有一个良性循环或者恶性循环的过程。大多数事件都是利好的，心理和情绪也是乐观的，那么那些负面的变化往往会被忽视，对每个事件人们都从有利的方面来解读，经常认为事情不可能转变成坏事。人们预期将来会好上加好的理由，听起来非常有道理；过去的约束和正常水平遭到人们忽视，或者被人们找理由合理地规避了；任何一个人如果提出美好未来的实现存在一些限制因素，就会受到大家的鄙视，被人看作一个缺乏想象力的老古董。大家都认为，未来赚钱的潜力是无限的。资产价格上涨，反过来又鼓励更加乐观的乐观主义。

但是，相反的情况是，事情已经有几个月或者几年持续变得糟糕了，投资人现在的心理和情绪变得高度负面，未来会得到改善的潜力也会被遗忘。令人不悦的事件会受到强调，利好的事件则受到忽视。支持未来情况进一步恶化的理由，看起来简直像岩石一般坚固。那种将来会更糟糕的看法会出现错误，简直是令人无法想象的，现在的情况看起来只会更加糟糕。价格下跌，又会导致更加悲观的悲观主义。

这种良性循环和恶性循环，都有些过分夸大，都是不符合现实的。尽管我们过去梦想过很多次，不管是美梦还是噩梦，但是这些梦想没有一次能够成真。但是事实上梦想总不成真也没关系，大多数人还是照样会有同样的梦想，这种梦想狂野且泛滥，根本挡不住。

相反，那些卓越投资高手能够抵抗得住外部的影响，保持情绪上的平衡，理性地采取行动，既看到有利的事件，又看到不利的事件，在考虑这些事件的时候保持冷静客观，在分析这些事件的时候不带感情色彩。但是真相是有时候，兴奋和乐观的心理和情绪会导致大多数投资人看待事物过于积极。有时候投资人心情抑郁，情绪悲观，会让他们只看到坏事件，解读这些事件的时候也只会往坏的方面想，做消极悲观的解读。拒绝跟着感觉走，不过于情绪化，是投资成功的一个关键因素。

~~~

要让市场进入大牛市，整个市场的环境都要具备以下特点：贪婪、乐观、极度兴奋、自信、信任、胆大、风险忍受、进攻性。但是这些特
~~~

点并不能永远统治市场。最终，这些积极情绪会把地盘让给消极情绪：恐惧、悲观、不确定性、怀疑、谨慎、风险规避、沉默寡言……失败是成功之母，熊市是牛市之母。我相信，往往更加正确的分析是，把大熊市归因于前面那一波大牛市涨得太过头了，而不是归因于某具体事件引发了市场修正（投资备忘录《现在又如何》，2008 年 1 月）。

通常情况下，这些两极分化，不管是两极中哪个极端主导，事实都是很容易被观察到的。这种现象对于投资人来说的意义，对于那些客观的观察者来说，应该是很明显的。但是，之所以市场钟摆摆动到一个极端或另一个极端的情形会发生，是因为大多数市场参与者的心理和情绪朝着同一个方向移动，就像羊群成群结队地一起跑一样，这个道理很简单。

在亿万投资大众之中，极少有投资人是客观的。为继续我在 2007 年 4 月所写的投资备忘录《人人都知道》的主线，在市场过热的时候，我希望能广泛传播那些提倡冷静的分析，就像在说“每个人都知道市场涨得太高了”一样。如果真的每个人都认识到了市场涨得太高，那么市场就根本不会涨得那么高了（投资备忘录《一切都好》，2007 年 7 月）。

08

风险态度周期

理性的投资人勤勉分析，合理怀疑，适当规避风险，无论任何时候都是如此，但是也在寻找投资机会，以期获得较高的潜在收益，这样在弥补风险损失后，他们还有更多的剩余收益。理想很丰满，现实很骨感。在牛市的时候，我们听到很多人说："风险？什么风险？我看不大可能会出错：到现在一直都很好。不管怎么样，风险都是我的朋友，承担的风险越大，我赚到的钱可能越多。"

后来，到市场行情糟糕的时候，很多投资人完全转变了，换成了另外一套更简单的说法："我根本不在乎能不能在市场上多挣一分钱，我唯一在乎的是不要再亏钱了。给我赶紧卖出离场！"

我们已经从讨论周期的抽象特征，转向讨论在投资世界里周期如何实际运行，下面我先简短地谈一下投资的基本特点，目的是为后续的讨论打好基础，可能内容会有重复。

投资是什么？有种观点认为，投资就是承担风险以追求利润。投资人努力做好投资组合，以便从未来的发展变化中赚钱，而不是亏钱。卓越投资人之所以业绩出众，是因为他们的投资组合做得比其他人更好。

我们知道未来会发生什么事吗？有些投资人认为他们了解未来；有些投资人知道自己并不懂得未来，但是他们必须在言谈举止上装得像能够预知未来一样，因为如果不装成那样，他们就会丢掉工作和客户；有些投资人一直是靠预测来赚钱的，时间长了，他们给客户洗脑的次数太多了，结果把自己也给洗脑了，连自己都相信自己对未来的预测可能是对的（或者已经习惯忽视自己过去的预测成功率很低了）。只有数量极少的投资人明白，自己不可能确定无疑地知道未来的事。他们是非常聪明的投资人，也许会对未来的事件形成自己的看法，但是他们并不会下大赌注去赌自己的这些看法将来肯定会被证明是正确的。

投资的风险起源于两点：第一，投资本身包括应对未来；第二，未来是不可知的。投资必须应对不可知的未来，所以风险是必然的。如果未来的事件可以被预测，投资就容易多了，赚钱就会十拿九稳（不过投资收益的总体水平也许就很低了，因为在这种情况下投资基本上没有风险——这又是另外一个话题了，之后再谈）。但是事实上，正是那些不可预测的事件带来了风险，因为那些后来实际发生的事件可能和我们原来的预测并不一致，或者市场对事件的反应和我们的预期不一样。随着未来逐渐露出真面目，事实证明你原来根据自己的预测所做的投资组合布局并不妥当。

投资中的很多难题都是由风险造成的，因为风险就是未来变化的不确定性和出现坏结果的可能性。所以投资高手有三个突出标志：理解风险的能力突出，评估风险的能力突出，应对风险的能力突出。要成为投资高手，这是必需的。我忍不住又要说一次“必需的”。

最后，有一点很重要，投资人要认识到，尽管投资环境会发生变化，但是在任何一个具体的时间点上，可以说投资环境都是固定不变的。我说的意思是，我们对投资环境只有两种选择：第一种，我们接受现在这个投资环境，现实就是这个样子，然后只管做好投资就行了；第二种，我们排斥现在这个投资环境，我们改变不了现实，但是可以改变自己，选择站在一旁，不进场做投资。我们没有第三种选择，你不能说"我不喜欢现在的投资环境，我要求给我一种不同的投资环境"，或者，我们尽管可以要求另外一种投资环境，但是实现不了。

我的观点是，风险是投资中最主要的变量。这让我得出一个结论：在任何一个具体的时间点上，投资人总体看待风险的态度以及所采取的行动，对于塑造整个投资环境来说极其重要，而我们会发现自己身处于这个投资环境之中。在这个时间点，看清楚整个投资环境的状况非常关键，决定了在这个时间点我们自己应该如何看待风险，以及如何据此采取行动来应对风险。评估风险态度所处的周期位置，正是这一章要讲的内容，也许可以说是本书最重要的内容。

~~~

我这辈子最大的幸运是，得到机会去芝加哥大学商学院读研究生。芝加哥大学商学院后来更名为布斯商学院，我 1967 年入学，1969 年毕业。我和那个时代的其他很多大学生一样，本科毕业就直接去读研究生了，看起来好像我是把读研当作一条最有效的成功捷径，其实我还有别的动机，当时美国正在打越南战争，要求青年必须服兵役，但读研就能逃脱兵役。我不用到越南白白送死了。

我本科四年是在宾夕法尼亚大学沃顿商学院读的，专业是金融学，学的都是实用的东西。我们只讲实践，不谈理论，只学定性分析，不做定量分析。当年选择到芝加哥大学读研究生，我的运气实在太好了，因为芝加哥大学刚开始教授一种新的金融投资理论，20 世纪 60 年代初它
~~~

在芝加哥大学发展形成。这和我在沃顿商学院所接受的金融投资实务的教育正好匹配，或者应该说是针锋相对的——我在芝加哥大学读研时所学的金融学，几乎完全是学术性、理论性、量化的。

来到芝加哥大学不久，我就看到了这样一张图，这张图为新的投资理论奠定了大部分基础，也成为我此后思考和写作的起点（见图 8–1）。

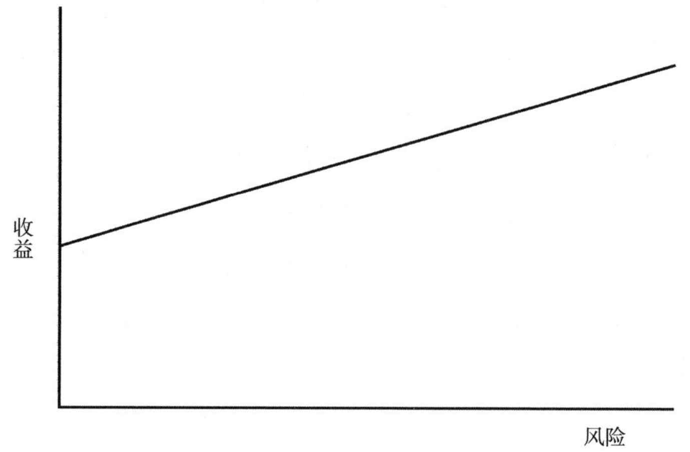

图 8–1　风险 – 收益图

现在，这张图在投资界可以说是处处可见。我第一次看到这张图时，几乎没人知道这张图。这张图的关键在于这条线是斜向上的，表明风险和收益之间存在正相关关系。这条线被经常解读为“高风险产生高收益”，因此“想赚更多的钱就得承担更大的风险”。我个人认为，这样的解读是错误的。这个简单的表述不可能是正确的，因为要是风险更高的资产可以产生更高的收益，那么从定义来看，这种资产就根本不是高风险的。

这张图清楚地展示出风险和收益之间存在线性关系，却忽略了这样一个事实，即在每种水平的风险下，都有一个潜在收益的结果区间——不是只有一个收益，而是一个包含多个收益水平的区间。因此这条线夸大了风险和收益之间关系的相关性。正因如此，人们才会说高风险会有高收益。相反，我认为要正确地解读这张图，应该这样说："那些看起来有更高风险的投资，必须显得能够保证更高的收益，不然，就没人愿意来做这种投资了。"用"看起来"和"显得"这样的词语来描述收益和风险更合适，因为这表明风险和潜在收益只能是估值，投资世界并不像机器那样可以稳定可靠地运作，我们根本无法准确地预测未来风险有多高、未来收益有多高。因此我们在讨论投资时用"看起来"和"显得"这样的词语就非常合适。实际上，我们不这样做根本不行（详细深入的讨论，请见《投资最重要的事》第 5 章）。

有的人一听马上就能"领悟"风险和风险－收益这样的概念。这种人通常有一种直觉，有成为投资高手的天分。如果你还没有领悟，没关系，我希望经过我稍加指点，你就能马上清清楚楚地弄明白，我这样解读这张风险－收益图背后的原因。

假设有一个很理性的投资人，他面前有两个机会，这两个机会都能带来相同的预期收益，但是收益的确定性不同—— 一个几乎可以说是确定无疑的，另一个是高度不确定的。我们可以预期这个投资人会选前面那个未来收益确定的投资机会，因为大多数人都喜欢确定性胜过不确定性。如果这两个投资机会一个是国债，另一个是高科技创业企业，它们的收益率看起来都是 7%，大多数人都会选择买国债。当不能得到更高的潜在收益来补偿自己为此所承担的更高风险时，我们为什么还要投资高科技创业企业而承担额外的高风险？

这里的关键点是大多数人更喜欢确定的 7% 的收益，而不是可能的 7% 的收益。换句话说，大多数人都是风险规避型的。这也正是芝加哥学派金融理论的最基本的假设。

为了描述风险规避，我要说大多数人更喜欢（prefer）安全，更不喜欢（disprefer）风险。尽管我从来没有从英文词典中查到过“disprefer”这个词，但是我觉得这个词挺好（disprefer这个词是否合适，对此人们肯定会有很大分歧，语言研究所那些权威的语言学家肯定会大加指责，但是我觉得这是一个很好的词，我建议新修订的词典应该赶紧把它收进来）。

大家普遍不喜欢风险，自然坚持要得到额外的潜在收益以补偿要承担的额外风险。正是由于这个原因，长期国债的收益率承诺会高于短期国债，高收益债，也就是垃圾债券的收益率承诺会高于投资级债券，股票收益率的一般预期会高于债券，风险投资收益率预期会高于二级市场流通股。请注意，我在这里所说的收益率是“预期会”和“承诺会”，或者换个通俗的说法是“也许会”和“应该会”，而不是“将来会”，更不是“肯定会”。但是它们必须呈现出有额外收益的预期。只有这样，大多数人才会愿意承担这种额外增加的风险。

人的天性是厌恶风险的，所以你完全可以合理地预期，如果要承受风险，就必须有好处来引诱投资人，这个好处就是让投资人得到的收益足以补偿他们所承担的风险，而且还有不少剩余的收益。无利不早起，没有人愿意做危险的事，除非他们预期这样做能得到很大的好处；没有人愿意做高风险投资，除非他们预期这样的投资能够带给自己高收益。不然，他们肯定是脑子不正常。

风险规避是投资必不可少的一个要素。人们要回避损失，这导致他们会监控市场。因为大多数投资人是规避风险的，所以：

- 风险规避型投资人在处理投资时谨慎小心；
- 风险规避型投资人在考虑投资，特别是那些风险大的投资时，会认真仔细地研究分析；

- 风险规避型投资人在投资分析中，纳入保守的假设和适当的怀疑主义；
- 风险规避型投资人对有风险的投资，要求更大的安全边际作为保护，以应对可能出现的分析错误和令人不愉快的意外事件；
- 风险规避型投资人坚持要有相当大的风险溢价，即预期会有更高的递增收益，这样他们才会愿意做有风险的投资；
- 他们拒绝做那些不合理的、愚蠢的投资交易。

以上这些都是投资过程中必不可少的重要组成部分。只有风险规避型投资人都能严格执行每条纪律，投资才会成为理性之所，才能提供合情合理的赚钱机会。简单地说，风险规避是让市场既安全又正常的主要因素。

可是请注意，以上所说的只是一个规范性的描述，或者事情应该是什么样的。这些都是那些投资高手能做到的事情，也是所有投资人应该做到的事情。关键是并非每个人都能切实地做到这些事情，不是所有投资人在每时每刻都能同样做到这些事情。

这是投资人风险态度的真相之一，正是因为投资人不同的做法，才改变了投资环境。这也正是本章后面的主要内容。

~~~

下面我们再偏离一次周期这个主题，谈谈投资环境是怎么形成的。简单来说，投资环境是投资人在市场上的讨论所产生的结果，要么是每个投资人在自己的意识里自己和自己讨论，要么是投资人之间互相讨
~~~

论，有的人用嘴说，有的人用行动发出信号。关于投资环境是如何被创造出来的，我在2004年10月的投资备忘录《当今的风险与回报》中这样写道：

> 我要用几年前一个“典型”的市场，来描述风险–收益在现实生活中是如何运作的：30天短期国债的利率水平一直在4%左右。所以投资人会说：“如果我买5年期国债，那么我想要得到5%的利率。若我买10年期国债，我就必须得到6%的利率。”他要求得到更高的利率，才愿意延长投资期限，因为他考虑到购买力风险——投资期限越长，货币贬值的风险就越大。因为收益率曲线在现实世界中是资本市场线的一部分，通常是向上倾斜的，并随着资产寿命期限的延长而逐步上升。
>
> 现在让我们把信用风险考虑进来：“如果10年期国债付的利率是6%，我就不会买10年期的A级公司债券，除非买A级公司债券能保证得到7%的利率。”这里引入了信用价差的概念。信用价差就是企业债券收益率与剩余期限相同的国债收益率的差别。我们假设投资人想要拿到100个基点的利差，才愿意从国债转向公司债。如果所有投资人都是这么想的，那么这100个基点就成了企业债券的信用价差。
>
> 如果我们投资的是连投资级也达不到的高收益债，那么情况又会如何？“我碰都不会碰那些垃圾债券，除非我能得到比相同期限国债高600个基点的收益率。”所以高收益债的收益率必须达到12%，也就是说，高收益债的收益率高于同期国债收益率形成的信用价差要达到6%，才有可能吸引投资人。
>
> 现在，我们离开固定收益来观察股票投资。这下事情就难

> 办了，因为你在股票这样的投资上根本找不到写得清清楚楚的预期收益率（这是因为简单地说，股票的收益都是推测的，而不是“固定的”）。但是投资人碰到这样的事也有办法。“从历史来看，标准普尔股票指数收益率平均为10%，所以我只有认为股票能持续保持这么高的收益率，才会买股票。”所以从理论上讲，普通股投资人是这样计算股票预期收益率的，先推定三个输入变量：每股收益、收益增长率、股息支付比例，然后把它们输入估值模型，得出的估值结果就是目标价格。按照这个目标价格计算，以当前市场价格买入能够得到多高的预期收益率？能不能达到标准普尔500指数10%的历史平均收益率水平？（不过我不能确定这个计算过程在实际操作中，是不是像我们所说的这样有条理。）“风险更大的股票必须带来更高的收益。我才不会买纳斯达克的股票，除非我觉得我可以获得高达13%的收益率。
>
> 承担的风险越高，投资人要求的收益率也越高。“我如果能从股票上得到10%的收益率，投资房地产就需要得到15%的收益率，因为我需要弥补房地产的非流通性和不确定性。我如果要投资做并购，就必须得到25%的收益率……我要求得到30%的收益率，才愿意做风险投资，因为风险投资的成功率太低了。”

这就是大家觉得行得通的方式。事实上，我认为这样做在通常情况下都行得通（不过，人们要求的收益率并非任何时候都一样）。大家普遍这样做的结果是，形成了一条资本市场线，我们很多人都越来越熟悉这条资本市场线了（见图8–2）。

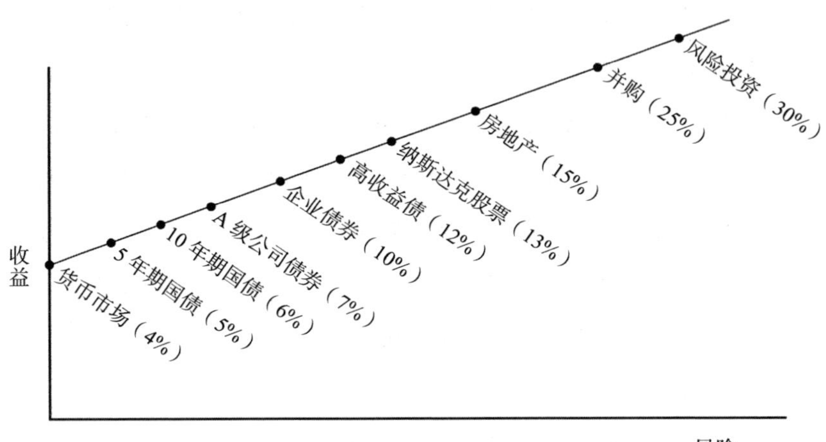

图 8–2　风险 – 收益关系与资本市场线

上面描述的过程形成了风险 – 收益的连续统一体或者资本市场线。这个过程建立了承担风险而获得补偿收益的一般水平，以及递增风险与递增收益的量化关系，我们经常称之为“风险溢价”，也意味着你承担一个单位的增量风险所预期得到的增量收益。在理性世界中，结果应该如下所述：

- 看起来风险程度更高的投资，其定价水平要调低到看起来能够提供更高的收益率。
- 每单位额外增加的风险，能创造出的额外收益水平要合理适当。
- 预期收益的增长一般要和风险的递增持续保持一定的比例关系（也就是说，在连续统一体的某点上，多承担一单位额外风险，看起来可能带来的收益增长，必须等于在连续统一体上其他点多承担一个单位的类似风险而带来的收益增长）。
- 因此，在连续体上不会存在这样的点，在这一点上多承受一单位的风险能够因此多得到的收益比在其他地方更多或者更少（也就是说，有些投资的风险调整后收益明显优于其他投资）。

在一个理性的世界里，任何违反这些规则的投资，都会导致资本流动。错误定价过低的资产会被进入的资本争相买入而推高其市场价格，而错误定价过高的资产则会被流出的资本争相卖出而压低其市场价格。结果如下所示：

- 违反规则的资产，其价格将会得到修正；
- 所有投资提供的风险经调整后，其收益都会彼此相当、公平合理；
- 投资人要提高自己获得的收益，唯一的方法就是提高自己承担的风险。

如果投资人总是按照这种方式行事，他们的行动就会导致整个市场成为"有效市场"。这意味着没有一项投资提供的风险经调整后的收益，能够高于其他任何一项投资。当然市场并不总像理论所设想的那样运作，市场给资产的定价并非总是正确的，但是市场有效性的普遍意义太合乎逻辑了，你根本无法置之不理。（市场有效性是另外一个必备的投资主题，但是我在这里不会深入讨论，有兴趣的读者请参见《投资最重要的事》第 2 章，以及 2014 年 1 月我写的投资备忘录《运气不错》的后半部分。）

~~~

有一点很关键，投资人面对风险态度的起伏，会导致这里描述的
~~~

原则出现例外情况。有时候，投资人变得过度风险规避，有时候，投资人过于放松风险规避，变得过度风险容忍。

利好事件发生时，就像上一段所描述的那样，投资人会更加兴奋、乐观、贪婪，往往也会变得不是那么强调风险规避——不仅低于平时的风险规避程度，而且达不到本来应该有的风险规避程度。这会有什么影响？

- 因为投资人对环境感觉更好，对未来可能出现的结果更加乐观，所以他们在投资过程中的谨慎态度会不足。
- 因为投资人不再觉得投资是有风险的，所以他们觉得没有必要再辛辛苦苦地仔细分析。
- 投资人往往会做出更加宽泛的假设，他们用信任替代了怀疑。
- 投资人为了做成投资，即使安全边际降低，也能接受。
- 投资人看待风险不是忧心忡忡的，不再像过去那样要求严格，风险溢价必须高到让他们感觉非常放心才行。
- 投资人变得不再那么固执，也不太斤斤计较了，因为面对有风险的投资，他们更关注的是诱人的收益，因而对收益背后的风险的警惕就变少了。

因此，最不可靠的融资也能够完成，而且是在经济最火和市场最火的时候完成，下一章我们会进一步详述。顺风顺水的好日子，让投资人变得更加乐观，放松警惕，就算只有微薄的风险溢价，也愿意做出有风险的投资。不仅如此，因为投资人不是那么悲观，也没有那么警觉，对风险–收益连续统一体更安全的那一端的投资就失去了兴趣。这些因素综合在一起，导致高风险资产的价格上升，超过了那些相对而言更安全的资产。所以，有一点你听了并不会感到吃惊：在好日子里，人们会比在糟糕的日子里做出更多不理智的投资。尽管高风险资产的价格上升意味着，那些更有风险的投资能得到的预期风险溢价，会明显低于投资人在糟糕日子里更加关注风险时所做的投资，但是投资人还是会在好日子里做出更多不理智的投资。

投资人坚持足够高风险溢价的意愿下降，导致资本市场线的斜率变小，更加平坦。回想一下我们在高中时所学的几何，几何图形上一条线的斜率的定义是，横轴上每单位的距离变化，在竖轴上产生的距离变化。资本市场线的斜率反映的是，横轴上承受的风险每多增加一个单位，为此能够在竖轴上增加的收益数量。资本市场线的斜率就是现在市场风险规避程度的直接反映，斜率越大表明风险规避程度越高，斜率越小，风险规避程度越低。

投资人不在意风险或者投资人的高风险容忍度，降低了他们对风险溢价的要求，导致这条资本市场线的斜率变平，风险补偿的数量缩减（见图 8–3）。

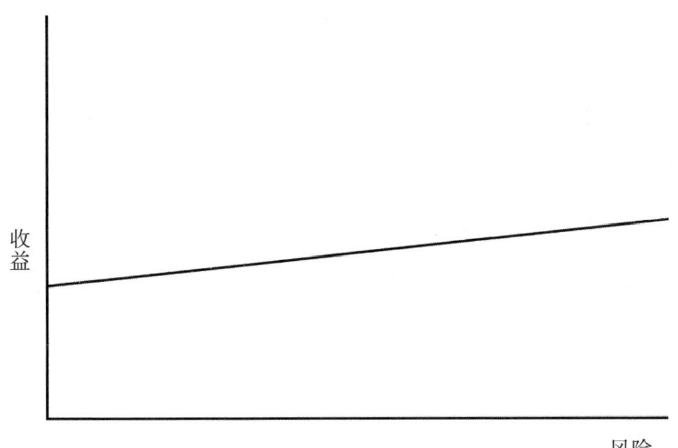

图 8–3　资本市场线斜率变小

资本市场线斜率更小意味着，每单位增加的风险能给投资人带来的收益增长变少了。简单地说，投资人因风险承受所得到的好处低于正常水平。

我个人认为，直接观察到的情况完全符合以上的理论描述。我们会在现实中看到如下过程：

- 利好事件导致乐观主义程度提高；
- 乐观程度提高，导致人们提高风险容忍度；
- 风险容忍度提高，导致投资人降低风险溢价要求；
- 要求的风险溢价降低，相当于对风险资产要求的收益率降低；
- 对风险资产的收益率要求降低，导致其价格上涨；
- 资产价格更高，导致资产风险水平更高（但是这也吸引了那些追涨杀跌的“动能交易者”追涨买入更多股票）。

基于以上分析，你会明白投资人都觉得风险低的时候，风险其实是高的。风险最大的时候，风险补偿恰恰是最低的（这意味着此时是最需要风险补偿的时候）。经济学所谓的理性投资人竟然是这个样子！

我认为，以上所有这些关于风险讨论的关键在于，投资风险的最大来源是相信根本没有风险。普遍的风险容忍是后来市场下跌最明显的征兆。但是因为大多数投资人都遵循着前面所描述的这种过程，一步一步地提高风险容忍度，所以他们就像温水煮青蛙一样，本来应该因察觉到风险而变得谨慎小心，却很少有人能察觉到，这是最重要的一点。

~~~

凡事皆有两面，一面是过度风险规避，另一面是过度风险容忍。
~~~

很明显，过度风险容忍的后果很严重，我就不再啰唆地大加指责了。不过，我还要花上一两分钟讲一下，当风险态度周期波动向下走，投资人变得更加风险规避时，会发生什么情况。

心理周期最重要的特征是容易走极端，周期波动震荡，不仅会出现正常走势和正常幅度波动，而且会出现古怪的走势和幅度过大的波动。例如，投资人会一次又一次地聚在一起，纷纷说道："我们别管什么风险了，赶紧买吧，我们都会发大财。"投资人很兴奋，很激动，很热切，导致他们在购买时出的价格太高了，即使是对那些明显荒谬的神话也会全盘接受，这样做的结果只会是亏得很惨。

投资人犯下这些过度贪婪的罪恶，结果损失了一大笔钱，因为后来风险态度周期向下走，转向更加谨慎小心，由此导致市场价格大跌。这些投资人严厉地批评自己，因为过度贪婪和过度信任才会惹祸上身。这些投资人自己也搞不懂，他们怎么会做出这么傻的事。他们坦白地承认，自己当初根本没有搞明白，他们参与的那些稀奇古怪的、令人兴奋的投资究竟是怎么一回事。他们发誓，以后再也不会干这种傻事了。

原因正是他们的风险规避程度不足，追涨买入，推高价格，然后继续追涨买入，结果导致自己在牛市顶峰大量买入。他们在牛市里让轻松赚大钱的梦想冲昏了头，根本察觉不到一丝风险。现在市场下跌，情况就完全反过来了，这些投资人变成压低价格，在底部割肉卖出。最近市场跌得很厉害，这些投资人亏得很厉害，心痛得很厉害，他们的想法完全变了。以前在牛市里顺风顺水时，他们的想法是投资无风险，轻松赚大钱。现在熊市来了，这些投资人的想法变成投资有风险，容易亏大钱，自己既然不懂投资，就不应该瞎折腾。这样的结果是，投资人的风险态度发生了一个 180 度大转变，从风险规避不足，变成风险规避过度。

- 最近亏得很惨的痛苦经历，让投资人对未来的一切都持负面态度，他们变得倍加谨慎小心。
- 因为投资人现在把投资和亏损联系在一起，而不是把投资和盈利联系在一起，这让他们的投资过程更加强调规避更大损失，而不关注抓住投资机会。
- 投资人想要确保自己的假设足够保守，能够排除任何会带来失望的可能，他们现在开始运用极端的怀疑主义。
- 他们发现，要识别，甚至想象有足够安全边际的投资，是根本不可能的。
- 因为他们觉得到处都有风险，所以即使对于现在已经是高得离谱的风险溢价，他们也还是觉得它不够高。
- 他们变得毫无安全感。过去的过度风险容忍，让他们成了在牛市高点以过高价格买入资产的冤大头。现在他们高喊着要风险规避，这让他们在市场底部割肉卖出。即使不卖，他们也绝对不会买入。

这就是问题的关键。在这种情况下，投资人对风险的感觉过于夸大了，资本市场线的斜率变得过度了。

我前面说过，过度风险容忍导致资本市场线变得平坦，现在的情况正好完全相反。过度风险规避，让资本市场线的斜率变得过大，这意味着每增加一单位的风险所带来的预期收益率增长非常高。这就是风险规避的市场，它能为风险承受行为提供非常高的回报。因此，在大家都拒绝风险的时候，你多承受一份风险就能够得到更大的收益（见图8–4）。

随着风险态度从高到低来回摆动，投资机会也从盈利到亏损来回摆动。市场顺风顺水的时候，资产价格就会飙升，投资人往往以为未来一片光明，风险是朋友，赚钱很容易，每个人都感觉良好。这意味着，只有极少的风险规避包含在定价之中，因此这样的市场价格充满了危险。投资人变得过度风险容忍，而此时反而是他们最应该提高风险规避意识的时候。

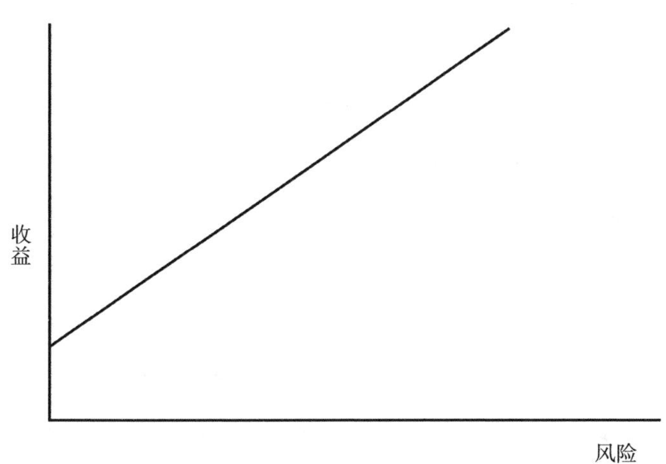

图 8–4　资本市场线斜率变大

后来诸事不顺，市场转头向下，投资人的情绪也急转直下。投资人会把市场看作容易亏钱的地方，风险大到需要不惜任何代价进行规避，所遭受的损失会令人非常沮丧。正如我在上一章中所说的，过度小心谨慎的气氛笼罩整个市场，结果：（1）没有人会接受在定价中纳入哪怕是一丁点儿乐观主义的可能性；（2）投资人根本不可能接受“太糟糕，但不可能是真的”的假设。

正如风险容忍在市场顶部会高到无限高一样，风险容忍在市场底部会低到无法再低，人们简直不允许存在任何风险。这样极端的负面看法，导致市场价格跌到底部，以至投资人在这么低的价格水平买入，亏损是完全不可能的，而盈利却是十拿九稳的，而且收益率极高。但是之前市场下跌的刺痛感仍在隐隐作痛，让投资人只想提高风险规避，只愿意坐在一边观望，尽管价格处于最低水平（风险自然也是处于最低水平），他们却碰都不愿意碰。

~~~

我想在这里提供一个投资人风险态度大转变的真实案例，并为本书增加一些定量分析。以下内容节选自我在 2004 年 7 月写的投资备忘录《良好平衡》：

> 风险容忍（或者风险忽视）横扫市场，在 20 世纪 90 年代后期非常明显。我亲耳听到一家著名券商的策略分析师说：“股票确实定价过高，但是还没有高到不能买的程度。”当时我们都听到华尔街上有人说：“我的 401（k）退休养老金投资组合都涨了这么多了，就是跌 1/3，我也不会往心里去。”（过了两三年，整个美国股市下跌了一半，不知道他们此时心里做何感想。）
>
> 不，这样过度风险容忍的态度不会永远持续下去。最终，一些出人意料的事情会突然发生，暴露出证券存在缺陷，价格过高。之后，市场价格就会下跌。股票涨到 100 美元的时候，投资人非常开心，还想追涨买入更多股票。可是，后来股票跌到 60 美元的时候，价格更便宜了，投资人却不喜欢这些股票了。因为投资人都是喜涨怕跌、越涨越高兴、越跌越害怕的，他们害怕剩下的 60 美元老本也会亏掉的恐惧心理，已经压过了急于捞回 40 美元损失的冲动。风险规避最终重新占据上风，而且常常会走到极端风险规避。
~~~

我们对这个风险态度周期做一些量化分析。1998 年年中，就在长期资本管理公司崩溃让那些执迷于高科技股的投资人回归理性之前，只有 125 亿美元的非违约债券收益率超过 20%（超过 20% 这个门槛，就要被贴上“不良债权”的标签了）。因为投资人不是非常担心风险，他们要求超高收益率债券，但这样的债券相对而言占非违约债券的比例很小。“快乐无忧”这个词，可以说是对投资人风险态度最好的描述。

但是长期资本管理公司的灭亡唤醒了投资人的风险意识，这时他们才惊觉风险很大。1999 年，收益率超过 20% 的债券规模上涨了 3 倍，达到 387 亿美元。2002 年年中，公司丑闻频发，引发整个债券市场陷入恐惧，收益率超过 20% 的债券规模增长到 1 056 亿美元，是 1998 年 125 亿美元的近 8.5 倍。风险规避不足持续了很多年，后来又一下子从风险规避不足变成风险规避过度，这一点有后来所发生的事件为证。到 2004 年 3 月 31 日为止，收益率超过 20% 的债券规模大幅下滑了 85%，降到只有 162 亿美元，风险规避程度大大降低了（可能又变得不足了）。我敢肯定，经济和企业基本面的波动，无论如何也不会像债券价格和收益率一样波动得如此厉害，更不会像不良债权的规模一样大起大落。和往常一样，现实情况波动并没有那么大，但是投资人心理和情绪的钟摆的摆动幅度却会极度被夸大。

总体上，投资人在过于风险容忍的时候，证券价格水平所孕育的风险会超过收益。投资人过于风险规避的时候，证券价格水平提供的收益会超过风险。

《良好平衡》这份备忘录，受到我妈妈的人生智慧的启发，她老人家一直不断地提醒我，凡事不要走极端。我们应该努力在大多数事情上坚持中庸之道，过犹不及，所以我们要尽量在过多和过少之间保持合理平衡。

作为一个投资人，我有 50 年的投资经验，这让我坚信，这种快乐的中庸之道在生活中很常见，在投资上却非常罕见。回顾一下图 2–2，你也许会发现，有个地方令人印象深刻，在 a、d、g 三个阶段，即复苏阶段、回调阶段、再次复苏阶段，周期现象都是从极端点反转，向着更合理的均值回归。这是多么理性的事情！

但是，接着我指出，通常情况是这样的，a、d、g 三个阶段，周期从极端点开始“修正”回归中心点，但是在到达中心点后，却并不停留，而是一晃而过，继续走下去，进入 b、e、h 阶段，即上涨阶段、下跌阶段、再次上涨阶段，冲向相反的另一个极端。

统计学家如果看了这幅图，就肯定会告诉你平均而言，图中这个周期现象是在中心值附近波动，或者分布在长期趋势线附近，但是我们大多数人都不会像统计学家那样观察，我们看到的是这个周期现象一直运动：它不是回归中心点，就是摆离中心点。事实上，周期在最高点和最低点两个极端点停留的时间，明显多于在中心点停留的时间，也就是说，周期走极端的时间明显多于走中庸之道的时间。大多数投资人对风险的态度几乎一样。

投资风险的最主要来源是什么？负面的经济变化？公司经营未能达到预期？公司的产品变得没有竞争力了？盈利下滑？信用评级降低？不，这些都不是。投资最大的风险来源于资产价格内含的估值水平高得太离谱了，它是被一种新的有毒的投资逻辑鼓吹出来的，从基本面看它完全不合理，从而导致资产的估值水平高到完全不合逻辑。什么时候价格会涨到过高的估值水平？风险规避态度消失不见，小心谨慎也蒸发不见，风险容忍和乐观主义主宰整个市场，这时资产价格会如火箭般飙升。这种估值水平极高的情况，是投资人最大的敌人。

风险规避不足时会发生什么？

2007—2008 年的全球金融危机，是金融市场最大的暴跌之一，也是我一生中看到过的最惨烈的暴跌，自然它也给我们上了一堂最好的投资课，值得我们一再观察、反思、学习。这次全球金融危机之所以发生，是因为之前出现了一系列的发展变化，并为危机发生打下了基础，设定了背景。下面的清单列出了其中一部分全球金融危机发生的背景因素：

- 政府政策支持自有住房扩张，从定义上讲，包括那些历史上根本买不起房的人，现在也能买得起房了，而这个时候房价正在飞速上涨；
- 美联储推动利率下降，导致结构化 – 杠杆抵押证券等这些高收益金融工具的需求上升；
- 银行之间形成一股上升的热潮，抢着发放更多的住房抵押贷款，并将其打包，然后转手卖出去（而不是自己留着）；
- 借贷、结构化、信用评级、投资方面的决策，都基于很低的历史债券违约率，人们不加怀疑地简单推断，未来也会很低；
- 以上四点导致银行更加急于发放更多的住房抵押贷款，相关的贷款标准降低了；
- 没有经过检验的新型抵押贷款支持证券产品被开发出来了，承诺高收益又保证低风险，在这个没有一丝怀疑的市场形势下，诱惑力大到根本挡不住；

- 保护金融行业的法律法规放宽了，比如《格拉斯–斯蒂格尔法案》不再禁止金融机构混业经营，原来卖空交易有个报升规则，规定报价必须高于最新成交价（以防止利用不间断的卖空迫使股价下跌，但 2007 年全面撤销），原来法律限制银行最低杠杆率水平，后来准许提高到接近 3 倍；
- 媒体大量发表文章，声称由于以下三股力量合在一起，风险已经被消灭了：

（1）第一股力量是美联储，操作手段非常高明，完全值得信赖，只要经济增长出现放缓，美联储就会及时出手，注入流动性，刺激经济增长；

（2）第二股力量是中国和石油输出国，美国多余的流动性会流到向美国大量出口的中国，流到向美国出口石油的石油生产国，而这些美元绝对会重新回流到美国市场，因为中国和那些石油输出国肯定会购买美国国债等美国资产，由此进一步推高这些资产的价格；

（3）第三股力量来自华尔街，华尔街创新性地推出新型金融衍生产品，对风险进行“信用分级”，就像把面包切成薄片一样，并大力推广，然后在市场上找到最适合的买家来分别承担这些风险。

以上所有这些因素表明风险容忍非常普遍。事实上，这些因素出现的前提条件是风险容忍主导投资方、放贷方、借款方、监管方的心理。这样过度风险容忍的存在，在全球金融危机发生的前几年，明眼人就看得非常清楚。这本来应该让人极度担心害怕，因为它暗示着金融市场上普遍缺乏担心、谨慎、怀疑。

不可避免的后果是，这些发展变化以及背后的风险容忍或者风险遗忘，最终导致不安全的金融投资行为，特别是有些金融投资行为的途径是发行那些靠不住且可能违约的金融工具。能够借到的资本规模很大而且利率很低，让买家乐坏了，他们肯定觉得遇上了购买资产的“黄金时代”。但是这个投资的黄金时代的标志并不是遍地黄金，遍地可见质量可靠又价格便宜的资产。相反，杠杆融资非常易得，让人很容易重仓追涨买入那些已经涨了很多的资产，或者投资那些新型投资产品。而这些产品没有经过检验，由人为合成，被加了很多杠杆，而且其中很多产品一定会违约。

也许最重要的是，在这些助长危机的因素中，有一段时期的典型特征是金融机构的行为特别危险。那时，整个世界一片光明，宏观环境很有利，金融行为和金融创新特别活跃。作为资本提供者的金融机构形成了一个大趋势，纷纷抢着给钱，争夺市场份额，这个过程我称之为“逐底竞争”（我后面引用的投资备忘录就是以此为标题的）。2005—2007 年的市场情绪，有段话概括得最精辟，那是花旗集团首席执行官查尔斯·普林斯在 2007 年 6 月时所说的，几乎就在全球金融危机爆发的前夜。他的这段话成了那个时代的象征：“把流动性比作音乐，就像人们在玩听音乐抢椅子的游戏，要是音乐停止了，事情就变得复杂了。但是只要音乐一直在响，我们就必须站起来继续跳舞。我们现在还在继续跳舞。”

换句话说，银行只能去做这些事情，而且过去一直在做这些事情，因为它们的成功取决于这些不正常的有利情形能持续多久，如果这些事情变得正常了，它们做的事情就要出问题了。但是没有一个银行家会拒绝参与游戏，因为他们害怕失去市场份额，这会让银行家丢掉自己的金饭碗。尽管这些金融工具是没有经过检验的，可能有缺陷，但是没有人愿意放过参与的机会，因为放弃就会丢掉市场份额。正是这种群体行为代表了周期，创造了周期……也加重了周期。

从理论上讲，一家银行的首席执行官本来可以拒绝加入这种愚蠢的群体行为。但是在当时那种现实情况下，谁要是坐下来，不去跳舞，就会丢掉市场份额，在这个轻松赚钱的市场上错失大把赚钱的机会，结果只能眼睁睁地看着竞争对手赚得盆满钵满，那些激进的大股东肯定不干了，会马上召开股东大会把这个首席执行官换掉。因此这些银行疯狂地抢业务，争着提供资本，就好像在听音乐抢椅子的游戏中音乐永远不会停止一样。但是你如果稍微懂一些周期，明白有涨必有跌的道理，就会很清楚音乐最终会停下来的。这种风险容忍和风险遗忘在周期的上升阶段，扮演着必不可少的重要角色，但是也为后续周期的急剧下行阶段打下了基础。前面我们讲过，周期就是这样的，大涨引发大跌。

2005—2007 年，我们有很好的机会观察到一个事件接着一个事件发生，把市场参与者对待风险的态度展现得一清二楚，这有助于我们从中得出有益的分析结论。我相信，下面这些内容能为你提供一个很好的案例。这些内容节选自我关于这个主题所写的一份投资备忘录《逐底竞争》，那是我在 2007 年 2 月写的，几个月后就出现了第一个信号，糟糕的日子要来了。这些内容表明从孤立的、有些如逸事一般的个人经验中，我们也能吸取不少有潜在价值的经验教训：

> 最近几年，尽管我多次因看到资本市场的过度表现而目瞪口呆，甚至有些见怪不怪了，可是这一次竟然让我大喊大叫，“这件事我一定要写一份投资备忘录”。那是我最近一次到英国小住时，看到报纸上的新闻报道时的反应。那天是 2006 年 11 月 1 日，我看的是

《金融时报》，上面有篇报道是这样写的：

“阿比，英国第二大房屋贷款提供机构，最近提高了住房贷款上限，升至借款人个人年收入或者家庭合计年收入的5倍，和过去只有年收入3.5倍的传统借款水平相比大幅提升。这家机构明显是在跟进同行，就在上周，爱尔兰抵押贷款银行与布里斯托–韦斯特这家老牌抵押贷款机构，决定提高住房贷款上限为年收入的4.5倍。”

换句话说，一直以来，一条传统经验法则告诉我们，借款人能够安全地处理的住房贷款面值相当于其年收入的3倍。现在借款人能够借到的住房贷款可以达到其年收入的5倍，提高了50%以上。从中我们能够推测出什么？至少有四种可能性：

- 老的贷款标准太保守了，新的贷款标准才是正确的。
- 情况已经发生变化了，因此新的贷款标准按照现在的情况来说是保守的，就像老的贷款标准对于过去的情况来说是保守的。
- 对于抵押贷款人来说，他们接受更高的违约率，并因此降低贷款净利润也是合理的，所以放宽贷款标准能使业务规模扩大，由于贷款机构的资本成本下降了，所以其贷款业务整体的净利润会随着规模增长而增长。
- 或者因为同行都抢着把钱放出去，从而导致资本提供者为了争夺市场份额而放松贷款标准。

当然，我本人并不是英国住房抵押贷款市场的专家，而且我写这份投资备忘录的出发点是评论整个资本市场的趋势，而不是其中任何一个板块。此外，有一点肯定是事实，现在的低利率政策意味着，同样高的薪水能支撑人们负担更多的抵押贷款，而且今后可能会一直如此，他们只要满足两个条件就行：第一，借款人能保住工作，有足够多的薪水还房贷；第二，他们借的抵押贷款是固定利率的。但是如果你认为，阿比这家英国第二大房屋贷款提供机构所采取的提高住房贷款上限这一步，也许基于类似的合乎逻辑的理由，那么我们要问的问题是为什么时间选在此时。

合乎逻辑的理由和清醒的决策制定，也许会牵涉其中。但是这也会涉及另外两个方面：一是贷款机构争着把钱贷出去，抢夺市场份额；二是通常到了后期接近顶点的时候，大家都相信“这次不一样”。贷款机构和投资人总会背离久经考验的纪律和原则，而这个时候周期往往快要走到极端点了，因为他们现在都相信，现在的情况与过去普遍存在的情况不一样，而那些纪律和原则在过去那种情况下适合，现在因为情况变了，所以不适合了。同样会出现的结果是，事实会狠很地教育这些人，周期还会重复，这次还是和过去一样，什么也没有改变。

随着房价上升，利率却在下降，我们在美国住房抵押贷款市场上看到了什么情况？首先我们看到的是低首付，其次，我们看到的是比较高的贷款与房屋价值比值，再次是百分之百的贷款融资，然后是低月供贷款，再然后是零月供贷款，最后是银行不要求有工作证明或信用记录，人们就能拿到房屋抵押贷款。以上发生的所有情况，能让更多的买房人贷到更多钱，让更多的房屋买家扩大预算购买更贵的房子。但是与此同时，这也让他们的住房抵押贷款对于贷款人来说，风险更高了。这些事情发生的时候，房屋价格已涨到天上了，而贷款利率则降到了地下，好几代人都没有见过这么低的贷款利率了。最终，买房人得到的抵押贷款，按照其收入水平和普遍的低利率水平来说，是最大的贷款额度。他们拿到这么多的抵押贷款，让他们住进梦寐以求的好房子……只要情况没有变坏，他们就能一直住在这套好房子里，但是无一例外，情况总会变坏。

你还记得吗？有一个电视真人秀节目《听旋律猜歌名》，节目里有一个游戏是，“你听几个音符就能说出歌名”。第一个参赛者说：“我只听6个音符就能说出歌名。”接下来，第二个参赛者说：“我只听5个音符就能说出歌名。”再接下来，第三个参赛者说：“我只听4个音符就能说出歌名。”最终能得到机会听旋律猜歌名的参赛者，是那个愿意接受最危险条件的人，他愿意在知道最少信息的基础上去试一下。

和那个听音符猜歌名的比赛类似，爱尔兰银行加入了抢着贷款给买房人的比赛。爱尔兰银行说：“我能给借款人年收入4.5倍的贷款。”接下来阿比银行说：“我能给借款人年收入5倍的贷款。”和听音符猜歌名的游戏比赛一样，这像是一个拍卖竞价抢贷款的游戏，所谓的“赢家”银行，肯定是放的贷款金额最高，而要求的收入最低，也就是要求的安全保障水平最低。最终，谁是真正的赢家，谁是输家，等到这个周期反转，就会变得一清二楚了，就像美国房贷市场上年的情形一样。但是有一点是确定无疑的，投资人正在进行一场逐底竞争……比赛看哪家机构敢用最小的容错安全边际来做贷款……

不管如何进行信用分级，最近这些年来，住房抵押贷款的标准确实都降低了，风险确实都增加了。这样做合乎逻辑吗？也许合理吧。是周期引起（并加剧）了这种情况吗？我想说，是的。英国《金融时报》援引美林证券的银行业分析师约翰·保罗·克鲁切利的话说：“阿比银行发放给借款人年收入5倍的住房抵押贷款，也许是完全合情合理的，也许是极度危险的。”可以肯定的是，这让住房抵押贷款的风险更大了。再过几年，我们才会看清楚，这样做是聪明地承受风险，还是因为竞争而头脑发热……

如今金融市场的状况，我们可以很容易地总结如下：全球流动性泛滥，对传统投资兴趣极小，很明显投资人几乎不关注风险，到处都是预期收益率微薄。因此，作为获得足够高的潜在收益率（但还是低于过去承诺的收益率）而支付的代价，投资人很容易接受相当大的风险。这些风险的形式有：高杠杆率，没有经过检验的衍生产品，虚弱的交易结构。现在的周期在形式上不是非同寻常，只不过在幅度上大得非同寻常。依我看，最终的结果其实很清楚，并不神秘，但是在周期目前所处的这一点上，看起来最风光的是那些乐观主义者。

我完全可以把这份备忘录写得篇幅更短，只要引用我最喜欢的两句名言就行了。

第一句名言是约翰·肯尼斯·加尔布雷斯所说的——很遗憾老先生去年刚刚过世。我很荣幸，在一年半之前，能够有幸拜见加尔布雷斯先生，当面求教，亲耳聆听他的智慧。这句名言，也是来自他那本堪称无价之宝的经典名著《金融市场狂热简史》（*A Short History of Financial Euphoria*）。这段话读起来特别适合当前的市场情况：

“助长金融市场狂热兴奋的因素还有另外两个，不论是在我们这个时代，还是在过去的时代，都极少有人注意到。第一个因素是，人们在金融投资上的记忆极其短暂。后果是那些金融投资大灾难，投资人很快就完全遗忘了。更进一步的后果是，同样的或者非常相似的情形再次出现，有时距上一次发生才过了短短几年，却受到新一代投资人的一片欢呼。新一代投资人，通常很年轻，总是非常自信，称其为卓越的重大创新发现，会改变金融世界，甚至改变整个经济世界，却不知道这种事情在历史上造成了金融大灾难。在人类积极努力不断进取的领域里，极少有像金融领域这样，历史所占的分量简直无足轻重，过去的经验，其实就是记忆的一部分，却被年轻人鄙视为那些老古董的避难所，因为那些老古董没有见识，欣赏不了现代金融世界不可思议的伟大奇迹。”

第二句名言是沃伦·巴菲特先生所说的，可以说它是投资的最基本原则。巴菲特用这句话提醒我们，一定要根据你身边大多数投资人的行为来相应地调整自己的投资行为。巴菲特说的这句话更短，却可能更加有用：“别人处理自己的事情越不谨慎小心，我们处理自己的事情就越要谨慎小心。”

这份投资备忘录，可以简短地总结为下面一句话：有一场逐底竞争正在进行，表明那些投资人和资本提供者普遍没有那么小心谨慎。在现在这个时间点上，没有人可以证明那些参与者会受到惩罚，或者他们的长期业绩会更差，那些和他们唱反调而反向操作的人的长期业绩却会更好。尤其长期来看往往如此。

如果你拒绝与大多数投资人为伍，不参与无忧无虑的、不考虑风险的市场，就像今天的市场，那么一段时间之后，你会受到双重打击：一是从业绩来看，你是一个落后的大输家，输了比赛；二是从群体来看，你像是一个落伍的老家伙，输了面子。但是，付出这两个代价，也没有什么大不了的，只要你人还在（钱还在）——其他人最终钱没了，人也没了。从我个人的经验来看，随意追涨买入就能轻松赚钱的时代最终会过去，随之而来的是一波市场修正，这时报应就来了，惩罚也来了。也许，这次不会发生这样的事，但是我可不愿意承受那种风险。与此同时，橡树资本及各位同人会继续坚持不盲目从众的准则。因为坚守这个准则，过去 20 多年让我们受益良多，业绩很好。

沃伦·巴菲特用一句话就概括了我上面所说的所有内容，而且这句话我一直奉行。我觉得巴菲特的这句名言很好地概括了投资人容易盲目从众的群体现象，也很好地总结了面对这种群体现象我们要采取的逆向投资策略。投资大众越不够担心风险，不够小心谨慎地行事，就越应该像巴菲特所说的那样，变得更加谨慎小心，决不轻易地追涨买入。但是这还不够，在相反的情况出现时，投资大众陷入恐慌和焦虑，不能想象还会有什么情况值得承受风险去投资，我们也应该像巴菲特先生所说的那样，反众人之道而行之，应该变得更加激进，勇敢地低位买入。

风险规避过度的时候会发生什么？

关于金融周期的不对称性，我在第 2 章花了很长篇幅详细地做了描述。金融周期的不对称性基本上可以保证，像 2005—2007 年那样容忍风险的环境，以及所引发的金融工具发行大繁荣，其后市场肯定会出现一波惨烈的修正。

我在前面讲过，希望 2007—2008 年的全球金融危机，能够成为我们一生中只有一次的“绝佳机会”——亲眼见证两个周期的巨大反转，心理和情绪钟摆非理性地从完全正面摆到完全负面，风险态度周期从过度风险容忍反转为过度风险规避。

2005—2007 年，过度风险容忍引发的行为就像我在前面所描述的那样，其实一直都像在“蒙眼狂奔”，结果给投资人带来了巨大痛苦和损失：

- 后来事情变得很清楚了，努力扩大自有产权住房，导致很多本来买不起房的人买了房子。成千上万的家庭用来投资购买住房产权的钱都亏掉了，他们的搬家成本以及他们对房屋所做的装修成本，也都一道亏进去了。
- 很多次级住房抵押贷款，在借款人根本没有工资收入或者就业证明的情况下就被发放了，结果表明这样的操作很不明智。
- 住房抵押贷款标准过于宽松，再加上贷款机构后台审核不严，形成了大量不良抵押贷款，这样的结果并不令人吃惊。那些借款人根本不可能按约还本付息。
- 从抵押贷款的历史数据来看，违约率很低，在此基础上人们进行简单的推论，预测未来违约率情况。这样做忽视了一种可能性，即抵押贷款操作过于宽松，导致违约率高到前所未有的程度。
- 证券构建决策、债券评级、损失预测，都基于历史违约率，而实际违约率超过历史违约率，导致基于次级贷款所构建的结构化证券和杠杆证券的违约率高得惊人，由此证明评级机构一直以来对这些证券所做的很高的信用评级都是错误的。
- 杠杆抵押贷款支持证券（以及大多数内含很高杠杆水平的金融衍生产品），原来都被认为是收益增强的工具，后来都变成了金融大规模杀伤性武器，因为这些杠杆基金和证券违反了贷款协议，发行人根本不能按约如期还本付息。
- 当然，这些新型的金融产品表明，金融创新所标榜的保证高收益、只有低风险，极少能够说到做到。
- 由于放松管制，原来《格拉斯–斯蒂格尔法案》禁业混业经营的规定撤销了，金融混业经营得到允许，结果导致了严重问题；废止报升规定，让金融机构的股票受到做空的无情打压，一路狂

> 跌；结果证明，有些银行在法律法规允许的高杠杆水平下根本无法生存。

前面所说的每件事都发生了，后果严重：大规模抵押贷款违约；银行收回不能按期还款的抵押住房；抵押贷款支持证券的评级下调及违约；房屋价格崩盘及现有房子根本卖不动；股市崩盘，公司债券市场崩盘，流动性消失；信用完全枯竭；大量银行无力支付借款利息，寻求政府援助，甚至破产。

> 当然，那些大家都觉得不可能发生的事件都发生了，导致信贷危机。很多糟糕的事情都发生了，原来大家认为这些事情是不大可能发生的（甚至觉得它们根本不可能发生），但是后来这些事情不仅发生了，而且同时发生了，这令那些使用了高杠杆的投资人和金融机构大祸临头。（投资备忘录《消极态度要有极限》，2008 年 10 月）

对于投资者以及其他金融系统的参与者来说，以上所有这些事件所产生的心理影响累积起来会有多大？简单地说，大得令人生畏。这时，整体恐慌取代了高度信心，过度风险规避取代了过度风险容忍。2008 年雷曼兄弟破产后，就发生了这样的情况。卖家成群结队地抛售，量大，价低，急于卖出，可是买家都站在一边，不敢出手。资产价格崩盘了，市场流动性降到了零。

所有这些事件都产生于高风险容忍退位和高风险规避取而代之。所有这些事件都在火上浇油，助长了更大的恐惧，更高的风险规避，让大家更加害怕会有更多同样的坏事发生。人还是同样的人，原来买入未经考验的金融工具是基于积极利好的假设和好得简直像做梦一样的承诺，现在这些人的看法完全变了，大家都相信整个金融体系可能崩溃。

为了提供一个案例，让大家实际看看投资人风险态度周期摆动到过度风险规避会是什么样子，影响会有多大，我来分享一个真实的故事，也是我的亲身经历，就发生在雷曼兄弟破产前的几个星期。就是这件事激发了我的灵感，令我写下了一份投资备忘录《消极态度要有极限》。

橡树资本组建了旗下的第一只杠杆基金[①]，也算是稍微追赶一下潮流，时间就在金融危机发生前的几年。我们运用的杠杆水平要比别人低得多，比如，我们的欧洲优先贷款基金的杠杆为股东权益的 4 倍，而更加传统的杠杆是 7 到 8 倍，而且我们在选择购买的资产时非常保守，但是后来发生的事也把我们逼到了基金崩盘的悬崖边。就在次贷危机之前，优先级贷款或者“杠杆”贷款，甚至那些有信用问题的贷款——100 美元面值的贷款，其交易价格也很少低于 96 美元。因此，我觉得我们几乎不大可能收到需要追加保证金的通知，即贷款机构要求追加投入更多的权益资本。按照我们的借款协议，只有我们组合中所持有的那些贷款平均市场价格从 100 美元跌到 88 美元时，才需要追加保证金。

但是，在雷曼兄弟破产之后，贷款价格跌到了历史新低，因为受到多方面的压力，其中最突出的压力是银行着急抛售贷款。这些贷款本来是那些杠杆基金所持有的，它们收到了追加保证金的通知，却找不到钱追加投资，此时，银行只能强行平仓，抛售其组合持仓的贷款。结果，100 美元面值贷款的市场价格平均跌到了 88 美元，如此，追加保证金、崩盘，原来觉得相当遥远的事情，现在却成了摆在眼前的现实。

---

① 美国的基金和中国的有所不同，中国基金多为契约型，持有的基金按照份额计算。美国的基金多为公司型。基金就是一家股份公司，基金持有人就是股东，持有的基金按照股份计算，投入的基金相当于我们经常说的股份公司的股东投入资本所形成的股东权益。这里所说的杠杆就是公司资产与股东投入资产（股东权益）之比。假设股东每投入 1 元，从银行借 4 元，这样公司的资产为 5 元，杠杆，即资产与股东权益之比，为 5：1。——译者注

我们向贷款人争取了一些时间去找钱，打算找基金投资人筹资，让他们投入更多的权益资本，把基金的杠杆从 4：1 的资产与股东权益之比降到 2：1。我们一讲，投资人就明白了，这代表了一个机会，他们按照现在折价之后的市场价格保留贷款，而不是按照这样便宜的市场价格放弃持仓的贷款潜在的高收益，而且能从基金的低成本杠杆中受益。结果，这些基金投资人大多数都同意了我们的看法，按照我们的要求，追加了投资。我们的基金杠杆水平从 4：1 降到了 2：1，基金的保护层增加了，更不容易落到追加保证金的地步，除非我们持仓贷款的平均价格从 100 美元面值跌到不可思议的 65 美元，也就是说亏损 1/3。

但是由于买家严重匮乏，连续不断地要求追加保证金，再加上对冲基金为应对基金赎回而被迫卖出，结果造成贷款市场继续呈螺旋形下跌，原来大家所说的“合理价格”也靠不住了，现在变成大家普遍担心再低的价格也很难撑得住。最终，我们持仓的贷款组合的平均市场价格跌到了接近 70 美元。我也没招了，决定再次降杠杆，资产与股东权益之比从 2：1 降到 1：1，这样，基金的权益资本可以完全覆盖基金的债务，我们可以完全免除银行贷款协议的条款约束了，也就是说再也没有必须追加保证金否则强行平仓的危险了。

我让基金投资人追加投入了更多的权益资本，就是提供给基金投资人一个投资机会，出资让基金能够保留持仓的贷款，他们的到期收益率能达到两位数，而且因为整个基金运用了 1：1 的杠杆，杠杆收益率能够达到 20% 以上（扣除费用和潜在违约损失之前）。但如果这轮增资之前的老投资人不能按其持股比例来足额增资，允许其他人出资补缺，其实相当于卖出自己持有基金组合的一部分权益，那么他们损失的是未来 20% 以上的年收益率。

但是，当时投资人可以说身处危机之中，市场价格一路狂跌，基金清盘，整个市场只有卖家没有买家，这些情况混合在一起，让一些基金的老投资人非常为难，他们不愿意第二次追加资本。有些投资人也是基金经理，自己管理的基金投资组合持仓到处都有问题，不得不频频救火，已经疲惫不堪。有些投资人不是那么重视第二次增资我们这个基金的机会，不把它看得像拯救他们自己的投资那样重要，而是可能将其看作“为了捞回亏损再拿更多钱去赌”。有些投资人手上根本没有流动资金。有些人不愿意再和他们的老板下功夫解释为什么还要第二次追加投资。在市场跌到谷底的时候，投资人采取行动继续投资极其困难，需要巨大的信心和勇气。在说服投资人第二次增资的过程中发生了这么一件事，我来说给大家听听。

我去拜访一家养老金投资基金，也是我们这只基金的投资人，向他们解释第二次追加投资本金的理由。我一五一十地推算出基金到期收益率会超过20%，这家养老金的基金经理一听也承认这确实很吸引人，但是他们十分担心贷款违约的可能性。于是我们就有了下面你来我往的这番对话：

养老金基金：请谈一下违约会导致你们这只基金投资不能成功的潜在风险？

霍华德·马克斯：高收益债在资本结构上优先顺位低于贷款，就像我们基金持有的贷款那样。最近26年高收益债的平均违约率为每年1%左右（请记住，违约债券也有重新恢复还本付息的。这意味着，我们的信贷损失一直是每年低于1%的）。因此，按照历史违约率水平来看，违约几乎不会减少我们这只基金20%以上的预期收益率。

养老金基金：但是如果情况变得比这更加糟糕呢？

霍华德·马克斯：在我们的基金历史上，最糟糕的那五年违约率平均为每年3%；很明显，相对于我们谈的基金预期收益来说，3%的违约率根本不是问题。

养老金基金：但是如果情况变得比这更加糟糕呢？

霍华德·马克斯：在整个高收益债领域里，即使根本不考虑基金经理有能力又有技巧地选择信贷来避免违约，历史平均违约率也只有每年4.2%，由此造成2%到3%的信贷损失。很明显，这不会对我们这只基金造成多大损害，因为我们的预期收益率有20%多。

养老金基金：但是如果情况变得比这更加糟糕呢？

霍华德·马克斯：从整个高收益债领域来看，历史上最糟糕的五年平均违约率为每年7.3%，这也不是什么问题。

养老金基金：但是如果情况变得比这更加糟糕呢？

霍华德·马克斯：高收益债历史上最糟糕的那一年，违约率为12.8%，即便如此，我们20%多的预期收益率，扣除违约损失之后，也还能够获得相当高的收益率。

养老金基金：但是如果情况变得比这更加糟糕呢？

霍华德·马克斯：按照历史上最糟糕的一年12.8%的违约率，再乘以1.5倍，差不多19%，即便如此，按照这只基金20%以上的预期年收益率来看，我们还是能够赚到一点儿钱的。假如结果是我们只能挣到这么一点儿钱，那么前提是这样极高的违约率必须年年如此，而不是只有一年如此。

养老金基金：但是如果情况变得比这更加糟糕呢？

这时候，我就忍不住问了："你们持仓里有股票吗？"我告诉他们，如果你们手上持有股票，你们就会真的相信未来会发生像世界末日一样悲惨的情况，就像你们一直不断地追问我"如果情况更加糟糕"。你们最好马上离开房间，把手上的股票投资全部卖掉。

我的观点是，负面环境导致投资人过度风险规避，他们对投资仔细检查到无比苛刻的地步，他们的负面假设比十八层地狱还深不见底。反过来，在牛市里，投资人心理冲动，头脑发热，做投资之前很少检查，甚至根本不做检查，而且对未来的假设是一片光明的。在恐慌的时候，人们用百分之百的时间确定不会有任何损失……其实在这个时候，他们应该担心的反而是，可能会错失极佳的投资机会。

极端的否定态度加上夸大的风险规避，可能导致价格已经低到不能再低的程度了，再亏损，看起来是高度不可能发生的事。因此，这个时候亏钱的风险反而是最小的，正如我在前面所指出的，世界上最危险的事情是相信根本没有风险。用同样的说法，最安全（也是报酬最丰厚）的买入时机，通常是在每个人都相信根本没有赚钱希望的时候。每个人都失去赚钱希望的时候，反而是最有赚钱希望的时机。

对我持有的每笔投资，如果我只能问一个问题，那么我会问一个很简单的问题：市场价格里面乐观主义的因素占了多大比例？乐观主义水平高，意味着可能发生的利好已经纳入定价了；相对于内在价值来说，市场价格过高，只有很小的安全边际，如果未来发展不如预期而令人失望，那么市场就没有容许犯错的余地。但是乐观主义水平如果很低，甚至没有，就有可能导致市场价格很低，业绩预期不高，负面的意外不大可能发生。乐观主义稍微有一点儿好转，就会导致市场价格上涨。我和养老基金的那段对话有重要意义，原因很简单，在投资人的思考中，所有乐观主义成分都像被拧干的毛巾一样，一滴水也拧不出来了。

和这家养老基金交流后，我可以说是一溜小跑奔回办公室，写了一份投资备忘录《消极态度要有极限》，我表达的看法是：大致在这个时点，投资人的风险态度周期已经走到了极端，我们可以用最低的价格买到大多数债权。在这份投资备忘录里，我分享了下面这些体会：

很多坏事情，我们过去觉得不大可能发生，甚至觉得根本不可能发生，现在都发生了，而且是同时发生，对于那些用了很高杠杆做投资的人来说，简直是世界末日。所以，最简单的解释是，在这场信贷危机中投资人之所以受到严重损失，是因为他们过去一直不够怀疑，不够悲观。

但是这让我顿悟：怀疑主义和悲观主义不是同义词。乐观主义过度的时候，怀疑主义会召唤悲观主义。但是，悲观主义过度的时候，怀疑主义也会召唤乐观主义。我会对这个主题再做更多阐述，但是我要表达的意思其实就这么简单。

逆向主义，就是和别人做的事相反，或者说“逆风行驶”“逆水行舟”，是投资成功必不可少的关键因素。但是随着信贷危机上周达到顶峰，人们屈服了，不再顶风前行，而是转身顺风而跑。我发现，只有极少数人是乐观的，大多数人是相当悲观的，有些人发自内心地抑郁了，甚至有些人是我认识的很了不起的投资高手。我知道，电子邮件里正在疯传更加负面的神话般的灾难预言——即将发生大崩盘。没有人利用怀疑主义说，“这么恐怖的说法不可能是真的”。悲观主义滋生更大的悲观主义。人们唯一关心的是加强投资组合的防御性，让它能够固若金汤，牢不可破，经得住即将到来的大崩溃，或者卖出持仓，账上保持足够多的现金以应对赎回。投资人上个星期没有做的只有一件事情，就是进攻，买入更多证券。所以证券价格一跌再跌，而且一跌就是几个百分点，有一个古老的说法是“跳空缺口”。

希望我这份对当时市场情况的记录，能够给你一种提醒——完全不合常理的过度风险规避是什么样子；也能给你另一种提醒——在这种环境下，你应该做些什么才是对的。

补充一下，我们这只基金的少数投资人，包括我那天拜访的那家养老基金在内，拒绝注入更多资金。我觉得，我是这只基金的基金经理，就应该尽我所能地保住这个基金，无论做什么，我也要让这只基金维持下去，于是我个人出资，补上了这些投资人的出资缺口。这时投资这只基金，就是在一个高度风险规避的时候投资不良次级贷款杠杆组合，结果这次投资机会成就了我这辈子所做的最赚钱的投资……这样绝佳的投资机会并不是我主动抢来的，而是在贷款价格便宜得简直荒谬的市场情况下，其他人都不愿意投资，白白送给了我这个机会。

～～～

这一章已经成了本书篇幅最长的一章。我写这么长，有一个很好的理由——我相信，态度决定一切，这一章讲的风险态度周期属于最重要的周期之一。在《投资最重要的事》中，有一章很重要，它讲的是知道我们现在处在不同周期的什么位置非常重要。明白投资人如何思考和应对风险，也许是我们应该努力去做的最重要的事。简单地说，投资人过度风险容忍会助推市场大涨，形成风险，而投资人摆动到过度风险规避，则会压抑市场，创造出一些最伟大的买入机会。

理性的投资人勤勉分析，合理怀疑，适当规避风险，无论任何时候都是如此，但是也在寻找投资机会，以期获得较高的潜在收益，这样在弥补风险损失后，他们还有更多的剩余收益。在牛市的时候，我们听到很多人说："风险？什么风险？我看不大可能会出错：到现在一直都很好。不管怎么样，风险都是我的朋友，承担的风险越大，我赚到的钱可能越多。"

后来，到市场行情糟糕的时候，很多投资人完全转变了，换成了另外一套更简单的说法："我根本不在乎能不能在市场上多挣一分钱，我唯一在乎的是不要再亏钱了。给我赶紧卖出离场！"

有一点至关重要，你要注意到，既然理性的、不容易受情绪所控的投资人只是极少数人，那么投资人从整体而言在对待风险的态度上或者在心理和情绪的其他方面，极少能达到平衡状态，会随着周期波动而波动，或者随着钟摆摆动而摆动。一面是风险规避，迫使他们要小心谨慎，另一面是风险容忍，驱动他们积极买入。投资人总体而言往往不能在二者之间保持一个健康的平衡状态，在通常情况下，不是风险规避明显占上风，就是风险容忍明显占上风。他们在心理和情绪方面也是非常相似的：恐惧和贪婪，怀疑和信任，只愿意看到积极有利的一面，以及只愿意看到消极不利的另一面，还有其他很多心理和情绪钟摆也是如此。这些心理和情绪周期充分表明，投资人只有极少时间走幸福的中庸之道，大部分时间都在走极端。

投资人风险态度的波动震荡或者反复无常，既是某些周期造成的结果，也是其他周期的放大器。风险态度周期总会这样，没办法，可能人的心理和情绪天生就是容易走极端，在前景一片大好的时候，人的心理和情绪容易变得过于乐观和过于风险容忍，而当情形掉头向下的时候，人们又容易变得过于担心和风险规避。这意味着人们最想买入的时候，反而是最应该小心谨慎的时候，人们最不愿意买入的时候，反而是最应该激进买入的时候。卓越投资人能够认识到这一点，努力地做到反众人之道，进行逆向投资。

09

信贷周期

> 卓越的投资并不是来自买的资产质量好，而是来自买的资产性价比高——资产质量不错且价格低，潜在收益率相当高却风险有限。满足这些条件的最佳买入机会，多数是在信贷市场处于其周期中不是那么兴奋地扩张，更多的是恐惧地收缩的阶段。信贷周期猛地关上大门的阶段，最有助于形成到处都是便宜货的情形，比其他任何因素的作用都要大。

现在，我们研究周期的基础工作已经完成了。我们前面讨论过经济周期和企业盈利周期，二者构成了投资的基本背景。在此基础上，投资人的行为、心理和态度也会有周期性波动，随着基本面变化而发生相应的变化（而且往往会过于夸大基本面的变化）。现在，我们要讨论一些特殊类型的金融周期，你会注意到前面所说的这些基本周期的波动，强烈地影响本书后面章节中所说的特殊类型金融周期的波动。

正如我们前面讨论过的那样，有些行为，比如购买住房，对经济周期高度敏感，基本上是跟着经济周期走，而其他行为，比如购买食品，对经济周期并不是那么敏感。有些周期对经济其他方面有很大影响，而且对其他周期有深远的影响，但是其他周期并非如此。这一章的主题是信贷周期。信贷周期对经济周期高度敏感，对经济的其他方面和其他周期都有很大的影响力。最近，信贷周期波动特别反复无常，极大地影响了其他领域的活动，而所有这些周期波动又由于投资人心理和情绪周期波动的影响而加剧。我在第 7 章和第 8 章中讲的就是投资人的心理和情绪周期。

请注意，这一章我们谈的信贷周期，有时候也被称为资本市场周期。我个人并不觉得这种区分很重要。严格地说，“资本”是指企业筹集用来发展业务的所有资金。股东投入的资金被称为权益资本，俗称股本；向银行贷款或者发行债券借入的资金被称为债务资本，“信贷”指的就是这部分债务资本。在实务操作中，信贷周期和资本市场周期这两个名称似乎可以交换使用，不过我还是发现，说信贷周期的人很多，说资本市场周期的人很少。所以，我在谈论债券市场的时候，会一直用“信贷周期”这个说法，而当我讨论融资的整体松紧程度的时候，我会用“资本市场周期”这个说法。但是不管我用哪个说法，本质上都是一样的，而且最重要的是，适用于一个说法的考量因素，也同样适用于另一个说法。

以下内容节选自我在 2010 年 12 月写的投资备忘录《打开和关闭》，以及我更早之前在投资备忘录中写的一些东西，我把信贷周期放在一系列周期的背景之下进行分析：

> 请考虑以下事项：人们常常指责经济的上行与下行导致企业盈利波动，而企业盈利波动又导致证券市场的上涨和下跌。这样，一个周期影响下一个周期，像多米诺骨牌一样。可是，即使是在衰退和复苏阶段，经济增长也经常会偏离长期趋势线。虽然只不过偏离几个百分点，但是为什么企业盈利增长和减少的幅度却大得多？答案是，企业使用了杠杆，比如财务杠杆和经营杠杆，从而

放大了企业销售收入上涨和下跌对盈利的影响。

尽管企业盈利是这样波动的，波动幅度明显大于GDP，但是相对而言还是比较温和的。可是，相对于企业盈利波动，为什么证券市场大涨和大跌的波动幅度却如此巨大？我将其归因于人们心理的波动，特别是心理波动对融资松紧程度的深远影响。

简短地说，经济只是波动了一点儿，企业盈利波动只是比经济波动稍大了一些，可是信贷的波动大幅超过了经济波动和企业盈利波动，信贷窗口从打开很宽到猛然关闭……正如这份投资备忘录的标题。我相信信贷周期在所有周期中最波动无常，且最能产生巨大影响。因此，信贷周期值得我们高度注意。

我在2001年11月写的投资备忘录《你不能预测，但你能预防》中，说得更加简明扼要：

> 我在投资这行做得越久，越能感受到信贷周期的巨大力量。经济周期只要小幅波动一下，就会让信贷松紧程度产生很大的波动，而信贷周期的大幅波动会对资产价格波动产生巨大影响，而资产价格的巨幅波动反过来又会影响经济本身的波动。

资本或者信贷松紧程度的变化，构成了对经济、企业、市场最基本的影响之一。尽管信贷周期对于证券市场的人来说，不如本书中所谈论的其他周期的名气那么大，但是我认为，信贷周期的重要性最高、影响最深远。

就像我前面引用的那段话一样，用窗口比喻信贷周期，我们就容易理解得多。简单地说，有时候信贷窗口是打开的，有时候信贷窗口是关闭的。事实上，在金融圈里人们经常会说“信贷窗口”，意思是“你能够去借钱的地方”。当信贷窗口打开的时候，资金很充裕，而且容易获得，而当信贷窗口关闭的时候，信贷资金很少，而且难以获得。最后，有一点非常重要，你务必牢记在心，就是从窗口大开到窗口关闭，可能只在一瞬间。要让你更加完整地理解信贷周期，我还要讲很多东西，包括这些周期性运动的原因及其影响，但是信贷周期会一下子从窗口大开到窗口关闭，这点非常关键。

为什么我把信贷周期列为最重要的周期？第一，资本或者信贷，是生产过程中必不可少的重要组成部分，因此能否及时获得足够多的追加资本投入，在很大程度上决定了企业（和经济）的成长能力。如果资本市场关闭了，企业就很难筹集到资本来支持业务增长。

第二，企业和个人必须获得资本，才能在现有债务到期时进行再融资。企业通常不会全部还清债务，大多数经济单位，比如政府和消费者，也不会全部还清债务。很多情况下，人们只需要把到期债务滚动融资就行了，其实就是借新债还旧债。但是如果企业到那个时候不能发行新债券，账上现有的旧债券又到期了，那么企业就要违约了，就会因此被迫进入破产程序。现在的信贷容易得到还是很难得到，决定企业在某时点能不能滚动再融资最重要的因素。

很多企业的资产，本质上是长期资产（比如，建筑、机器设备、交通运输工具、信誉），但是企业通常通过发行短期债券来筹资购买这些长期资产。企业之所以这样做，是因为短期债务的借款成本最低。所以这种“借短投长”的安排，在大多数时候都运作得很好，这时信贷市场是开放的，而且完整地发挥作用。这意味着企业在债务到期时很容易滚动再融资。但是在不容易流动的长期资产与短期债务之间进行错配，有很大隐患，一旦信贷周期掉头向下，导致到期债务不能再融资，这种错配就很容易引发危机。这种典型的错配，要是正好遇上金融市场收缩，通常就会引发惨烈的金融市场大崩盘。

2007 年全球金融危机开始形成的时候，信贷市场冻结了，美国财政部采取了前所未有的非常举措，为所有商业票据提供担保。如果不是这样，这些债务工具，一般期限在 270 天以内，也许到期就不能滚动再融资了，会导致最强大的公司也面临违约。事实上，这种违约也许主要集中出现在少数大企业里，因为它们发行的商业票据特别多，一次发行几十亿美元，这些顶级公司都有很高的信用，所以很容易进入商业票据市场融资。（市场保持开放的重要性，以及到期票据能够滚动再融资的能力，突出表明认清净资产和流动性的本质区别很重要，企业账上仅有净资产不行，要花钱必须有现金才行。一家企业尽管非常富有，净资产规模很大，但是会陷入债务麻烦，甚至面临破产，因为企业没有现金又借不到钱，就没有足够多的现金来兑付到期的债务、票据和其他需要用现金支付的开支。）

第三，很多经济单位都依赖信贷市场才能顺利运行，而金融机构代表了其中一个特殊的、夸张的案例。其实，金融机构做的业务就是交易资金，比如存款是以低利率买入资金，贷款是以高利率卖出资金，需要渠道进行融资，以保持资金交易业务顺畅进行。由于买进的资金期限和卖出的资金期限经常不匹配，经常会借短贷长，所以金融机构成为长短期错配规模最大的集中地，很可能会完全崩溃。你想想看，比如，银行吸收存款，存款客户随时有权取走存款，然后银行用这些存款资金去做房产抵押贷款，再过 30 年才能收回来这些贷出去的资金。如果有一天所有存款客户都慌了，都跑到银行要求取出存款资金（“银行挤兑”），那么银行会成什么样子？银行如果没有渠道进入信贷市场紧急融资（也没有政府救援），就肯定没有足够多的资金一下子兑付所有存款，因此也只能违约了，也就一下子倒闭了。

第四，信贷市场发出的信号会产生巨大的心理影响。信贷市场关闭会导致恐惧扩散，其影响远远超过企业现实情况的负面程度。困难情况会导致资本市场关闭……而资本市场关闭会对企业造成负面冲击（同样也会影响市场参与者对企业的看法）。这种“恶性循环”是大多数金融危机的一个组成部分。

信贷周期运行过程

现在你应该基本了解信贷周期的特点和重要性了。我们要讲的下一个话题是为什么会出现信贷周期，是什么原因导致信贷有时更容易获得而有时不容易获得。

信贷窗口并没有自己的大脑，开放和关闭也不是自己说了算，而是与其他领域的发展密切相关。在投资备忘录《你不能预测，但你能预防》中，我讲了信贷市场扩张和收缩的来龙去脉，并且比较详细地做了解释：

> 信贷扩张和收缩的过程很简单：
>
> - 经济进入一段繁荣时期；
> - 资本提供者生意兴隆，增加了他们的资本基础；
> - 因为坏消息稀少，贷款和投资的风险看起来已经缩小了；
> - 风险规避消失了；
> - 金融机构开始扩大业务，也就是提供更多的资本；
> - 金融机构竞争市场份额，为此不惜降低要求（比如，降低利率），降低贷款标准，为一个特定交易提供更多资本，而且放松贷款协议条款。

在极端情况下，资本提供方融资给那些其实并不值得融资的借款人和项目。正如某经济学家所说的："最糟糕的贷款是在最好的时候做的。"这导致了资本毁灭，也就是说，投资于那些资本成本超过资本收益的项目，甚至投资于那些根本没有资本收益的项目。

信贷周期走到这步之后，上涨阶段结束，周期开始反转。

- 损失导致贷款人失去信心，变得畏缩戒备；
- 风险意识提高，随之而来的是利率提高、信贷限制提高、合约条款要求提高；
- 能够借到的资本变得很少，信贷周期进入低谷区，只有质量最高的借款人才能借到资本；
- 公司资金吃紧，变得渴望得到资本，借款人债务到期之后不能滚动融资，导致债券违约和企业破产；
- 这个过程会助长和加强经济收缩。

当然，发展到极端的情况，过程会再次反转。因为发放贷款或者投资的竞争程度处于低点，可以要求高收益率，同时要求借款人有很高的信用评级。在信贷周期走到这个极端时，手上握有资本的逆向操作者，就会尝试出手发放贷款或者购买债券以追求高收益率。如此高的潜在收益率实在很诱惑人，于是开始有更多的资本进入。就这样，一波复苏就逐步得到燃料，并逐渐形成。

有时候，人们急着要把资金放出去多赚钱，从而让信贷窗口大开。但是环境改变了，人们的态度也随之改变，人们不愿意把资金放出去，这时融资就变得难以获得。和本书讲的其他很多周期一样，关键在于读者一定要理解周期是如何实际运行的，特别是前一步如何引发下一步。

因此，我们全面深入地一步一步地解释信贷周期的运行过程，这非常重要，你必须深入领会才行。

但是，在投资备忘录《你不能预测，但你能预防》中，我进一步简化地描述了信贷周期的运行过程，只用了一句话，不到60个字。这句话抓住了信贷周期的基本特征，让人一下子看清楚了周期连锁反应的特征：

> 经济繁荣带来信贷扩张，信贷扩张导致不明智地滥发贷款，滥发贷款产生重大损失，重大损失让贷款人停止发放贷款，贷款停止就让经济繁荣中止了。就这样一环扣一环，连锁反应无休无止。

市场就是一个拍卖行，谁出的价格最高，谁就能买到东西。金融市场跟拍卖行一样，做投资的机会，提供信贷的机会，谁愿意为这些机会出价最高，谁就能得到。大家为抢到机会争抢着出高价，从而推高价格水平——从金额来看价格更高了，从估值指标来看价格也更高了（比如市盈率更高）。在信贷市场上，高价格或者高估值水平，可以直接被翻译成债务工具低收益率。最后，也像拍卖一样，通过竞拍得到资本提供机会者，是那个愿意付出最高代价，即接受最低收益率的贷款机构。

我在2007年写的投资备忘录《逐底竞争》主要讲的就是，在顺风顺水的好时候，资本提供者如何急于扩大业务规模，以及这样做有什么影响：

> 你这样想就容易多了，把资金看作商品。每个人的钱都是完全一样的，所以其实借谁的钱都一样，关键是借钱的价格，即利率。

由于金融机构努力想扩大贷款规模以增加利息收入，私募股权基金和对冲基金努力想扩大管理资产规模以增加管理费收入，所以大家都想扩大业务规模。你如果愿意放出更多的资金，也就是说让更多客户来找你借钱融资，而不是找你的竞争对手借钱融资，就必须让你的资金更便宜。和其他商品一样，低价竞争是增加市场份额的最可靠路径。

降低你的资金价格，有一个方式是降低你发放贷款所收的利率。一个更微妙的方式是，同意支付更高的价格买进你想要买的东西，比如，在二级市场买流通股时同意支付更高的市盈率，或者你在收购企业时同意支付更高的交易总价格。不管怎么说，它们实质上都是一样的，你都不得不接受更低的预期收益率。不过，还有其他方式也能让你的资金价格更加便宜。而这些降低资金价格的方式，正是这份投资备忘录的主题。

对于债务来说，合同条款规定很重要。条款规定得太松，会给贷款人增加风险。例如，贷款人想要有保护性条款，限制企业参加某种活动的介入程度，以免增加现有的风险水平。这些条款也许会是：限制借款人承担的总债务规模，限制借款人用现金支付股息的规模，要求保持某最低数量的净资产规模。但是，特别是在信贷市场过热的时候，债务的“最好卖家”，也就是最急切的贷款机构，也许会愿意接受限制条款更少的借款合同，因此会承担更大的风险。

这和拍卖一样，最终得到放出贷款的机会或者购买一个固定收益证券的机会的资本提供者，是那些既愿意接受最低收益率又愿意接受最危险合同安排的金融机构。如果现在市场态度是风险规避为主，贷款机会需求相对于贷款机会供给来说是合理的，供需基本平衡，那么出价经常是谨慎的。但是，如果现在市场的态度是风险容忍主导，贷款人纷纷争抢着渴望得到发放贷款的机会，出价的竞争就会变得过热。这样，像拍卖一样，拿到发放贷款机会可能意味着代价过高：收益率过低或者风险过高，甚至是收益率过低而且风险过高。因此，在信贷市场或者在其他市场，一场过热的拍卖可能会造成表面上的“赢家”其实是输家。我把这个过程称为逐底竞争。

相反的情况是，有时候，报名参加拍卖的买家数量只是少数，前来参加拍卖的少数买家，确实只在价格极低时才有兴趣买入。在拍卖过程中，出价陷入停止。成交结果是价格很低，收益率高得令人吃惊，贷款合同条款能为贷款人提供极好的保障。过去那种过热的市场氛围造成逐底竞争，相反，在现在这种冰冷的市场气氛下，没有人急着想要发放贷款，反而能创造出真正的大赢家。

信贷窗口打开的程度，几乎完全取决于资本提供者急于报价，还是沉默不语、按兵不动，而这又深刻地影响着经济、企业、投资人，以及由此产生的投资机会的预期收益和风险。

> 短期内，慷慨的资本市场就会产生效应，能让更多企业以更多理由拿到更多钱，而且利率更低，限制条款更少。这自然会引发更高水平的兼并、收购、企业扩张（更不用说把收购的企业快速再次资本化，而因此获得非常高的短期收益率了）。短期内，慷慨的资本市场就会推动整个市场的金融行为升到高水平。
>
> 慷慨的资本市场短期内还会产生另外一个效应，就是预先阻止实力虚弱的企业财务收缩。如果贷款人很严格，合同条款规定得很严，企业若经营上出现问题，就会很快导致“技术违约”（违反合同条款）和“资金违约”（不能按期支付利息和本金）。但是

以下几种更加宽松的环境，能预先阻止实力虚弱的企业财务收缩：合同限制条款宽松，甚至根本没有；借款人可以选择，把用现金支付本息的债券转换为实物支付债券（payment-in-kind bonds）[利用最近的一个创新"延期偿还债券"（toggle bonds），即债券发行人可以选择延期支付利息，为此向债券持有人派发额外的债券作为补偿，且利率更高]；借款人能够筹措到新资金，这样就可以用借新债还旧债的方式推迟债务结算日期。

很多预先受到阻止的违约，最终还是无法避免的，该来的还是会来，只是晚来了一些时候，但是公司此时的杠杆更高，跌得更惨。可以肯定的是，资本市场愿意融资给那些本来不太值得融资的企业，最终导致企业遭受的痛苦比不融资还要大。因此，如果其他所有事情都一样，经济周期上一个阶段越繁荣，下一个阶段就越萧条，资本市场周期在上行阶段越是过度上涨，到后面的下行阶段就越是过度下跌，涨得越多，跌得也越多。什么时候涨，什么时候跌，会涨多少，会跌多少，具体时间和具体幅度从来无法预测，但是不断涨跌起伏的周期循环发生，是我所知道的最不可避免的事情。（2007 年 2 月，投资备忘录《逐底竞争》）

信贷周期的冲击

本书讲的一个重点是，一个周期中的事件对其他领域及其他种类周期的影响程度。在这一点上，没有其他周期比信贷周期的影响程度更明显了。

我在 1998 年 10 月写的投资备忘录《光有天才并不够》，所谈的主题是长期资本管理公司。我在文中写道："下一次有危机发生的时候，好好看看周围；你可能会发现一个贷款人。"过于宽容的资本提供者，经常会助长金融泡沫的生成和发展。最近无数的案例表明，宽松的资本市场助长大牛市，而大牛市后面紧随的就是著名的大崩盘：1989 年到 1992 年的房地产；1994 年到 1998 年的新兴市场；1998 年的长期资本管理公司；1999 年到 2000 年的影视展览行业；2000 年到 2001 年的风险投资基金和电信企业。在每个案例中，因为贷款人和投资人提供了太多便宜的资金，结果造成过度扩张和巨大损失。在电影《梦幻之地》（*Fields of Dreams*）里，有人告诉雷·金塞拉（凯文·科斯特纳饰演）："你建好了，人就会来。"在金融世界里，你提供更便宜的资金，就会有人来借钱、买东西、搞建设，而且往往没有自我约束，越搞越大，从而导致后果很严重，贷款人和投资人损失惨重。

资本周期对科技泡沫的贡献极大。风险投资基金提供了大量资金，导致过多的公司创立，而这些初创公司没有合理的业务，也没有盈利前景。股票市场对新股发行的狂热需求，导致那些热门股像火箭般飙升，这让风险投资基金能够报告三位数的收益率，从而吸引更多要求快速安排使用的资本。资本市场的慷慨，让电信企业签订了建设需要巨大资本投入的项目合同。此时电信企业尽管只拿到一部分融资，但它们心里却很有把握地认为，随着项目建设的推进，以后肯定会拿到更多融资，而且以后发行股票的市盈率会更高，贷款的利率会更低。这种十拿九稳的融资心态，导致电信公司建设的光纤通信能力远远超过当时的需求，很多光纤到现在还闲置在那里。投资到这些项目里的资金，很多可能永远都收不回来了。很容易得到钱，经常导致资本毁灭。

> 做投资的时候，我养成了这样的习惯，我不太关注未来的经济状况，我可以肯定地说，我对未来经济不可能知道得比别人更多，但是我非常关注未来的资本供给与需求情况。提前做好投资布局，重仓布局对手少且不拥挤的投资领域，能给我们带来巨大的优势。你参与人人争着往里面扔钱的投资领域，意味着踏上了一条必然通向灾难的道路。（2001 年 11 月，投资备忘录《你不能预测，但你能预防》）

重申一下，上面所谈的这些关于周期过程很长又很重要的描述，可以精炼为简短的一两句话，我在 2004 年 7 月写的投资备忘录《良好平衡》中就提供了另外一个证据：

> 一次又一次地，资本提供者开水龙头开得太大了，或者关水龙头关得不太紧，做得太过头了。有时候，一个人想要多少资本，就能得到多少资本，而且只要随便找个理由就行；有时候，即使最有资格融资的借款人，也不能得到合理数量的资本，去做非常值得投资的项目。资本市场的行为是巨大的指示器，告诉我们现在处于心理周期的位置，而且资本市场的行为又是导致资本市场提供投资便宜货的最大促进因素。

我在这份投资备忘录里，继续讨论信贷周期如何助长过度的市场上涨或下跌：

> 要找到市场走到极端的理由，我们经常需要像回放录像一样，回顾几个月前或者几年之前的信贷周期。很多疯狂肆虐的大牛市之

火，都是因提供资本的意愿大幅高涨而被煽动起来的，而这样的项目和投资往往是不理智的。同样，大多数大崩盘发生之前，资本市场完全拒绝提供融资给某些企业和行业，甚至所有想要借钱的人。

接下来我的目标是描述信贷周期的影响。为了实现这个目标，我会再次回到全球金融危机，因为它提供了最好的教学实例。

20 世纪 60 年代后期，我还是一个菜鸟证券分析师，但已经强烈地意识到了经济运行有周期，也意识到了企业盈利随着经济周期波动而相应地起伏。尽管我还有很多东西要学，但是我已经知道一点儿心理和风险态度的周期波动，以及心理周期和风险态度周期的重要性。但是当时我几乎没有认识到信贷周期所扮演的角色和运作方式。简单地说，事非经过不知难，投资世界的大多数现象，你除非亲身经历过，否则很难真正理解。做了 50 多年投资，现在我可以下一个结论，信贷周期真的非常重要。事实上，每当有人问我 2007 年到 2008 年的全球金融危机发生的原因时，我会把信贷周期放在第一位。

人们选择用“全球金融危机”来命名 2007 年到 2008 年的痛苦经历，反映出这样一个事实，这场危机本质上是一个金融现象，几乎完全由在金融市场中发生的事件引发，而没有一个主要原因是由经济或者其他方面产生的。这场影响范围极广的全球金融危机，是以下金融界的态度和行为因素所导致的：

- 最根本的原因是，投资人对待金融风险的态度太过容忍了；
- 对金融风险毫不在意的态度，又由于对高收益投资工具的强劲需求而一步加剧，而这种对高收益投资工具的强劲需求则是美联储降低整体利率水平的结果。

- 以上两个因素和其他因素一起，导致投资人太愿意接受创新金融产品，太愿意全盘接受根据历史数据简单推断出的结论以及其他乐观的假设，而正是基于这些假设，人们开发了这些创新产品。
- 抵押贷款支持证券，在这些金融创新中占据主导地位，导致市场抵押贷款的需求快速增加，因为这些新型证券都是在抵押贷款的基础上构建的。
- 需求快速增长，让抵押贷款的销售更加顺畅，让发放抵押贷款的贷款机构随随便便地选择潜在的房屋购买人——他们发放贷款的对象。因为房屋抵押贷款的创设人不会保留他们创造的这些抵押贷款，所以他们不需要担心这些抵押贷款的稳健性、可靠性。这就形成了一股滥发抵押贷款的潮流，其中一个极端的例子是，市场创造出来"次级"抵押贷款这个新类型，专门针对那些不能满足传统贷款标准下就业和收入规定的借款人，或者那些宁愿支付更高利率而不是提供就业和收入证明文件的借款人。事实上，那些不合格的借款人能够借到大量贷款，本身就是一个非常明显的指标，表明信贷市场环境已经是非理性繁荣了。
- 贷款机构在发放抵押贷款时，对借款人做的尽职调查非常松懈，房屋购买人能够得到慷慨大方的次级贷款融资，结果能够买得起房子的美国人一下子多了很多，比在历史最高水平时还要多，其中包括那些按照过去严格的传统抵押贷款标准来看根本不可能拿到房贷的人。
- 大量次级抵押贷款支持证券需要评级，而这些评级业务给评级机构带来了巨大的利润。受到这么大的诱惑，信用评级机构（要么是太天真，要么是太贪婪）为了争抢业务，纷纷提供经过夸大注水的评级，结果形成了一场评级机构的逐底竞争。

- 能够买得起房的人的数量大幅度增加，是因为短期利率水平很低的推动力量，而且抵押贷款发起人忽然发现，可以利用还款初期低月供这个方法使发放贷款规模最大化。这就助长了浮动利率贷款的广泛使用，贷款机构为了诱惑新客户答应初期给予他们“特别优惠”的利率。很明显，这些不固定的利率给借款人带来了潜在危险，因为一旦优惠期到了，后期利率就会提高，月供就会大幅增加，他们明显承担不起还款后期的高月供。但是借款人会得到保证，感谢慷慨的资本市场环境，他们能够用房子再融资，借新债还旧债，再借一笔新的房屋抵押贷款，再次享受次级贷款市场的初期特别优惠利率。
- 投资银行急切地想要把大量次级抵押贷款作为原材料，像把面包切成薄片一样进行信用分级，转化成不同分级的抵押贷款支持证券，这样整体来看这些证券能够得到最高的平均信用评级，好让它们的销路最大化。投资银行对这种行为充满了热情，而且正好赶上“金融工程”备受青睐的好时机，可以让次级贷款信用分级之后的评级提高，后来事实证明，这些信用评级根本不靠谱。这些经信用分级之后包装出来的次级抵押贷款支持证券，在压力下的表现非常糟糕，完全不符合评级机构给出的高信用评级。
- 投资银行创造并销售这些次级抵押贷款支持证券，并愿意保留结构化分级的劣后份额，目的是促进大量发行，或者只是因为想要持有高收益资产（也就是说，甚至尽管这些投资银行很清楚自己制造的这种产品毒性很大，却并不在意和客户一起持有）。其他银行充分利用允许法律准许的高杠杆优势来创造资产，享有非常

> 丰厚的利差，所用的办法是使用低成本借款，购买结构化抵押债券有风险但高收益的劣后份额和次级债。

从以上内容中你可以看出，全球金融危机构建的基础环境都是金融体系和信贷周期内生的。那些构成全球金融危机基础的发展变化，既不是整个经济体系大繁荣导致的，也不是企业盈利普遍大涨导致的。这些关键事件并没有发生在整个企业环境或者范围更大的世界环境中。相反，全球金融危机大体上是一个金融现象，完全由那些金融玩家的行为所导致。创造这种周期的主要力量是：十分容易得到的资本；缺乏足够的经验和足够的谨慎，以致不受约束和制约的热情泛滥于整个过程中；非常富有想象力的金融工程；贷款决策和贷款保有分开；不负责任和露骨的贪婪。

不过，有一点必须注意，那些当选的官员急于让更多的人实现拥有自己房子产权的美国梦。这些官员天真地认为，如果让每个人都能够买一套房子，那么事情简直太棒了，由此引发一连串连锁反应。2002年10月，时任美国总统的乔治·布什在发表演讲时，再次重复引述了一位朋友和他所说的话："对于第一次买房的人来说，并不一定非得买个很差的房子，如果足够用心，第一次买房的人，低收入的买房人，也可以买一个和别人一样好的房子。"我想知道，2002年那些亲耳听到美国总统这种说法且非常认同它的那些人，现在会不会觉得美国总统的这番话说得根本不合逻辑。

国会议员巴尼·弗兰克，原来是扩大住房自有产权比值政策最坚定的支持者，受到全球金融危机打击之后反省说："拥有自己的房子本来是一件好事。但是在现在的社会推行这件事，让我们犯了一个大错误。因为现在，确实有些人不应该被允许去借钱买房子，而我们推动那些本来不应该借钱买房的人借钱买房。”（你一听就知道，那些政客的说法也是周期性的。）

换句话说，这些为全球金融危机打下基础的事件，几乎都和资金有关。大家纷纷追逐赚钱的机会，带来一波周期强劲上行。资金可得性反映的是经济现实，约束限制资金可得性的也是经济现实，而经济现实却往往受到忽视。通常，小心谨慎和风险规避会压制市场参与者提供资金的意愿，现在基本上都消失不见了。因此，资本周期上行到了非理性的极端，其后果基本上是可以预见的

周期上行达到极端，即涨到最高点时，往往不可能一直待在那里直到永远。有时候，市场修正是由于自身重量太大而让自身回落的，有时候则是市场周期外部发生的事件所引起的。2007 年到 2008 年这场全球金融危机，更多的是属于前一种情况。就像为全球金融危机打下主要基础的金融事件一样，市场的崩溃瓦解本质上也完全属于金融事件，尽管崩溃的第一步来自“真实世界”。

- 最有影响的事件是，2006 年，使用次级抵押贷款买房的借款人开始大量违约。有些借款人在最初拿到贷款时，根本不用证明他们有还款能力，后来的事实证明他们根本没有还款能力。有些贷款是通过欺诈拿到手的，申请贷款时编造的借款人后来都消失了。其他有些贷款是零首付，整个房屋购买总价全部用贷款支付，其实就是允许房屋购买人去赌房子会继续升值，却不用拿自己的一分钱去冒险，一旦房价停止上涨，房屋的买主马上就放弃还贷，银行只能收回贬值的房屋产权，承受重大损失。
- 不管原因是什么，次级抵押贷款支持证券能够获得高杠杆和高信用评级，靠的都是分析历史长期数据所推出的结论——不会发生

全国性的抵押贷款违约潮。后来的结果表明这个结论根本靠不住。事实证明，这些住房抵押贷款决策做得一点儿也不理智，太过于依赖历史数据了。重要的是，发放贷款机构和投资人都忽略了这种违约概率，由此导致贷款行为变得非常随意，以至这种滥发房贷的行为本身和历史根本不相关。

- 大量的抵押贷款违约，导致抵押贷款支持证券的信用评级下调，借款人因违反合同限制条款，无法按时还本付息而违约。
- 抵押贷款支持证券的评级下调，借款人违反合同条款，不能按时还本付息，导致市场价格暴跌，从而引发投资人丧失信心。这又进一步导致这些金融工具的市场流动性干涸。
- 那些买家让市场暴跌吓得心惊胆寒，躲在一边，不敢出手了。那些持有人也让市场暴跌吓坏了，更加急切地想要卖出离场，或者由于需要追加保证金只能被迫平仓卖出，结果抵押贷款证券的价格螺旋式向下暴跌。
- 新的法律法规已经推出了，目的是增加透明度，要求银行的资产必须“按照市值计价”。这些负面的发展变化，正好迎头撞上这些新规。可是市场价格像自由落体一样快速下跌，流动性根本不存在，无论用什么样的市场价格来与这些证券计价对账，投资人都没有信心。银行若把资产按照市价计价而调低其资产的账面价值，以达到合适的稳健保守水平，那么财报就会出现巨大的资产损失。投资人看到这样的财务报告，自然会极度震惊，进而导致价格进一步下跌。就这样一环接一环，一个坏事导致另一个坏事，情况越来越糟。
- 在很多情形下，银行的生存都成了问题。很多银行不得不被其他银行并购（这需要在政府的支持下才行），或者接受政府救援。

- 当一家银行因无法正常兑付而让其他银行并购时（1 美元的账面资产只能卖到几美分），每发生一次这样的事情都会进一步削弱投资人的信心。此外，这些银行之间盘根错节的关系，引发了市场严重的担忧情绪：幸存的银行存到其他银行的同业存款还靠得住吗？到期能拿回来吗？"合约对手风险"成了让市场担心的最新问题之源。
- 银行财务报告出现巨大亏损。信贷违约掉期的价格上升——它是被用来对赌银行信用程度的——意味着，银行无力偿付债务的破产概率增大了。投资人马上做出反应，猛抛银行股，并向下打压银行股价格。卖空机构不断地卖空，进一步加大了银行股下行压力，让投资人的悲观预期自行实现，预期越悲观，银行越会卖出，卖出得越多，跌得越多，而跌得越多，导致预期更加悲观，从而进一步加剧了这种恶性循环。
- 最终，雷曼兄弟四处求救，可是其他银行拒绝收购，政府也拒绝出手救援，结果它只能宣告破产。雷曼兄弟的倒下，再加上其他很多令人不安的事件同时发生，从而导致一片恐慌。
- 2007 年年中，市场对抵押贷款问题做出负面反应，但是忽视了传染到其他领域的潜在可能性，没有想到问题的涉及面会这么大、这么严重，到 2008 年年末，每个投资人对每种资产都没有信心了。除了国库券和黄金之外，所有资产的价格都崩盘了。
- 投资人用借来的资本做投资，"加杠杆"或者"保证金交易"[①]，看到自己账户里的资产市值直线下跌，银行要求他们追加投入资金以降低杠杆。投资人找不到钱，向银行申请宽限一段时间，银行

① 保证金交易，中国香港叫孖展，内地俗称配资。——译者注

也很缺钱，一般都不会答应。结果，银行在低位强行平仓大量卖出，进一步加大了价格下行的压力。

- 资本市场在这种情形下，“砰”的一声猛然关上大门。这意味着，任何人想要拿到新的融资几乎不可能了，金融市场的所有板块都拿不到融资，即使那些和房屋与抵押贷款毫不相关的板块也是如此。
- 以上所列的这些情况综合在一起，导致所有的经济单位都收缩了，拒绝买入，拒绝投资，拒绝扩张。整个经济大收缩，被人们称为“超级大萧条”。

在2008年结束前的15个星期里，信贷周期走到了极端，下行之势看起来势不可当。极少有人能想象会有什么力量能够阻止信贷周期继续下行，正如上一章所描述的那样；也极少有人能够明白，那些假设的世界末日怎么可能成真。大家都觉得，全球金融体系要彻底大崩溃，真的，它很可能发生。

> 关键是潜在资本提供者愿意提供资本的意愿，任何一天都会发生剧烈的变化，从而对经济和市场造成巨大影响。毫无疑问，最近的信贷危机实在是糟糕透了，因为整个信贷市场都冻结了，你到哪里也融不到资，只能去找政府。（投资备忘录《打开与关闭》）

我真的相信，整个金融体系完全崩溃，后果就像美国20世纪30年代大萧条一样悲惨，这件事本来是会发生的。时任美国财政部部长提莫西·盖斯纳所写的回忆录《压力测试》，就证实了这一点。不过，幸运的是，美国政府采取了有力措施。这些措施包括：为商业票据提供担保，也为货币市场基金提供担保。美国政府为银行提供了紧急财政援助，但不是所有银行都有。雷曼兄弟破产表明，政府对不同银行区别对待，有些银行值得政府救助，有些银行不值得政府救助。恐慌的市场参与者相信，雷曼兄弟倒掉之后，接下来倒掉的银行会是摩根士丹利，再接下来倒掉的银行会是高盛，一个接一个地，直到全部银行都倒掉。这种螺旋式下跌趋势最终得到遏制，日本的三井住友银行集团获批，并投资 90 亿美元收购摩根士丹利 20% 的股份。

重要的是信贷市场的事件最终表明，周期不会沿着一个方向永远走下去，即使是遇到巨大灾难性事件，也不会一跌到永远。债券价格一度像自由落体一样连续暴跌，从 2008 年 9 月 15 日雷曼兄弟破产那天开始一直跌到2008年年底，连续下跌15个星期。可是，2008年过去之后，一波坚实市场复苏的主要条件已经具备了：

- 杠杆过大的基金，收到追加保证金的要求后，要么向投资人要求追加投入购买更多基金份额或者卖掉一部分资产，这样去杠杆之后，就能达到贷款机构的要求继续维持下去，要么是基金倒掉清盘了。能活下去的都活下去了，活不下去的都倒掉了。
- 基金经理和投资经理在收到客户想要在年底赎回基金的通知之后，要么设置“门槛”来延缓客户赎回，要么卖掉一些资产，拿到足够多的现金，满足客户赎回的要求。
- 固定收益证券的价格跌到底了，意味着预期收益率非常高，投资人卖出就太不合算了，买入开始变得很有吸引力。
- 最终，市场参与者表示，现在市场上普遍都是负面心理，反正事情已经坏成这样，“再坏也坏不到哪里去了”，他们也不想再恐慌性地卖出了——所有的乐观主义都吓跑了，到处都是恐慌性的风

> 险规避。此时价格可能跌到底了。于是，价格开始停止下跌，人们开始感觉不那么紧张害怕了，一波市场复苏的潜力开始积聚起来。

2009 年的第一个季度，债券市场报价继续下跌，镇静、信心以及买入力量的“根基”，还有待完全恢复。但是在这一年开始时，因为以上所列的因素，投资人大量买入的能力已经枯竭了。进入第二季度，投资人买入的兴趣开始逐步显现出来，也许因为不良债权的买家开始意识到，他们收缩得实在太过头了，一想到自己要去“抓住跌落的小刀”就胆战心惊，而现在能卖出的都卖掉了，没有人再卖出了，由此造成卖单稀缺，价格跌不动了，不用再害怕抓住跌落的小刀了。这就促成市场一波强有力的回升。

全球金融危机表明，信贷周期正处于大萧条以来的底部。债务市场一直以来以普遍的保守主义为标志，意味着过度上行受到限制，所以大多数泡沫都发生在股票市场。当然，美国股市早在 1929 年就发生过大崩盘。

但是，高收益债市场在 20 世纪 70 年代后期被创立后，开启了债务投资自由化运动，此后 30 年普遍有利的经济环境，提供给那些敢于冒险的人整体而言收益颇丰的体验。这两个因素综合起来，形成一股强劲的趋势，投资人逐步接受低评级和非传统的债务工具。

其间有几次，债务市场表现得非常疲软——1990 年到 1991 年（这和 20 世纪 80 年代涉及高杠杆并购的很多企业宣布破产有关），以及 2002 年（电信企业过多借款进行过分建设导致其债务信用评级大幅下调，又正好赶上几家著名的企业爆出财务丑闻）。但是这几次的债务市场疲软所造成的影响有限，其原因都是一些孤立的事件，但是 2007—

2008年就不是这么回事了，金融市场见证了第一次债务所引发的广泛传播的大恐慌，且波及整个全球经济体系，因此可以说，全球金融危机提供了一个终极案例，告诉我们信贷周期的影响力究竟会有多么巨大。

~~~

正如我在《打开与关闭》那份投资备忘录中所描述的，资本市场的运作其实很简单，资本市场传递的信息人们也很容易领会。一个紧张不安、小心谨慎的信贷市场，其产生的原因、导致的后果、暗示的真相，就是下面所列的这些事情：

- 害怕亏钱；
- 提高风险规避和怀疑主义；
- 不愿意把钱贷出去，也不愿意把钱投资出去，不管机会有多么好；
- 到处都缺资本；
- 经济收缩和债务再融资困难；
- 违约，破产，重组；
- 资产价格低，潜在收益高，风险低，风险溢价过高。

以上这些因素综合在一起，向我们指明这是一个投资的绝好时机。不过，因为恐惧和风险规避在创造绝好投资机会中扮演着重要角色，所以当恐惧和风险规避正在发威的时候，大多数人会远离投资。当资本市场周期即信贷周期向下走的时候，负面影响很大，市场都是不利的消息。这让大多数人都很难出手投资，而恰恰在这个时候，投资的潜在收
~~~

益率相当丰厚。

相反，一个慷慨的资本市场往往伴随着以下现象：

- 害怕错过赚钱的机会；
- 减少风险规避和怀疑主义（也相应减少尽职调查）；
- 数量过多的钱追逐数量过少的交易；
- 愿意加大购买证券的数量；
- 质量低的证券也愿意购买；
- 资产价格高，潜在收益低，风险高，风险溢价微薄。

一看这份清单所列的因素，你就会明白，资本市场的过度慷慨起源于缺乏审慎，因此这时应该给投资人一个最明显的红色警告。资本市场窗口大开会出现在这个时候：市场都是好消息，资产价格上涨，乐观主义高涨，看起来一切皆有可能。但是，这种情况总会带来一大批不靠谱又定价过高的证券发行上市，导致企业债务水平过高而最终毁灭企业。

关于新发行证券的质量，在一个窗口大开的资本市场，我们应该特别注意。风险规避降低和怀疑主义减少，更多地关注赚钱机会而不是避免损失，不仅让投资人对证券发行数量过大持开放态度，而且会造成尽管最近发行的证券质量降低，投资人也愿意购买的现象。

信贷周期处在扩张阶段的时候，新发行证券的统计数据清楚地表明，投资人买进新发行证券的数量更多了。但是接受更低质量的证券这件事，还是更加敏感一些。尽管有信用评级和协议条款可供查阅，我们还需要下功夫进行推理，才能明白这些事情的重要性。由于资金可以很容易地获得，大量资金流向证券市场，

> 为市场的狂热火上浇油。认识并抵抗这股浪潮，明显超过了大多数市场参与者的能力。这个原因再加上其他众多原因就能够说明，为什么一个过度慷慨的资本市场会产生非常严重的后果，其中包括投资亏损、经济收缩、贷款机构不愿意发放贷款。
>
> 以上所述的关键是：过度慷慨的资本市场经常伴随资产价格上涨以及此后的资产价格下跌，并引发投资亏损，而信贷紧缺会产生跌到地板价的便宜货和伟大的投资机会。(《打开和关闭》)

~~~

本书最终的目的不是在周期发生之后帮你搞清楚前因后果，就像我们前面花了这么长的篇幅分析全球金融危机一样。相反，本书最终的目的是，让你能够感觉到我们现在正处于各种周期的位置，并以此为基础分析应采取的行动。

和信贷周期打交道，关键在于识别信贷周期到达顶点时候的情况：事情都进展良好，有一段时间了，传来的都是好消息，风险规避低，投资人都渴望投资。这让借款人筹集资金很容易，从而导致贷款机构、债券投资人争抢提供这些资金的机会。其结果就是：融资变得便宜，信贷标准降低，做融资交易没有好处，不理智地进行信贷扩张。牌在借款人手里，不在贷款人手里，也不在投资人手里，因为这个时候信贷窗口大开。此时，市场所传达的含义应该很明显了：务必谨慎前行。

完全相反的一面真的出现了，因为这时周期走到了另外一个极端。信贷周期下行到最低点，在这个时候，事情的发展变化令人不高兴，风险规避提升，投资人心情沮丧。在这种环境下，没有人愿意提供资本，信贷市场冻结了，计划好的证券发行无人问津。这把牌又回到了资本提
~~~

供者的手里，而不是在借款人手里了。

因为这时借钱很难，借款人通常拿不到资本，那些手上有资本又愿意把资本拿出来的人，就能运用严格的审核标准，坚持坚实的贷款结构安排和保护条款，并要求高预期收益率。正因如此，投资人获得了安全边际，而安全边际是卓越投资所必需的。当上述这些情况出现时，投资人应该转变为积极进攻的投资模式。

卓越的投资并不是来自买的资产质量好，而是来自买的资产性价比高——资产质量不错且价格低，潜在收益率相当高却风险有限。满足这些条件的最佳买入机会，多数是在信贷市场处于其周期中不是那么兴奋地扩张，更多的是恐惧地收缩的阶段。信贷周期猛地关上大门的阶段，最有助于形成到处都是便宜货的情形，比其他任何因素的作用都要大。

10

不良债权周期

企业如果经营状况不佳，并继续这样下去，就会还不上借来的钱。很少有贷款人和债券买家会轻率地把钱借给这样的不良企业。就像我前面所说的，在清醒的时候，贷款机构和债券购买人坚持要有足够大的安全边际，以确保借款人即使情况恶化，也能还本付息。

但是随着信贷市场火热起来，也就是逐底竞争开始，这时贷款机构渴望赶快把款贷出去好多赚钱，就会为不太值得投资的借款人提供贷款融资，接受不够稳健的债务结构，从而导致新发行的债券缺乏足够的安全边际，情况稍微变坏，借款人就很难按期还本付息。这个过程，我们前面说过，就像是“在火炉面前堆木头”，接下来一场大火就要来了。

我非常荣幸，30 多年前能和布鲁斯·卡什搭档。1988 年，我们俩一起创立了花旗银行第一只不良债权基金，我相信这也是主流投资机构推出的第一只不良债权基金。这让我们进入了一个高度专业化的投资利基市场。

我们的不良债权投资基金所投资的企业，不是那些做得很好的企业，也不是那些有光明前景的高成长企业，我们一般投资的都是那些烂企业，它们做得实在太糟糕了，以致连发行在外的债务都无法按期还本付息，因而构成了债务违约；或者投资的是我们认为有很大可能会债务违约的企业，这些企业要么正在走破产程序，要么正在走向破产。这里我要说清楚，我们投资的企业，一般来说并不是在业务运作上遇到了困难，只是因债务负担过重在财务上遇到了困难。因此我们的投资魔咒是“好企业烂财务”。

一般来说，投资人购买固定收益证券或者贷款，是因为他们预期会定期收到利息，债务到期时能收回本金。可是对于不良债权，市场达成了共识，这家公司不会按约定付息和到期还本。那么，如果预期不会按期还本付息，投资人购买不良债权的动机何在？

答案是如果企业不按期还本付息，那么债务持有人有权向法院提出“破产申请”以清偿债务。简单地说，一家企业进入破产司法程序，法院就会剥夺企业股东的所有权，原来的债权持有人成为新公司的所有人，一下子从债主变成企业主了。每个债权人都能分到一份企业的破产清算资产价值，具体数额取决于其持有的债权数量和优先级，有时候得到的资产是“三合一”：现金、存续企业的新债务、存续企业的股权。

不良债权投资人试图搞清楚以下三点：这家破产企业值多少钱（或者说这家企业脱离破产的时候能值多少钱）；这家企业的价值会在公司债权人或者其他索赔人之间如何进行分配；这个破产清算过程要持续多久。如果这三个核心问题有了正确的答案，投资人就能算出来，以某价格购买这家破产企业的一部分债权，能够得到的年化收益率是多少。

我们早在 1988 年就开始搞不良债权投资了，当时有极大的优势，因为只有几个竞争对手，这个领域几乎不为外人所知——这两个条件有助于你在任何领域获得丰厚的回报。我们的基金从 1998 年到 2016 年一直能够获得远远高于平均收益率的业绩。但是，和其他很多事情一样，平均值的作用有限。我们在欠佳的时机创设的基金业绩虽然表现良好，但是我们在合适的时机成立的基金业绩才是最好的。

换句话说，在不良债权投资上获得顶尖业绩的机会来了又走了。既然本书的主题是周期，我在这里也要分析一下，是什么因素导致不良债权投资机会起伏不定。你肯定不会感到意外，答案就藏在不良债权周期的波动之中。那么，又是什么因素导致了不良债权周期的波动？

~~~

在不良债权上投资获利的机会是高度周期性的，取决于其他周期的发展变化。因此，不良债权周期可以被作为例子来说明周期是如何运行的。

刚开始的时候，也就是在 1988 年、1989 年、1990 年年初，受益于不良债权投资经常受到忽视，我们的不良债权基金业绩相当好。但是到 1990 年下半年，低于投资级的债务市场崩盘了。我和布鲁斯·卡什合作管理不良债权基金投资，一起经历过三次大危机，这是我们第一次遇上大危机。这场大危机创造出很低的购买价格，让我们的基金业绩在 1990 年能够超过市场平均水平。此外，这场危机对我们很有教育意义，让我们第一次隐约地感受到不良债权市场上最佳投资机会的形成，基本上是一个什么样的过程。

创造不良债权投资机会有两个因素必不可少。第一个因素是“不理智的信贷扩张”。我们在上一章讨论过信贷周期，相信你应该已经明白我想说的是什么了，你应该也知道信贷周期是如何发展变化的。我以高收益为例解释一下：
~~~

- 一开始，具有适当风险规避态度的投资人，应用严格的信贷标准对待新发行的高收益债。
- 健康良好的经济环境有助于债券顺利发行，也让那些发债企业很容易为现有的债务按期还本付息（这意味着违约现象极少发生）。
- 因此，高收益债既能支持慷慨的利息，又极少出现违约伤害投资人，所以高收益债为投资人实现了十分稳健的投资收益。
- 这些实现的投资收益让投资人相信，高收益债投资是安全的，吸引了更多资本进入高收益债市场。
- 进入高收益债市场投资的资本增多，转化为对高收益债的需求增长。因为华尔街从来不会允许市场的需求得不到满足，这不是放着钱不赚吗？结果证券公司大量增加高收益债券的发行量。
- 强劲的市场需求，导致高收益债券发行数量增多，同样也允许那些资信不足的债券被发行出来。

企业如果经营状况不佳，继续这样保持下去，就会还不上借来的钱。很少有贷款人和债券买家会轻率地把钱借给这样的不良企业。就像我前面所说的，在清醒的时候，贷款机构和债券购买人坚持要有足够大的安全边际，以确保借款人即使情况恶化，也能还本付息。

但是随着信贷市场火热起来，也就是逐底竞争开始，贷款机构渴望赶快把款贷出去好多赚钱，就会为不太值得投资的借款人提供贷款融资，接受更加虚弱的债务结构，从而导致新发行出来的债券缺乏足够的安全边际，情况稍微变坏，借款人就很难按期还本付息。这个过程，我们前面说过，就像是“在火炉面前堆木头”，接下来一场大火就要来了。

但是这只是整个过程的上半场。即使木柴已经堆好了，要点燃一场大火，这也还不够，还得有另一个材料才行：点火器，即第二个因素。点火器通常来自一场衰退，衰退导致企业盈利下滑。而经济衰退和企业盈利下滑通常伴随着信贷短缺的出现，信贷窗口“砰”地猛然关闭，导致企业现有债务到期不能得到再融资，结果陷入违约。经常会有不利的外部事件发生，削弱投资人和贷款人的信心，破坏经济发展和金融市场上涨，从而进一步加剧这种信贷短缺。这简直是雪上加霜。1990年发生的不利外部事件包括：

- 海湾战争，由伊拉克入侵科威特引发；
- 很多20世纪80年代有名的高杠杆并购企业破产；
- 高收益债后面最主要的投资银行家迈克尔·米尔肯入狱，其雇主德雷克斯–伯恩海姆公司，与高收益债联系最紧密的投资银行倒闭了。随着超级投资明星迈克尔·米尔肯和德雷克斯–伯恩海姆公司退出了舞台，做补救性的交易，帮助财务实力受到削弱的公司避免其高收益债违约，就很难实现了。

点火器一到，那一大堆木柴就会开始燃起熊熊大火，那些本来不应该发行的债券，甚至是本来可以发行完的债券，就开始发行不出去了。

- 经济放缓，导致企业更难做到按期还本付息；
- 由于信贷市场关闭，再融资无法完成，导致违约的债券增多；
- 违约债券数量增多，打击投资人心理；
- 原来事情进展都顺利的时候，投资人是风险容忍的，现在这些投资人一看情况变得不好，风险态度也变成风险规避了；
- 提供资本给财务状况令人沮丧的公司，就在不久之前看起来还是一个好主意，现在却不受青睐了；

- 潜在的债务买家退缩回去了，不敢出手买入，拒绝“抓住跌落的小刀”，他们说等等再看，等到不确定性解决之后再买；
- 那些四处流动的资本，纷纷逃离市场，买家变得稀少，市场上都是卖家；
- 债券卖出得越来越多，债券价格像瀑布一样直线下跌，基金收到客户赎回申请而被迫卖出持仓证券以应对赎回，最终这些债券纷纷不计价格地被抛售。

正是以上这些情况提升了投资人以低廉价格购买不良债权的能力，也增加了投资人获得更高投资收益的机会。

当然，周期并不是只往一个方向走。最终，经济开始复苏，信贷市场窗口重新打开。这两个方面的变化，导致高收益率的违约率降低。经济情况改善，违约率下降，让卖出放缓。因此，高收益债价格向下的压力得到缓解，一些买单开始出现。高收益债价格上升，不再继续下跌，资产负债表重组让公司能继续存活下去，搬走那些绊脚石，重新释放价值。在底部购买债券的人赚钱了，大家都注意到了，赚钱效应吸引更多的资本入市。投资业绩更好，进入市场的资本更多，综合引发债券需求增长。到这里，我们就走过了一个完整的周期：我们从起点又重新回到了起点。

不久前，我综合概括了债券发行的周期运行过程，这个周期是在不良债权周期的起伏之下运行的。我总结如下：

- 风险规避型投资人限制了债券发行的数量，要求发行高质量的债券；

- 高质量的债券发行，导致低违约率；
- 低违约率，导致投资人变得自满和风险容忍；
- 风险容忍，让投资人愿意接受更多数量的债券发行和更低质量的债券发行；
- 更低质量的债券发行，最终受到经济困难的考验，导致其违约率上升；
- 违约率上升，产生令人害怕的赔钱效应，让投资人重新回到风险规避；
- 又从头开始新一轮周期。

这就是我亲眼看到的一波又一波重复循环的周期运动。29 年的不良债权投资经验告诉我，周期的主旋律绝对像诗歌韵律一样不断重复。前面对周期的描述，给了我一个非常好的机会来表达我的这个观点：周期里每个前面的事件都会引发后面的事件。事实上，我特意设计了上面所述的周期过程以达到这个目的。看看我们前面描述的周期过程，你会发现，每一行的最后一个词语都和下一行的第一个词语一模一样。周期确实是一环接一环地连锁反应，我认为未来周期还会继续如此。

~~~

你会看到，不良债权市场投资机会的起伏，都来源于其他周期的相互作用。这些周期包括经济周期、投资人心理周期、风险态度周期、信贷周期。

- 经济周期，影响投资人心理、企业盈利能力、违约发生率。
~~~

- 投资人心理周期，推动信贷市场情况起伏波动，推动投资人贷款、买进和卖出的意愿起伏波动。
- 投资人对待风险态度的周期，在周期顶部时，会有利于不良债券顺利发行，在周期底部时，会拒绝为企业到期债务再融资提供资本。
- 信贷周期有两个深远影响：一是影响企业债务到期获得再融资的难易程度；二是影响未来债券发行人受到严格信用标准审核的程度。

我希望我讲清楚了，很多种位于底层的周期都会影响不良债权市场，因此不良债权市场远远不是与其他周期分离的，也不是与其他周期隔绝的。正如我前面所说过的，这些周期自身都会起伏；每个周期都会引发其他周期起伏；每个周期都受到其他周期起伏的影响。但是它们综合在一起所产生的结果是，一个上升和下降幅度巨大的不良债权周期，其波动幅度远远超过位于其底层的其他周期。为什么会这样？这有待进一步解释。

11

房地产周期

总体概括和影响广泛的说法会影响大部分投资，而这些说法通常过于强调有利的一面，因为人性容易贪婪和一厢情愿地只想好事。由于某些原因，在买房子这件事上，那些广泛流行的说法的影响特别突出。在我多年的投资职业生涯里，我听过很多把投资买房这件事合理化的说法，它们简单易懂，容易被接受，比如“这块儿地再也不能盖新房子了”（和土地有限联系，讲稀缺性），“你可以一直住在这套房子里”（和房子联系，讲感情），“买房能对冲通货膨胀”（和所有类型的资产联系，讲财富管理）。那么人们最终学到的是，这些说法不管说得多么正确，都无法保证你的投资不赔钱，因为你投资买入的成本价格如果太高，就什么理由都不管用了。

房地产周期，在很多方面都和其他周期相同，比如那些控制资本和信贷供应的周期。

- 有利事件发生，企业盈利能力提高，导致人们更热情和更乐观。
- 心理改善鼓励人们更加积极地行动，其中包括：某事做得更多；做这件事基于更加美好的假设；支付更高的价格去做这件事；而且/或者降低要做这件事必须满足的标准。所有这些事情往往会导致投资人承担更大的风险。

- 乐观的心理，更加积极的行动，综合导致资产价格上涨。这又会进一步鼓励更加积极的行动，更高的价格上涨，更大的风险承受。
- 不可避免的是，这种良性循环呈现出不可阻挡的态势，而这种不可阻挡的态势又导致资产价格上涨过高，行动积极性过高，高到投资人根本无法长期持续保持。

但是当消息最终变得不太乐观，环境变得不大适宜，心理、行为、风险承受的水平被证明过度了的时候，资产价格也往往上涨得过高了，由此引发市场价格一波向下的修正，市场回调会导致人们心理变得不乐观，不乐观会导致去投资化，而投资人不再投资或减少投资会加大价格下行的压力，从而开始恶性循环，价格越跌越低。

这些都是大多数金融周期共同具有的组成要素，房地产周期也包括这些成分。但是房地产周期还包括一个要素，其他周期都不具备，这个特殊的要素就是房地产开发周期很长。

例如，在信贷市场上，好消息和乐观心理很快会引发贷款增长，投资银行家只要把潜在的借款人排好队，印好募集说明书，马上就可以发行债券，借款人买了债券就是把钱借出去了。这样一来，借款人增长的热情，几乎马上转化为现实：对证券的需求增长，要求的收益率降低，贷款标准降低，贷款和证券发行规模增长。

但是，金融市场交易的金融产品是虚拟的，而房地产市场交易的房产是有形的实物，我们称之为“砖头和水泥”构成的世界。从产品订购到产品交付，中间会有相当长时间的延迟。因为一座新的大楼推向市场，若要增加供给面积（如果需求没有同步增长，增加供给面积就会加大房价下行的压力），那么在此之前有很多工作必须完成：必须对项目进行经济可行性研究；必须找到一个合适的地段并买下来；必须做好建筑设计；必须进行环境保护影响评估；必须从政府管理部门得到建造许可，有时还必须进行成片开发改造；必须拿到融资，完成项目建设。整个建设过程会持续很多年，要是大型项目，交付时间甚至可能超过十年，但是房地产市场的情况变化得很快，在漫长的建筑时间里，可能发生很大变化。

我在 2013 年 1 月写的投资备忘录《老生常谈》中，描述了房地产开发周期，这里正好引用一些内容作为说明。正如我在此文中所说的："房地产开发周期，通常清楚、简单、有规律地重复发生。"

- 经济糟糕的时候，房地产建设的活跃程度会降到很低，房地产建设项目融资受到抑制。
- 过一段时间，经济不是那么糟糕了，后来甚至变好了。
- 经济增长更好了，导致对房屋建筑的需求上升。
- 经济疲软的时候，只有少数建筑开工建造，现在才开始投入使用，房屋需求面积的额外增长，导致供给有些吃紧，因此房屋租金和销售价格开始上升。
- 租金和房价上升，持有房地产的产权就能享受资产升值，财富随之增加，唤醒了开发商建设新项目的热情。
- 经济发展更好，房地产资产升值，让资本提供者更加乐观，资本提供者的心态变好了，让房地产开发商更容易拿到融资。
- 融资更便宜，也更容易，自然提高了潜在项目的预期收益率，也增加了这些项目的吸引力，因此增加了开发商愿意追逐这些项目的愿望。

- 更高的预期收益，更乐观的开发商，更加慷慨大方的资本提供者，三个因素结合在一起，造成建造项目开工率大幅攀升。
- 首批完成的项目，遇到压抑已久的强劲需求，全部租出，或者很快销售一空，让开发商大赚一笔。
- 良好的收益，加上每天更加积极有利的报纸头版头条的宣传，导致更多的项目开始计划、融资、获批。
- 打桩机随处可见（已经向工厂订购更多的打桩机，但是这属于另外一个不同的周期）。
- 大楼建设开工之后，还需要几年时间才能完工，其间，第一个完工上市的项目，就吃掉了此前没有被满足的需求。
- 从开始计划到建成开业，经常需要很长时间，足以让经济从繁荣走向萧条。在经济增长得很好的时候开工的项目，经常会在开盘的时候遇上经济情况变得糟糕。这意味着这些增加的房屋面积只是增加了更多的空置面积，加大了租金下行和销售价格下行的压力。得不到使用的闲置面积在市场上游荡，就像幽灵一样。
- 经济糟糕的时候，房地产建设的活跃程度很低，房地产开发融资受到压制。

请注意，就像我们讨论过的其他很多周期一样，前一步引起下一步。特别是在周期处于底部时的那一步，其实就是开启新一轮周期循环的关键一步。这是一个很好的例子，它表明周期是如何自我延续直到永远的。

在贷款的整个过程中，其内在的时间滞后很短。贷款人有了贷款的意愿，考虑是否发放贷款时，肯定会考虑当时的经济情况和企业情况，等到发放贷款提供融资时，经济情况和企业情况也不会有太大的变化。但是如果在相当短的时间里，经济情况和企业情况确实变化相当大，那么贷款人也能收回贷款承诺，不再提供贷款，因为合同里就有“重大不利变化”这项条款。一般来说，贷款相对而言风险很小。

但是房地产开发就不一样了，从萌生项目的想法到项目完成交付房子，其间要经过很多年，可是多年以后，经济情况会发生很大变化，就像前面我们所说的那样。这给房地产开发增加了一个潜在的危险因素。开发商希望能够对冲这个风险，办法就是他们能够以很高杠杆大规模外部融资来开发项目。（这样他们自己投入项目的资金相对占比很小，相对来说所承担的风险也会变小，相当于用很大的杠杆让开发商的投资收益率放大很多倍。）

1980 年我搬到洛杉矶住的时候，沿着韦斯特伍德区的“威尔士走廊”，一个个钢铁骨架耸立起来，这些高楼原来设计的是豪华的公寓大楼，结果后来都成了烂尾楼。开发商启动这些项目，是在 20 世纪 70 年代经济繁荣的时候，后来经济陷入困境，资金断了，项目也就停了。开发商在启动这些项目时，经济情况良好，后来经济突然掉头向下，本来有的市场需求，让那些动作更快、完工更快、推出楼盘更快的开发商吸干了。

这些烂尾楼都是生锈的钢铁骨架，烂在那里很多年，一直都没有完工。开发商计划这个项目的总投资是 1 亿美元，当初也梦想着能够赚大钱，结果自己投资的 500 万美元或者 1 000 万美元的权益资本全赔进去了（剩下那 9 000 多万美元是银行提供的建设贷款，大部分也都赔进去了）。这表明房地产周期下行的后果非常严重，开发时间长会产生很大影响。

但是投资人购买这些烂尾楼经常是从收回这些楼盘的贷款机构手

里买下的，然后再把整个楼盘建成。他们通常会从以下几个方面受益：

- 买价低：收购这个烂尾楼项目的价格，会大大低于原来开发商投入的成本。这些成本主要包括土地、设计、许可、建造结构框架。
- 建设完工成本低：因为现在经济不是那么繁荣了，劳动力价格和原材料价格都降低了。
- 建造期缩短：因为是中途介入的，这时楼盘的结构框架已经建好了，到大楼项目完工用的时间就更短了。
- 开盘更有可能赶上好时候：这个楼盘在经济好的年份得到批准建造，后来建造期间遇到经济糟糕的年份。经济周期就是这样，好几年坏几年。同样的道理，既然现在买这个烂尾楼是在经济糟糕的时候，等到它建成完工推向市场，可能正好赶上经济转好的时候。

房地产开发项目从设想到完成，整个交付时间很长，因此造成了这种可能性，我的团队也参与这种接手烂尾楼的项目。这说明房地产周期对潜在盈利有很大影响。在经济繁荣时期启动房地产项目，选择这个时机，本身就有风险。而在经济低迷的时候，买下这种烂尾楼项目，可能非常赚钱。做生意就是这样的，完全取决于你做什么项目和什么时候做项目。正如那些打高尔夫球的人所说的："每一杆打下去，总会有人高兴，不是你高兴，就是你的对手高兴。"

~~~

在房地产领域里，你还可以看到周期的另外一个共同特点，尽管
~~~

这一点对很多其他领域的周期也有很大影响，但是在房地产领域特别明显。这个特点就是，人们在做决策的时候，经常没有考虑别人正在做什么。这里有一个例子：

经济繁荣，家家财源滚滚，人人都很乐观，这时房屋需求往往会上升，而需求上升又会推升房地产市场价格，房价上升又让买房人更容易从银行拿到抵押贷款融资。通常这会导致市场上形成房屋供给短缺，房屋需求增长相对而言高于供给增长。尽管房屋需求说变就变，但是房屋供给调整起来非常缓慢，一个楼盘从计划到建成需要几年甚至十几年。高房价拉动，加上贷款机构急于给开发商项目贷款融资，市场鼓励开发商建造更多新楼盘以满足需求增长。

一家房地产开发商的老板也许分析后得出结论，现在他住的这个小镇，还有 100 套房子的需求缺口未能满足。抱着非常谨慎的态度，也由于他的公司开发能力有限，融资能力有限，这个老板决定只建造 20 套新房子。到现在为止，一切看起来还都挺好的。

但是如果 10 家房产开发商的老板都做出了同样的决策，那么情况会怎么样？在这种情况下，会有一共 200 套房子开工建造。第一，开工建造的房子大大超出了需求。第二，等到过几年这些房子建成完工推向市场的时候，经济也许变糟糕了，买房的人那时的感觉和经济繁荣时可能不一样了，因此对房屋的需求会大幅降低。在这种情况下，新推出 200 套房子意味着要么房子卖不出去，要么房子低价出售，其售价远远低于当时开发商制定项目决策时的预期价格。

现在的情况和当初开发这个项目时完全相反。经济增长缓慢，融资枯竭，导致想要买房的人很难得到房屋抵押贷款。卖不掉的房子形成大量存货积压。很明显，开发商能做的最聪明的事就是停工。于是所有开发商都同时停工了……这意味着下一次经济情况改善了，房屋需求增加了，又没有足够的房子供给来满足需求了。就这样，又开始了新一波房地产开发周期循环。

这个简单的例子，直截了当地描述了房地产周期运行过程中的一个方面。这并不是理论假设，这就是现实。在橡树资本 2012 年的年会上，我的合作伙伴拉杰·绍里耶展示了一幅图——可以说它是我见过最有说服力的一张图（见图 11–1）：

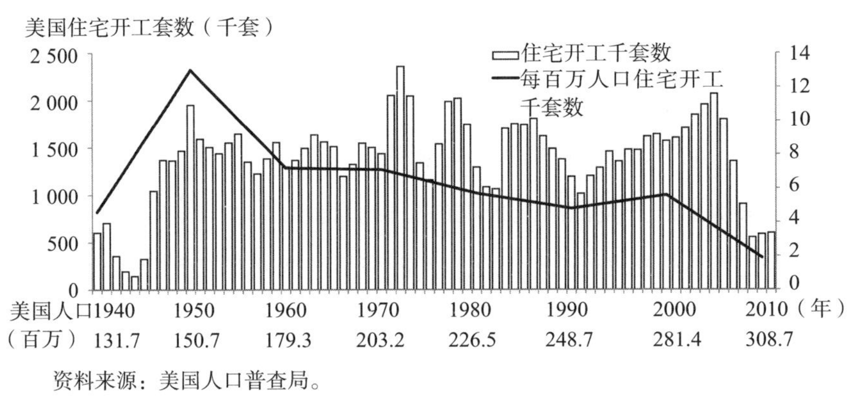

资料来源：美国人口普查局。

图 11–1　美国住宅开工套数与人口数量对比图

图 11–1 展示的是美国每年住宅开工套数的历史数据，从 1940 年一直到 2010 年长达 70 年的数据。这幅图之所以令我印象很深，是因为我从图上看到，2010 年美国住宅开工套数水平，竟然是 1945 年第二次世界大战以来最低的（只相当于 20 世纪 40 年代经济还没有严重衰退时的水平），而这仅说明了一部分真实情况。这幅图还没有考虑 20 世纪 40 年代以来美国人口的增长，而人口增长是住宅需求增长的根源。

因此，尽管 2010 年的房屋开工套数数据和 1940 年的差不多，但是房屋开工套数与人口数量之比可以说是更有意义的数据，只有 1940 年受到高度压制时的一半。对此现象的解释是，次贷危机爆发，房地产市场崩盘，在 2007 年到 2008 年爆发了全球金融危机之后，可以说根本没有人重新开始建造住宅。从这个观察结果可以得出一个关键的推论，此后几年里的新房供给明显无法满足住宅市场复苏所形成的需求增长。

当然，那个时候“传统的智慧”认为，住宅需求绝对不会再复苏。相反，大多数人都相信：居者有其屋的美国梦破灭了，住宅需求将会一直保持这样的大衰退状态，因此那么多卖不出去的房子，只能非常缓慢地逐渐被吸收。他们引用的依据是，现在年轻人有拒绝买房的趋势，房地产市场崩盘，抵押贷款泡沫破裂，把年轻人吓坏了，他们宁愿租房子，也不愿买房子。但是和往常一样，他们过度简单地推论，而没有置疑这种现象能持续多久。就像本书里的其他很多案例一样，对于大多数人来说，受到心理和情绪驱动，他们不能真正地理解周期、坚信周期，周期是有涨必有跌，有跌也必有涨的。

我和我们橡树资本的同事都看得很清楚，从这幅图来看，再从我们对此图背后的相关数据的理解来看，这场可以说是最近 80 年美国经济最大的大崩盘，导致房屋供给的增长中断，但如果房产需求出现较大增长，房产市场价格就会强劲复苏。而且，我们拒绝不经思考地接受传统的古老智慧，我们坚信事实必将证明，住房需求还和往常一样是周期性的，因此未来市场会在中期某时候出现好转。有了这个推论，又得到了其他数据和分析的支持，我们做出了决策，重仓投资了不良房屋抵押贷款和有住宅用地担保的不良银行贷款，收购了美国最大的住宅建造私有企业。这些投资后来所实现的投资收益非常好。（关于这一点，参看 2017 年 5 月 12 日的《华尔街日报》，上面有篇文章的标题是《租房的年轻一代现在都买房了》，里面的数据很有意思：“第一次买房人占所有买房人的比例，今年 2017 年为 42%，高于 2015 年的 38%，也高于最近一波房地产周期最低点 2011 年的 31%。”那种简单地推论现在年轻人都拒绝买房的说法，在事实数据面前，不攻自破了。

这是一个典型的例子，它告诉我们，认识周期的本质，弄清楚我们正处于当前这个周期的位置，能够得出一个让自己看到赚钱机会的推论。这也是一个周期正好走到极端的案例，这时候房地产刚好从深深的谷底开始复苏，并发出一个信号——此时出手投资能赚大钱。

现在回顾这些历史数据和事实，回头再看看当时我们应该走的路，简直一清二楚。成功决策的理由，也是一清二楚的，就明摆在那里。但是当时却一片模糊。在房地产投资这个案例上，只有不动感情地冷静分析周期的历史数据，才能在当时得出正确的结论……关键时刻才能做出关键的决策。

~~~

我在谈论房地产周期这个主题的时候，还想谈一点，这是我第一次谈，但肯定不是最后一次谈。我发现人们偶尔会下结论，某金融现象不再是周期性的了。为了说清楚我的这个看法，我会分析一个最佳的案例。一切都好的时候，人们往往认为好日子会这样一直持续直到永远。事实上，从上一波市场修正之后，市场还没有涨多久，人们就完全忽视了周期有涨必有跌的漫长历史。因此，这里非常适合再次引用约翰·肯尼斯·加尔布雷斯关于人类面对历史态度的那句名言：

> 在人类积极努力不断进取的领域里，极少有像金融领域这样，历史所占的分量简直无足轻重，过去的经验，其实就是记忆的一部分，却被年轻人鄙视为那些老古董的避难所，因为那些老古董没
~~~

有见识，欣赏不了现代金融世界不可思议的伟大奇迹。

总体概括和影响广泛的说法会影响大部分投资，而这些说法通常过于强调有利的一面，因为人性容易贪婪和一厢情愿地只想好事。由于某些原因，在买房这件事上，那些广泛流行的说法的影响特别突出。在我多年投资的职业生涯里，我听过很多把投资买房这件事合理化的说法，它们简单易懂，容易被接受，比如“这块儿地再也不能盖新房子了”（和土地有限联系，讲稀缺性），“你可以一直住在这套房子里”（和房子联系，讲感情），“买房能对冲通货膨胀”（和所有类型的资产联系，讲财富管理）。那么人们最终学到的是，这些说法不管说得多么正确，都无法保证你的投资不赔钱，因为你投资买入的成本价格如果太高，就什么理由都不管用了。

20 世纪 90 年代末到 21 世纪初，我前面也提过，有很多经过选举当选的官员决定，作为造福社会的一步，作为提供更多途径让更多人实现美国梦的一步，他们决心要让更多人居者有其屋。结果，美国政府支持的抵押贷款机构从主管部门得到的指示是，要让老百姓买房更容易得到贷款。这些机构是政府支持的，当然听政府的话。于是，要买房的人可谓是“三喜临门”：一是政府鼓励个人买房；二是买房更容易拿到住房抵押贷款；三是贷款利率大幅度下降。三喜临门，对要买房的人形成了强烈的刺激效应。

资金流向住房抵押贷款，也得到了另外一句“老话”的极大鼓励：“做抵押贷款，肯定很安全”。这句话基于一种信心，人们坚定地相信全国性的抵押贷款违约潮不可能发生。强劲的经济增长，总体上温和的经济波动，谨慎的抵押贷款实践操作，三种因素结合在一起曾成功地阻止了全国性抵押贷款违约潮再度发生——从大萧条到现在，70 年过去了，一次也没有再发生过……以至对于上一次发生这种全国性违约潮的事，大家都完全忘记了。正像加尔布雷斯所说的，人类在金融投资上的记忆极其短暂。但是这并不意味着，贷款机构在业务操作中会慢慢地变得过于慷慨，贷款审查过于松懈，以致市场一旦发生一波很厉害的衰退，就会带来一波很大的抵押贷款违约潮。

21 世纪初，住房需求强劲，加上抵押贷款资金充足，再加上媒体乐观报道的不停怂恿，推动了住房价格强劲上涨。这时我们就开始听到另外一句流传很广泛的房地产投资流行语："房价总是上涨的。"其实这也是一厢情愿的说法（请见下一部分的讨论）。

我希望，到现在为止，你已经明白了这个事实，我们讨论的资产价值再大，作用肯定也不会强大到足够一直占上风。人类的情绪不可避免地会走极端，让资产的价格，甚至物有所值的资产价格，也跟着走极端：资产价格要么太过大于价值而让人头晕目眩，要么太过低于价值而让人悲观恐惧。

简单地说，你要真心实意地相信周期必然存在，就像我一直强调的那样。这就意味着，聪明的投资人要从自己的词库里永远剔除那些其他很多人经常说的话。这些应该永远禁用的词语包括永不、决不、总是、一直、永远、不能、将会、将不会、只会。

~~~

2007 年发生次贷危机，之后发生全球金融危机，就在危机发生前的几年，出现了非常多的乐观看涨、高位买入的行为。后来的事实表明，这种行为完全是轻率鲁莽的。但是，危机爆发前几年，这种高位买入的行为受到广泛支持，背后支撑这些行为的是一种信念，人们相信房
~~~

价会一直持续稳定地只涨不跌，而不会周期性地涨跌起落。有些搞研究的专家提出了支持性言论和乐观预测，这既是房地产大牛市的一部分，也是房地产大牛市的助推因素：

- 2006 年 3 月 5 日，《纽约时报》上刊发了一篇文章，它的题目是《非常老的旧房子》。文中引用了美国纽约联邦储备银行副总裁的话："房屋价格急剧上升与经济情况是一致的……并不是歪曲现实。"这篇文章甚至引用了其他说法："我们有时也感到奇怪，为什么房价一直没有涨得更多，你想想看，现在平均每个家庭能够得到的抵押贷款融资规模的增长幅度多么巨大。"
- 这篇文章也提道："有些看法相同的专家（来自哥伦比亚大学和宾夕法尼亚大学沃顿商学院），他们专注于研究被称为'超级明星城市'的大城市，这些城市太令人向往了，不但不会出现房价修正回调，而且房价还会保持'永远持续增长'。"相比之下，那些不太受到追捧的城市的房价，就不会这样持续保持增长了（我当然愿意用"永远持续增长"这个短语，警觉的投资人一听就会变得十分小心）。

但是这些结论靠谱吗？我们会有很多理由表示怀疑：

- 房屋价格历史数据的期限太短了；
- 某具体年份中，整个美国房屋平均出售价格的趋势，并不一定代表某套房子的价格表现，也不代表所有房子的价格表现（例如，没有根据随着时间推移平均每个房屋发生的物理变化，或者当年出售房屋相对于所有房屋发生的物理变化，来相应地调整其价格水平）；

- 同样的道理，事实上，街区和整个城市随着时间推移，受欢迎的程度也会变化，有时受到青睐，过了一段时间又变得不受青睐了，而这会影响房屋的价值，人们却没有为此对价格水平进行调整。关于某城市或者某街区房价的说法，未必适用于所有房屋的整体情况。

因此，我读到2006年《纽约时报》上的文章《非常老的旧房子》时，就觉得很有意思。文中报道了一个学术研究成果，研究者追踪阿姆斯特丹市一座独栋房屋的长期历史价格，由此解决了很多类似的学术问题。这栋房子是皮耶特·弗朗茨在1625年建造的，现在仍矗立在那里，几乎没有改变，它已经被交易转手过6次。这栋房子处于绅士运河区，那里一直都是阿姆斯特丹市最受追捧的地段。这篇文章讲的东西，并不是房屋平均价格水平是否上涨了，而是具体到一栋房子的价格的历史走势。

和前面引用的长期看好房子的乐观主义者形成鲜明对比的是，耶鲁大学罗伯特·希勒教授是这样分析皮耶特·弗朗茨那套房子和邻近的房子的："阿姆斯特丹市绅士运河区近400年的房价历史数据，会让你非常受启发，因为你会看到，这些房子的价格上涨了近50年，然后开始反转下跌了。这样的历史要比那种超级明星城市的说法更加真实可靠。"这项研究的作者皮耶·艾希霍尔茨，在文中描述他"十分怀疑那些声称房地产价值会持续上涨直到永远的说法"。他仔细地思考过那些支持"这次不一样"说法的经济学论据，但是他说，"你会看到，人们一次又一次地做出类似的乐观评估，后来却被现实情形击得粉碎"。上帝保佑。

这篇文章还提道：

“一个房地产神话称，房地产的价值会随着时间的推移大幅上升……”皮耶·艾希霍尔茨说，“但是，这个老房子的历史价格数据终结了这个神话。”

也就是说，从你那个越老显得越有智慧的大叔，到卖给过你一套房子的经纪人，每个人都像传播福音一样传播这句古老的投资名言：房地产是最好的长期投资。而这套老房子近400年的历史价格，称得上房地产长期指数中时间最长的指数，却表明事实完全相反，这句老话说得根本不对。从1628年到1973年，这是艾希霍尔茨最初的研究期限，阿姆斯特丹市绅士运河区房地产的价值经过通货膨胀调整以后，平均每年的涨幅只有0.2%，即使是最吝啬的银行存款利率都比它高。正如罗伯特·希勒分析阿姆斯特丹绅士运河区房价近400年价格走势之后所说的：“房地产价格确实翻了1倍，但是这花了350年。”

……罗伯特·希勒说，只是在最近这些年，房地产价格大幅上涨才成为常态，人们才开始预期房地产价格会长期持续大涨。

……如果说过去这几年的房地产价格走势（正是在过去这几年房产价格才出现了惊人的涨幅），是我们现在这个美丽新世界的典型特征，那么只有把它放到历史长河中来看，我们才能真正地看清楚潮起又潮落，潮落又潮起。这引导我们重新回到那个可以说是最古老的历史教训：**历史往往会重复相似的周期。**

房屋价格的长期数据是有价值的，但是最重要的教训是，在房地产价格上升的时候，人们往往过于乐观看涨，那些分析评论人士又提供了很权威的言论支持，他们简直是在火上浇油。这只不过是人性使然。事实上，找理由把价格上涨合理化，这种事（以及预测后面还会涨更多）——无一例外地——都是发生在市场涨到高点的时候，而不是在市场跌到低点的时候。要想得到真正的启发和帮助，我宁愿去关注那些总是和市场唱反调的评论人士的看法，在牛市大涨普遍看好时，他们却冷言冷语，在熊市大跌一片悲观时，他们却看好看涨。

~~~

房地产行业和其他行业一样，会周期性地起伏，但是房地产市场的周期由于特殊因素的作用，其波动幅度会更大：

- 从项目初步设想到项目建成销售，其间有一段长达数年的交付时间；
- 房地产开发商一般都会使用极高的财务杠杆；
- 房地产供给通常弹性很小，不能根据需求波动快速地进行调整（也就是说，制造商一看他们的产品市场需求萎缩，可以马上采取措施减少生产，比如减少轮班，从三班倒变成两班倒，遣散部分员工。但是房地产行业做不到，比如你是房东、酒店老板或者房地产开发商，遇到需求短缺，想要调整减少自己拥有的营业面积，那可就难多了）。

房地产周期说明，也作为案例表明，周期的各要素之间如何互相引导和互相引发，以及周期如何走极端。在困难的时候，诸如“房价长期总是会上涨的”那些乐观的总结概括，再也无法鼓舞人心了。搞房地
~~~

产的人经常说："房子只有被转到第三手才会赚钱。"这句话并非没有道理。第一手是开发商，设想并启动项目开发，后来房地产周期转入下跌阶段，干不下去了，只好放弃，成了烂尾楼，结果当初设计得很好的项目，却没有赚到钱。第二手是银行，银行发放贷款给开发商来盖楼，后来房地产周期进入下行阶段，因为开发商贷款违约，被迫收回项目资产，也没有赚到钱。但是，第三手是投资人，任务是作为拼盘侠，在房地产一片萧条时从银行手中低价接手那些烂尾楼，继续建设完工，推出销售，此时正好赶上房地产市场复苏，房价开始大涨了，结果他们赚到了大钱。看来那句老话说得真对："房子只有被转到第三手才会赚到钱。"

当然，这种说法有些夸大了，和其他很多笼统的说法一样。但是，"房子只有被转到第三手才会赚钱"这句话确实很有用，可以作为一个提醒，让我们一定要注意，房地产市场有很强的周期性，特别是在房地产市场不太好的时候。

12

市场周期——集周期于一身

一个没有经验的菜鸟投资人，第一次经历一波上升的市场周期。这个过程一开始看起来是合乎逻辑的，利好因素一个接一个，形成大牛市甚至泡沫。然而事实真相是，这么多好消息，这么乐观的预期，最终投资却以亏损告终，这肯定会让投资新手感到非常吃惊。当然，对于那些不懂投资的门外汉来说，他们的投资以这样的悲惨结局收场，其实是不可避免的。因为如果这个建立在错误判断基础上的过程没有走到极端，市场就不会上涨到牛市的最高点，这个最高点同时也是市场反转下跌的起点，没有这个起点，市场也就不会跌到熊市的最低点，而熊市的最低点也是反弹上涨的起点。

作为投资人，我们的工作很简单，就是和资产价格打交道，一是评估现在资产价格处于什么估值水平，二是判断未来资产价格会如何变化，三是做决策决定是否投资、何时投资以及投资多少。资产价格主要受到两个方面的发展变化的影响：基本面和心理面。

基本面：我一直称之为“事件”，大致可以被简化为两大财务指标——企业收益和现金流，以及对二者的未来预期。企业收益和现金流受到很多因素影响，包括经济发展趋势、企业盈利能力和未来资本可获得性。

心理面：投资人对基本面因素的感觉，以及他们如何评估这些基本面，特别是投资人的乐观程度和对待风险的态度。

以上提到的这些因素都有各自的周期，而且每个周期都有很多方面。每个周期的行为，以及这些周期互相影响和互相结合的方式看似纷乱，其实背后都有一个重复发生的模式，就像诗歌的韵律一样，我们可以理解和把握，对此我已经做过很长篇幅的讨论了。这些周期波动聚合到一起，再加上随机性，影响着证券市场的运行。

这一章的目标是，让你对市场周期性的上涨和下跌有感觉。我们要讲的不是周期上涨多少和下跌多少这些事实情况，也不是周期过去上涨和下跌的过程，更不是这些上涨和下跌是对哪些因素的反应；我们要讲的是周期现象波动背后的力量，特别是非基本面的力量和非经济性的力量。它们导致周期现象上行和下行，而且它们经常以一种非常疯狂的模式涨跌，有时涨起来很疯狂，有时跌起来也很疯狂，有时不涨不跌且持续很久也很疯狂。

如果市场是一台计算器，在计算证券的价值时，其依据只限于公司基本面，那么证券市场价格的波动幅度就不会太大，和公司现在的盈利以及未来的盈利预期的波动幅度基本一致。其实，市场价格的波动幅度，本来应该小于公司盈利的波动幅度，因为公司的季度收益变化往往时间一长就被抹平了，除此之外，季度收益变化未必能反映出公司的长期盈利潜力的真实变化。

然而，证券市场价格的波动幅度通常远远大于公司收益的波动幅度。当然，这主要由于心理方面、情绪方面以及其他非基本面的原因。因此，证券的市场价格变化过于夸大了基本面的变化。我们简要地描述这个过程：

- 经济面和企业盈利面发生的事件变得更加利好。
- 好消息带来好心情，利好事件助长投资人产生积极乐观的心理。随着这些利好事件发生，投资人的情绪（也被称为“动物精神”）会变好，投资人对风险的容忍度会提升（甚至有时候即使发生不利事件，投资人也会如此）。
- 心理的积极乐观导致投资人不再要求高风险保护和高预期收益。
- 利好事件、内心坚定地看好和投资人对预期收益要求降低综合在一起，导致资产价格上涨。
- 可是，最终这个过程进入反转阶段。事件未能达到投资人预期，也许因为产生这些事件的环境变得不那么友好了，也许因为投资预期高得太离谱了。
- 事实最终证明，投资心理不可能永远保持积极乐观。头脑冷静一些的人能够推断出，资产价格已经被高估到很不合理的地步了，或者也许投资人心软，不再那么坚定地看好未来了。只是因为一个理由，就可以让投资不再乐观，而这样的理由有 100 万种（甚至没有明显的理由，投资人还是会变得不再乐观）。
- 价格下跌了，因为这个时候发生的事件不是那么有利了，或者投资人看法变了，同样的事情他们却不再认为那么有利了。有时候，这种事情会发生，只是因为价格已经涨到根本无法再持续保持的地步，或者因为环境出现了不利变化。
- 价格掉头向下之后，又继续开始下跌，直到最后跌得实在太低了，再也跌不下去了，就变成反弹的平台。

重要的是要理解基本面和心理面互相交织、互相影响的方式，就像上面这个过程所描述的那样。但是有一点很关键，我在讲这个过程时会一再重复强调：上面对整个过程的描述，看起来先后有序，前后相连，但是现实中真正的过程绝对不像上面讲的那样井然有序。这些事情发生的顺序可能会发生变化，因为因果关系的方向可能发生变化，你影响我，我也会影响你：

- 有时候是基本面影响心理面，有时候是心理面影响基本面：利好事件会强化心理，心理面改善也会对事件产生有利影响（心理面助推经济增长和企业盈利增长）。
- 心理面影响市场面，市场面也会影响心理面：很明显，投资人心理面改善会导致资产价格上涨；同样，资产价格上涨会让投资人感觉自己更富有、更聪明，因此他们就变得更乐观。

换句话说，心理面、基本面、市场面三个方面的关系是双向的……甚至会同时双向互相影响。每个方面的变化都会引起其他方面的变化。这些事情演进的速度，在不同的周期中会有很大不同，即使是同一个周期，在整个过程中的不同环节上也会有很大不同。最后还有一点，周期并不一定是平稳流畅地运行前进，相反，周期会有下落也会有反弹，有时还会虚晃一枪，短暂小幅下跌后继续大涨，或者小幅反弹后继续大跌。

由于以上类似的原因，投资不能像科学那样被系统规律地准确描述，我们也不能指望做投资像做科学实验一样，每次的过程和结果都一模一样。我会一再地回忆马克·吐温的那句名言：“历史不会重演相同细节，历史却会重复相似过程。”原因和结果从来不会和过去一模一样，但是现在的原因和结果经常会让我们想到，我们过去见过类似的原因、结果和发展变化过程。

不管过程多么不精确，很明显，过去的事件、预期未来会发生的事件与投资人的心理综合在一起，决定了资产的价格。事件和心理也会影响信贷松紧程度，而信贷松紧程度会极大地影响资产价格，资产价格反过来又会影响事件和心理。

总之，这些事件综合在一起，创造出了市场周期。我们每天都会听到很多关于市场周期的谈论，其中大多数人谈的是股票市场周期的涨跌，但是也有一些人讲债券、黄金、外汇等市场的周期。这也说明很多周期互相交织、互相影响。这正是本章的主题。

～～～

金融理论把投资人描述为“经济人”：客观，理性，做事追求最优化。这意味着，这些作为经济人的投资人在一起形成的市场，就成了投资大师、著名作家（还是巴菲特的导师）本杰明·格雷厄姆所说的“称重机”：资产价值的评估者，拥有像机器一样准确的评估能力，像军人一样训练有素、纪律严明。

可是，虽然理论很美好，但是现实很残酷，它完全不同于理论假设：财务上的事实和数据，只是市场行为的起点；投资人保持理性，只是例外情形，而不是规律；理论上，投资人是经济人，会冷静地评估财务数据，然后完全不动感情地设定资产的合理价格，其实市场极少把时间用在这种事情上。

投资基本面，其实是很简单易懂的。过去的事件已经发生了，而且被记录下来，很多人都有分析这些证券的量化分析技能。现在的业绩在财务报表中已经被体现出来了，有时，财务报表准确地呈现了公司现在的业绩表现，有时，人们则需要对公司的财务报表有技巧地进行调整，而且未来的事件对于每一个人来说都是不可知的（尽管有些投资人能够比其他人更好地预测未来事件）。基本面并不是投资中最多变的那部分，也不是最让我着迷的那部分。但是，不管怎么样，我都不可能写出一本书，告诉你如何做才能对未来事件知道得比别人更多。要在预知未来事件的能力上远远超越别人，我们就需要具备三大成功要素：一是有远见，二是有直觉，三是有第二层思维。我不相信这些东西能被简化到可以写在纸上，也不相信这些东西能通过读书被人们掌握。

投资中有一部分让我非常着迷，也是我自己思考得最多的，还是我和橡树资本的同事为客户创造出巨大财富的看家本领所在，它就是投资人如何偏离理性的假设，以及这种偏离如何助长周期的波动震荡。

很多因素都在不同程度地影响投资人制定投资决策的过程，都在干预投资人进行纯粹的经济决策的过程。这些因素也许可以被归纳为三大类因素：人性、心理和情绪。要区分这三者，并不是那么简单。不过对于我们这里所讨论的目的来说，区分这三者并不重要，这些因素绝对能够主导投资人的行为，因而也能绝对主导市场。有些因素是周期性变化的，但并非所有因素都是周期性变化的。它们都能影响周期或者加重周期。其中最重要的影响因素如下：

- 投资人会动摇，而不是坚定地坚持理性思考，但只有理性思考才能让人们做出理性决策。
- 投资人有三种心理倾向：用歪曲的眼光看待当前的事实，有选择性地感知，带有偏见地解读。
- 人都有一些怪癖似的心理误区。比如确认偏误，接受那些能符合他们说法的证据，抛弃那些不符合他们说法的证据；再比如非线性效用误区，对于大多数人来说，亏损 1 美元的痛苦感，大大超过赚 1 美元的幸福感（也大大超过现在放弃未来潜在的 1 美元盈利的痛苦感）。

- 投资人在经济繁荣时期容易过度轻信，对那些高得离谱的盈利预期神话也会信以为真，而在经济萧条时期又容易过度怀疑，拒绝所有盈利的可能性，对那些非常靠谱的盈利机会也会因不信任而拒绝。
- 投资人的天性就是在风险容忍和风险规避之间来回摆动，导致他们对作为风险补偿的风险溢价的要求也随之来回摆动。
- 投资人会有羊群行为，一方面因为要和别人做的事保持一致的心理压力很大，另一方面因为和别人持仓不一样的操作难度很大。
- 有件事会让你心里感到极不舒服，就是看到别人赚了大钱，做的却是你拒绝做的那种事情。
- 因此，投资人本来一直拒绝参与资产泡沫，却往往最终还是屈服了，因为他们实在顶不住压力了，举起白旗，宣布投降，于是也跳入了泡沫，开始买入（甚至即使，不，准确地说是因为，作为泡沫题材的资产价格的上涨幅度已经很大了）。
- 投资人还有一种相应的倾向是，往往会放弃现在不流行而且现在看起来不成功的投资，不管分析结果表明这些投资多么明智。
- 最终，其实投资都是和钱有关的，而钱会引发强烈的感情因素，比如，投资人贪婪地想要得到更多钱，嫉妒别人赚的钱多，害怕自己会亏钱。

牛市和熊市

投资人被分成两派，这种分法到现在有 100 多年了。一派是“牛”，代表那些认为股票会上涨，因而投资行为激进的乐观主义者；另一派是“熊”，代表那些认为股票会下跌，因而投资行为保守的悲观主义者。后来，人们又把“牛”“熊”两个标签用在市场上，市场已经上涨了或者将会上涨（当然这个预测很不准确）就是牛市，相反，市场跌了或者将会下跌就是熊市。

20世纪70年代，我得到了人生的一份大礼。有一位投资人，他比我年纪大，也比我有智慧，告诉我一条投资真经——“牛市三阶段”：

第一阶段，只有少数特别有洞察力的人相信，基本面情况将会好转；

第二阶段，大多数人都认识到，基本面情况确实好转了；

第三阶段，每个人都得出结论，基本面情况将会变得更好，而且永远只会更好。

越是真理就越简单。听了牛市三阶段理论后，我一下子开窍了，也开始注意到了投资人的心理经常会走极端，而这些极端心理会对市场周期产生极大影响。就像很多名言警句一样，牛市三阶段言简意赅，却表达出非常高深的大智慧。其实，牛市三阶段讲的就是投资人态度的变化：一是特点，投资人的态度多么容易变化；二是过程，在市场周期波动的整个过程中，投资人态度的变化有什么模式；三是影响，投资人的态度如何助长投资决策错误。

牛市第一阶段，尽管存在基本面改善的可能性，但是大多数投资人不具备这样的洞察力，也就不会珍惜其蕴藏的投资良机，他们看不出来证券价格里面包含的乐观主义很少，甚至根本没有。通常情况下，第一阶段发生在股市大崩盘、股价一路暴跌之后，这一波暴跌彻底摧毁了股价，同样也彻底摧毁了投资人的心理，让投资人像羊群一样对股市由爱转恨，投资人亏了大钱之后，发誓从此永远离开股市，此生再也不碰股票了。

牛市第三阶段，也是牛市最后一个阶段，情况正好和第一阶段的相反。基本面的事情发展顺利，而且有很长一段时间了，已经强烈地反映在资产价格上了。这进一步提升了市场的情绪，投资人简单地推论基本面改善将会持续直到永远，对未来非常乐观，因此把买入报价提升到很高水平。树肯定不会长到天上去，但是在牛市的最后阶段，投资人的行为表现得好像他们相信树真的会长到天上一样……而且投资人愿意出高价购买他们感觉到的公司收益会有无穷成长潜力的热门股。投资人因为相信高成长性而支付高价去买热门的成长股，事实证明他们过高地估计了成长性，几乎再没有其他事比这种用高价购买伪成长股所付出的代价更高的了。

从以上牛市三阶段中我们可以看出来，在牛市第一阶段，几乎没有乐观的理由，只有特别有洞察力的少数人才敢于买入，且买入的成本极低，资产未来可能会有巨大的升值空间。但是在牛市第三阶段，很多投资人此时都会跟风买入，因为当时的市场过度乐观，投资人必须支付高价才能买到，所以后来亏得很惨。

上面对牛市三阶段的描述，文字非常简练，却讲出了大智慧。就在学习牛市三阶段之后不久，我又听到了另一句名言，说得更有道理，且更加精练："聪明的人最先做，愚蠢的人最后做。"

我认为这句话可以称得上排名第一的投资名言，神奇地概括了周期的重要性。再说一次，那些先知先觉者，按照定义他们只会是有胆有识的极少数人：一是有见识，看未来比别人看得更准；二是有胆识，敢于买入，尽管此时大众并不普遍认同，有胆识才能抓住别人没有发现的盈利潜力，有胆识才能买到极便宜的资产。但是每一股投资潮流，最终都会走过头，而且会把价格推升得太高，所以当牛市走到尾声，最后一个接棒买入的人，为过于高估的潜力付出过高的价格。最后一个接棒买入的人得到的是资本的惩罚，而不是资本的升值。

巴菲特说：“聪明的人最先做，愚蠢的人最后做。”一语道破天机。关于市场周期及其影响，你应该知道的所有东西，这句话就告诉了你八成。巴菲特还说过一句话，讲的是同样的道理：“先做是创新，后做是模仿，最后做是傻瓜。”

当然，周期不是只有一个方向，而是能上也能下，会涨也会跌的。全球金融危机、股市大跌，给了我一个机会能借鉴牛市三阶段的说法，总结出“熊市三阶段”。这是我在2008年3月的投资备忘录《潮水退了》中所写的：

第一阶段，只有少数深谋远虑的投资人才能意识到，尽管形势一片大好，市场面普遍被乐观看涨，但是基本面肯定不会一直顺风顺水；

第二阶段，大多数人都认识到基本面正在越变越糟；

第三阶段，每个人都相信基本面只会变得越来越糟。

这时，有人投降了。前面我提过投降这个现象，说起来很有意思，投降本身也有一个固定的周期。在牛市或者熊市，第一阶段，大多数投资人都克制自己（按照定义）不去参与只有少数人才做的事。这也许因为他们无识无胆无勇：一是无见识，他们缺乏这种行为背后的远见卓识；二是无胆识，他们缺乏那种过人的胆量，不等到事情得到证明，变得清清楚楚，引得大家蜂拥而至时，就不会出手；三是无勇气，他们缺乏足够的勇气走一条少有人走的路，他们不敢做一个不与众人保持一致的逆向行动之人。

很多人都错过了牛市第一阶段，先人一步买入的赚钱机会，或者错过了熊市第一阶段，先人一步卖出保住胜利果实的机会。这需要你有胆有识才行，既要看得准，又要出手狠。投资人会继续抵抗，而这时市场趋势已经形成，正在积聚前进的动力。等到市场的走势形成一股潮流时，这些投资人也还是不愿意加入进来。他们简直有钢铁般的意志，坚决拒绝跟风。在牛市第二阶段，那些看涨的投资人纷纷跟风买入，推动有些品种大涨或者有些板块大涨或者整个市场大涨，但这些投资人就是不跟风买入；在熊市第二阶段，很多投资人跟风卖出，导致价格低于内在价值，这些投资人还是拒绝跟风卖出。这些投资人简直是铁石心肠，也别指望他们后来会随大流了。

但是大多数投资人最终还是投降了。可能只是因为坚持得太久，意志力都被耗尽了，再也坚持不下去了。到牛市第三阶段，他们看到股价一路涨上来，涨了2倍，涨了3倍，别人跟风买入的股票都赚大钱了，自己却一只股也没买，心里嫉妒别人赚大钱，痛恨自己看走眼不敢买。或者到熊市第三阶段，他们看到自己股票的市值跌了一半，看着那些已经提前卖出的人站在河边分毫无损，心里别提多么嫉妒了，痛恨自己太愚蠢，当时完全想错了，没有跟着其他人早点儿卖出离场。他们内心越是嫉妒别人，越是痛恨自己，自信心就越会慢慢地消失，意志力也会慢慢地变得消沉，最后他们放弃抵抗了。关于这一点，我觉得查尔斯·P. 金德尔伯格那句话说得最好："最令人烦心、最令人头痛的事，莫过于看到朋友发大财。"（《疯狂、惊恐和崩溃：金融危机史》，1989 年）那些进行市场投资的人，最痛苦的就是看到别人赚了很多钱，再一想自己却错过了很多机会，他们害怕这种趋势会继续下去，自己的痛苦也会继续下去。于是，他们得出结论，打不败市场就加入市场，跟着大部队走，站在大多数人一边，这样就会终止痛苦，因此他们投降了。结果，这些最后实在抗不住投降的人，在牛市高位买入已经涨了很多的资产，在熊市低位则卖出了那些已经跌了很多的资产，他们不是高位接盘，就是低位割肉。

换句话说，这些投降派，第一阶段该做的正确的事，等到第三阶段再去做时，却是错上加错了。牛市第一阶段，他们应该及早低位买进，却一直坚持不买进，此时所犯的错误在于该买时不敢买；抗到牛市第三阶段，他们实在抗不住了，投降了，也跟风买入，可是这时买入却成了错误，其错误在于不该买时却买了。熊市第一阶段，他们应该及早高位抛出，却不愿意抛，其错误在于该卖出时不愿意卖；就这样一直坚持不卖出，抗到熊市第三阶段，他们实在抗不住了，投降了，也跟风割肉卖出了，可是这时卖出却变成了错误，其错误在于不该卖时却卖了。在周期波动期间，投降这种行为特别有杀伤力。这也是一个非常好的反面案例，它告诉我们，心理因素导致的投资错误所造成的最悲惨的结果能坏到什么程度——不但能杀死你的钱，而且能杀死你的心。

当然，等到最后一个顽强抵抗的人都缴枪投降了，在高位跟风追涨买入，或者在低位跟风割肉卖出，就再也没有人能特立独行了，每个人都和大家保持一致。牛市涨到最后，只有人买进，却没有人卖出，那么成交结束了，最后一个投降者的买入价就成了最高价，这一点就成了最高点，从此市场周期停止上涨，开始反转下跌，这个人成了牛市最后一个接棒的人。聪明的人最先做，愚蠢的人最后做，牛市最后一个买入股票的人，就是那个最后才去做的傻瓜。反过来也一样，熊市跌到最后，最后一个坚持不卖的人也投降了，从此只有人卖出，却没有人买进了，那么成交结束了，最后一个投降者卖在最低点，从此市场周期停止下跌，开始反弹上涨，这个人成了熊市最后一个割肉卖出的人。

下面这段历史记录表明，即使我们人类最杰出最伟大的人，也会在股市中投降：

大科学家牛顿，受封爵士，在担任英国造币局局长的时候，正好遇上“南海泡沫”，他和其他很多有钱的英国人一样买了南海公司的股票。1720 年 1 月，南海公司股票的市场价格为每股 128 英镑，到 7 月涨到每股 1 050 英镑，半年涨了 8 倍多。可是，这一波大涨才开始不久，牛顿就发现，南海公司这只股票走势的投机性太浓了，于是他卖掉了股票，拿到 7 000 多英镑。有人问他未来市场走势会涨还是会跌，牛顿回答道：“我可以计算天体的运动，却无法计算人类的疯狂。”

1720 年 9 月，南海泡沫破裂了，价格跌到 200 英镑以下，从三个月之前的最高点跌了 80%。牛顿很早卖出，可以说是明智之举了。可是，事实并非如此，尽管他很早就看穿南海股价有很大的泡沫成分，但是牛顿这个大科学家也是人，也想多赚钱，也和我们现代的大多数投资人一样，天天看着周围的人赚了大钱，心里同样也是很嫉妒的。牛顿爵士看着南海股价天天疯涨，心理压力越积越大，最后实在顶不住了，也投降了，也跟风在高位追涨买入，也就是说，牛顿上一波卖出了股票，后来又在更高的点位买回来了。结果没过多久，南海泡沫就破裂了，让他亏了 20 000 英镑，这是他前面那一波进出股市所获盈利的 3 倍，他也会抗不住牛市的心理压力而在最高点投降。即使是全世界最懂牛顿力学的牛顿先生，也没能避免在股市上亲身体验自由落体式的暴跌。（网站 bubble.com，2000 年 1 月）

泡沫和暴跌

我们经常遇到股市上涨和下跌的行情，我们以后还会经常遇到。

当市场持续上涨且累积涨幅相当高的时候，市场被称为“牛市”，当市场持续下跌且累积跌幅相当高的时候，市场被称为“熊市”。牛市如果还继续涨得更高，就成了大牛市、狂热大牛市、疯狂大牛市。熊市如果还继续暴跌，就成了大熊市、危险大熊市、恐慌大熊市了。用现在最流行的词来讲，极端大牛市是泡沫，极端大熊市叫崩盘。

泡沫和崩盘这些现在流行的说法，其实已经有很长的历史了。前面说过的南海泡沫，是大概发生于300年前的一场股市泡沫，当时英国人都在狂热地买入南海公司的股票，大家都认为，南海公司承诺偿还英国的全部国债，而且它肯定能做到，因为这家公司垄断了英国和南美洲的贸易，结果南海公司的股票在1720年火爆了整个大英帝国，半年上涨了8倍以上。而美国历史上最有名的股市大崩盘是1929年的股市大崩盘，它引发了一场历史上最严重的经济大萧条。1995年到2000年，市场出现了高科技股泡沫、互联网泡沫和网络股泡沫。后来又发生了房地产泡沫和抵押贷款泡沫，它们在2007年达到最高点，然后开始大崩盘，进而引发全球股市大崩盘。最近20多年，可以说是一个大泡沫接着一个大泡沫，由此“泡沫”这个词火了，成了日常用语。

泡沫实在太多了，以至现在形成了一种趋势，特别是在媒体上，只要出现一波大涨，就会被称为“泡沫”。2017年秋，我正写这一章，美国标准普尔500股票指数和2009年3月的低点相比，涨了接近4倍（包括股利在内），美国高收益债的收益率已经下降到5.8%。因此经常有人问我，美国股市是不是处于某种新型泡沫之中，是否意味着股市大崩盘近在眼前。正是因为这个原因，我这里要多花一些时间给大家讲讲，大涨和泡沫并不是一回事。我坚信，并非每一波大涨都是泡沫。对于我来说，“泡沫”这个词有着特殊的心理学内涵，投资人应该明白，也应该留意。

我经历过一些泡沫，它们比刚才所说的科技股泡沫、房地产泡沫发生的时间要早得多。其中一个非常好的泡沫例子是，20 世纪 60 年代市场狂热追逐的“漂亮 50”成长股。所谓的“漂亮 50”成长股是指美国股市质量最高成长性也最高的 50 只成长股。据我所知，所有泡沫都贯彻着一个共同的主线，“漂亮 50”成长股就是一个范例，大家都相信，对于那些资产来说，“根本不存在价格太高这回事”。当然，这句话后面紧跟着另外一句话——你不管用什么价格买，肯定都会赚钱。

明智的投资只有一种形式，就是搞清楚这个东西值多少钱，用比价值更低的价格买入。我们要明智地投资，其前提必须做到两点：一是算对价值，用数据分析计算清楚价值区间究竟是多少；二是买对价格，坚持只有当价格低于价值的安全边际相当大，以及投资吸引力相当大时，才会买入。任何一种投资举动，如果不是建立在价格和价值的比较上，只是建立在一种空泛的概念上，就是不理性的投资。

“成长股”这个概念，在 20 世纪 60 年代初就开始流行了，其目标是投资高成长型企业，受益于其公司业绩的高成长，收获于其股价的高成长。这些企业的业绩能够高成长，受益于科技、市场营销和管理技术的发展进步。从 20 世纪 60 年代初开始，成长股变得越来越火。1968 年，我找到了一份暑期临时工的工作，在花旗银行的前身第一国民城市银行投资研究部工作。它的股票属于漂亮 50 成长股，业绩增长最快，而且公司品质最优，就像学校里品学兼优的优等生，很受市场欢迎。它们的股价涨得实在太快了，以至银行信托部门（相当于中国的公募基金）把大多数资金都投到了漂亮 50 成长股上，对其他股票都失去了兴趣。

施乐、IBM（国际商业机器公司）、宝丽来、柯达、惠普、默克制药、礼来制药、德州仪器、可口可乐、雅芳，这些漂亮 50 成长股中的公司都是超级明星公司，人见人爱。大家都觉得这些公司太伟大了，根本不会出问题。大家都普遍接受这句话，这句话简直被当作股市的至理名言：这些公司都是超级明星，你不管用什么价格买都不会赔，只要拿住了，它们将来肯定能赚钱。你即使买的价格有点儿高，也不会赔，这些公司的收益很快就会涨上来，你买入的价格就不贵了。

结果可想而知。任何时候，投资人不管价格高低都愿意买。很明显，这种做法都是基于情绪和从众心理的，而不是基于冷静的分析。于是漂亮 50 成长股涨疯了，1968 年它们的股价涨到其每股收益的 80 倍至 90 倍，成了这一波大牛市的急先锋。后来，它们却一头栽到地上，因为投资大众的热情冷下来了。1973 年，股市变得非常低迷，漂亮 50 成长股的股价跌到只有每股收益的 1/8~1/9，也就是说，那些 5 年前高位追涨买入美国最优秀企业股票的人，亏了 80%~90%，一美元亏得只剩下一二美分。请注意，漂亮 50 成长股的 50 家公司当时看起来优秀得简直“完美无缺”，其中有几家后来破产了，有几家差点儿破产。

这就是所谓的“什么价格买都不会赔”的下场。股票也好，公司也好，根本没有任何资产能好到价格再高也不会被高估的地步。对于聪明的投资人来说，这种说法必须从你脑中永远剔除出去。

但是，你别以为经历过如此大跌，投资人肯定会吸取漂亮 50 成长股泡沫的惨痛教训。我们再往下看，你会发现 1995 年后，股市泡沫又出现了。这时股市上最火的是科技股，就像上一次泡沫是公司创新点燃成长股的风潮一样，这次是三大领域的科技进步正在点燃投资人的想象力：通信（移动电话和光纤传输），媒体（包括对内容无限需求以填满新的娱乐频道），信息科技（特别是互联网）。

“互联网将改变世界”是当时最火的口号，接下来投资人会说“电子商务股票，什么价格买都没关系”。漂亮 50 成长股的市盈率高到原来的八九十倍，大家一算会说这样的市盈率太高了，相当于投资八九十年才能收回成本。可是，对于互联网股票来说，根本不存在市盈率过高的问题，因为这些互联网企业根本没有任何盈利。市盈率等于每股市场价格除以每股收益，没有收益，哪会有市盈率？不仅这些投资完全是概念性的，而且很多互联网公司本身也是概念性的。既然这些创新公司根本没办法按传统的市盈率指标进行估值，那么华尔街就创新性地想出新型估值指标来替代市盈率。既然互联网公司没有盈利有收入，那么华尔街就用市销率代替市盈率——每股市场价格与每股销售收入之比。有些电子商务公司连销售收入也没有，这也没关系，以后会有的，就用“眼球”替代收入，即消费者访问这些公司网站的次数。因为消费者访问公司网站的次数越多，以后在这个网站上购物的概率就越大。

就像漂亮 50 成长股一样，在投资狂热风潮的下面，市场还是有点儿真实性的——要让泡沫吹起来，这是前提条件，也是必需的。但是投资人失控了，不讲逻辑推理，也不讲投资纪律，才会得出如此荒谬的推论：价格再高也不会赔。投资人高喊着口号“互联网将改变世界”，这话说得对，互联网确实改变了世界，现在的世界和 20 年前相比，简直是改头换面。可是，现在互联网还在，但 1999 年到 2000 年的互联网股票绝大多数都没有了。这些倒闭的互联网公司的股票让投资人亏掉了 100%，相比之下，投资漂亮 50 成长股亏掉了 80%~90%，还是很令人羡慕的。

关键点已经很清楚了，我认为“价格再高也不会赔”，是产生泡沫必不可少的关键因素，也是产生泡沫的显著标志。同样的道理，在股市泡沫期间，投资人经常得出结论，应该去借钱买这些大牛股，就是我们常说的加杠杆或者配资。不管你借钱的利率是多少，你买这些大牛股升值所带来的收益率，肯定都比你借钱的利率高。很明显，投资人脑子糊涂了，分析、怀疑、不盲目相信的大脑功能暂时停止了。

“什么价格买都不会赔”，是泡沫的终极成分，因此也是市场上涨过高的铁证。参与泡沫，没有安全的方式，只有危险的方式。不过，你应当注意，“价格过高”并不等于“明天就会下跌”，二者的意思差得很远。很多投资风潮会前行好长一段时间，才到达泡沫的程度。有几个非常著名的投资人，很早就举起白旗投降了，因为他们一直拒绝跟风加入科技股泡沫，结果天天看着别人在泡沫里一边跳舞一边数钱，实在太痛苦了，他们终于抗不住了。有些基金经理为此眼睁睁地看着客户大量赎回基金；有些基金经理变得垂头丧气，干脆退出不干了；有些基金经理则放弃抵抗，投降了，也开始跟风买进热门科技股……他们刚刚高价买进，不久就看到科技股泡沫破裂了，结果错上加错，前面该买不买而错过赚钱机会，后面不该买却买而导致巨大亏损。

~~~

下面我列举的过程，概括总结了市场周期的上行阶段。这个过程告诉我们，经济周期、企业盈利周期、心理周期、风险规避周期和媒体行为周期如何形成合力，推动市场价格大涨，且涨幅远远超过其内在价值。它也告诉我们，周期的上一步变化如何引发下一步变化：

- 经济增长，经济数据都利好；
- 企业盈利增长，高于预期；
- 媒体刊登的只有好消息；
- 证券市场走强；
- 投资人变得更加自信，更加乐观；
- 大家认为，风险非常少见，就是有风险也是良性的，不会有大害；
- 投资人认为，承受高风险是赚钱的必经之路，高风险才能带来高
~~~

收益；

- 贪婪驱动投资人的行为；
- 投资机会的需求，远远超过供给；
- 资产价格上涨，超过内在价值；
- 资本市场大门敞开，发行证券融资很容易，债务到期滚动融资很容易；
- 违约出现得很少；
- 投资人的怀疑程度降到低点，而信任程度升到高点，意味着有风险的交易也能达成；
- 没有人能想象事情会出错，没有什么有利的发展变化看起来是不可能的，一切好事皆有可能；
- 每个人都想当然地认为，事情会永远变得更好；
- 投资人忽视损失的可能性，只担心错失机会；
- 没有人能想到有什么理由要卖出，也没有人被迫要卖出；
- 买进的人数超过卖出的人数；
- 市场小幅下跌，投资人不但不生气，而且很高兴，正好逢低买入；
- 股价创出新高；
- 媒体欢呼庆祝股价创出新高；
- 投资人变得盲目兴奋，无忧无虑；
- 持有股票的人自己都为自己感到骄傲——我怎么这么聪明，及时追涨买入，一下子赚了这么多，在高兴之余，他们可能还会买入更多；
- 那些一直站在旁边只敢看不敢买的人，看着朋友发大财，后悔死了，最终他们投降了，也跟风追涨买入；
- 预期收益降到低点，甚至是负的；

- 风险升到高点；
- 投资人应该忘记错失机会，应该只担心亏损；
- 是时候要非常谨慎小心了。

应该注意的最重要的事是：心理乐观成分大到最大限度，能够拿到的信贷额度大到最大限度，价格涨到最高，预期收益低到最小限度，风险大到最大限度。这些因素几乎同时都达到了极限，通常此时就是最后一波疯狂追涨买入突然发作的时候。

同样，我也列出了一个过程，描述在市场下跌的时候会发生的情况：

- 经济增长放缓，报告数据都是不利的；
- 企业盈利持平或者下跌，且低于预期；
- 媒体报道的都是坏消息；
- 证券市场疲软；
- 投资人变得担心和沮丧；
- 大家觉得到处都是风险；
- 投资人觉得，承担风险一点儿好处也没有，不会让他们赚钱，只会让他们亏钱；
- 恐惧主导了投资人的心理；
- 市场上证券的需求低于供给；
- 资产价格跌到内在价值以下；
- 资本市场大门“砰”地猛然关闭，想要通过发行证券融资非常困难，通过债务到期滚动融资也很困难；
- 债务违约率飙升；
- 投资人的怀疑程度升到高点，信任程度降到低点，意味着只有非常安全的交易才能达成，甚至任何交易都达不成；

- 没有人考虑情况可能出现改善，任何负面的结果都有可能发生，一切坏事皆有可能；
- 每个人都想当然地认为，情况永远只会变得更加糟糕；
- 投资人忽视赚钱机会的可能性，唯一担心的就是会亏钱；
- 没有人能想到值得买入的理由；
- 卖出的人数超过了买进的人数；
- “不要去抓跌落的小刀”取代“逢低买入”；
- 价格创出新低；
- 媒体关注这种令人沮丧的趋势；
- 投资人变得沮丧和恐慌；
- 持有证券的投资人觉得自己好傻，幻想破灭了，亏了之后他们才明白，自己当初做这笔投资时所想的那些理由，其实自己并不是真正明白；
- 那些一直拒绝跟风追涨买入的人，特别是那些卖掉股票的人，觉得自己当初的判断得到了市场验证，自己一直不买简直太英明了；
- 那些本来持有股票的人放弃了，以令人沮丧的价格割肉卖出，结果雪上加霜，让股价进一步螺旋式下跌；
- 大跌之后，股价蕴含的预期收益率高到了天上；
- 风险很低；
- 投资人应该忘记亏钱的风险，只应担心错过赚钱的机会；
- 进攻型投资的时刻到了。

前面我们讲的是市场周期上行阶段涨到“头部”时的情况，现在我们看到的情况正好完全相反，市场周期下行到“底部”：心理落到最低限度，信贷融资处于最低点，人们几乎融不到资，价格跌到最低，潜在收益率升到最高，风险降到最低，最后一个乐观的投资人也举起了白旗表示投降，跟风杀跌卖出了。

上面所说的过程是简化版的，其实这就像用卡通漫画来描述通向失败之路。但是这并不是想象，也没有过于夸大，是完全合乎逻辑的情况，一个事件引发下一个事件，两个方向都有可能，可以正向发展，也可以反向发展……直到最后走到完全不合乎逻辑的极端，就像纸牌屋一样，一下子都倒塌了。

这些事件并不是每次都会按照同样的顺序发生，也并不是在每个市场周期中这些事件都会出现。但是这些行为是真实的，它们肯定是市场周期的必备要素，市场就是这样有规律地波动起伏，类似的行为模式一再出现，从一个十年到下一个十年，由此构成了市场长期的主旋律。

一个没有经验的菜鸟投资人，第一次经历一波上升的市场周期。这个过程一开始看起来是合乎逻辑的，利好因素一个接一个，形成大牛市甚至泡沫。然而事实真相是，这么多好消息，这么乐观的预期，最终投资却以亏损告终，肯定会让投资新手感到非常震惊。当然，对于那些不懂投资的门外汉来说，他们的投资以这样的悲惨结局收场，其实是不可避免的。因为如果这个建立在错误判断基础上的过程没有走到极端，市场就不会上涨到牛市的最高点，这个最高点同时也是市场反转下跌的起点，没有这个起点，市场也不会跌到熊市的最低点，而熊市的最低点也是反弹上涨的起点。

~~~

我之前讨论了以下两种因素之间的关系，即周期走到现在这个位
~~~

置时与投资预期收益率之间的关系。现在要结束这一章了，我想要进一步深入地阐述二者之间的关系。

快要接近交出本书最终稿的时间时，我突然有了一个灵感，想到以一种简洁的方式来展现我心里所想的那种周期现在的位置与投资预期收益率二者之间的关系：让我们假设一开始，市场周期处在中心点，这通常意味着，经济增长正好处在长期平均趋势线上，企业盈利水平是正常的，股市估值水平从历史长期来看是合理的，资产价格和内在价值保持一致，市场情绪不是极端的。在以上所述这些条件下，预期收益率也是“正常的”，未来的预期收益率的概率分布如图 12–1 所示：

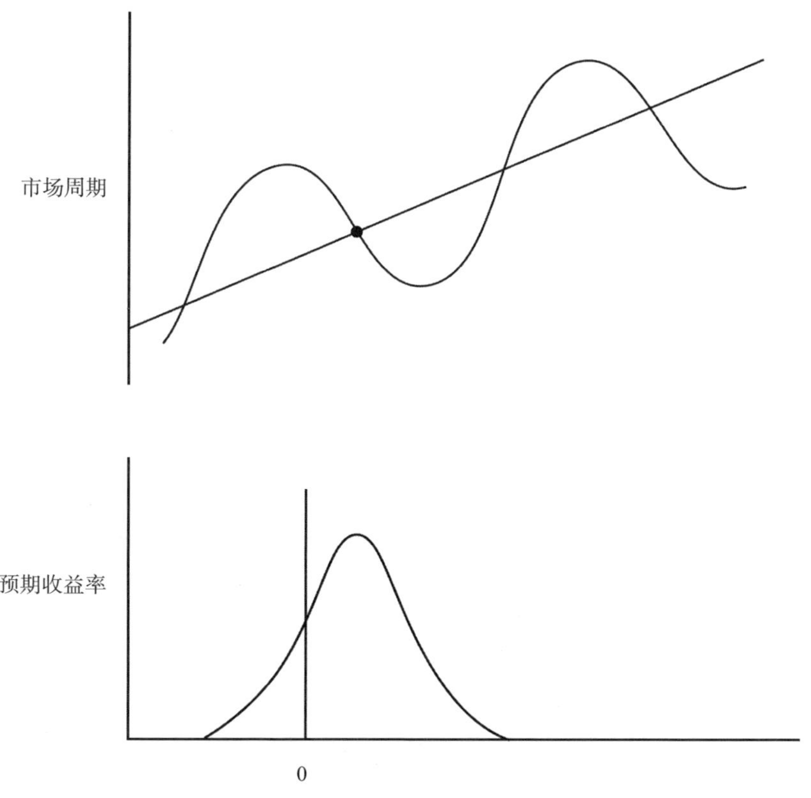

图 12–1　市场周期与预期收益率 I

但是，如果市场周期的位置不在中心点，而在周期的高点，那么情况会怎么样？不管基本面的情况如何，这都意味着估值水平过高了，股票价格远远超过了其内在价值，价格里面包含了很大成分的乐观主义。在这个点上，未来的预期收益率会低于正常水平，偏向负收益率。此时预期收益率新的概率分布如图 12–2 所示：

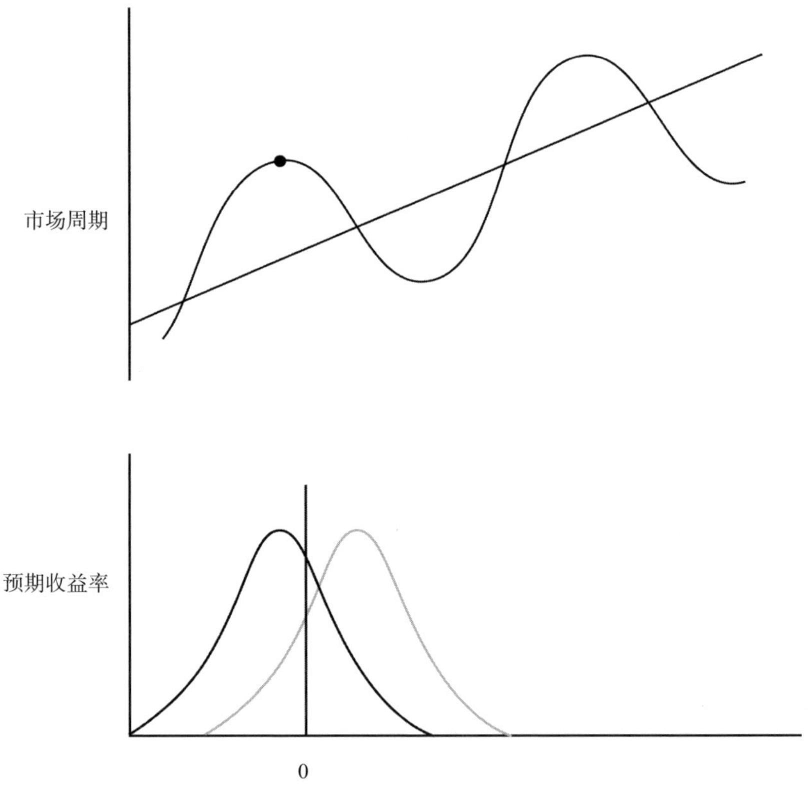

图 12–2　市场周期与预期收益率 II

如果市场周期是在周期的低点，那么情况又会如何？现在由于投资人沮丧的心理，估值水平处于历史上的低点，这意味着出现物美价廉的便宜货，资产价格大大低于其内在价值。在这种情况下，未来的预期收益率的概率分布会向右移，通常这意味着很高的潜在收益（见图 12–3）：

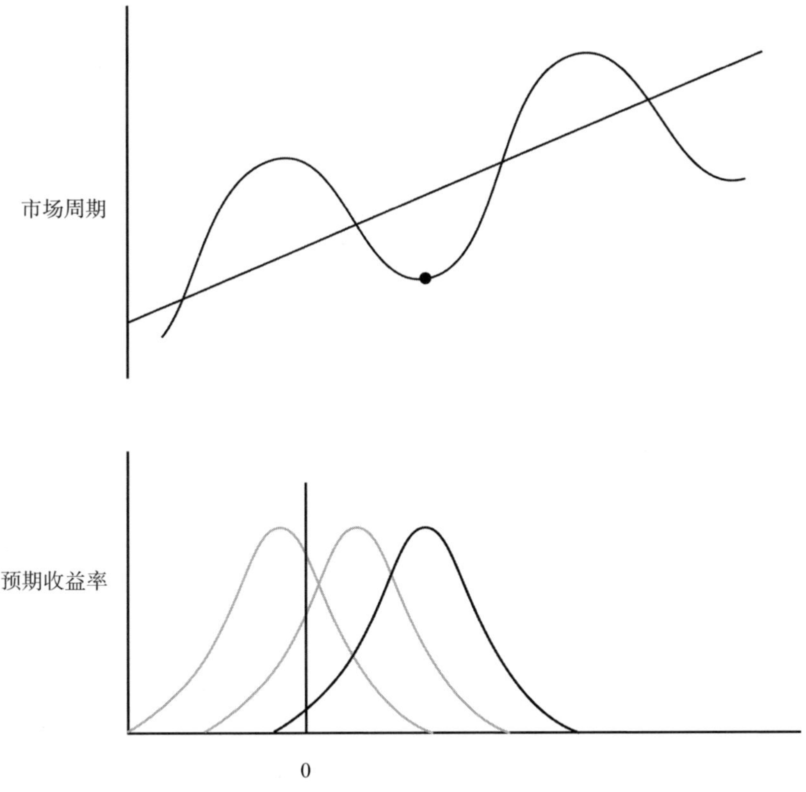

图 12–3　市场周期与预期收益率 III

用概率分布图进行的概念化描述，清楚地表明了周期位置和预期收益率之间的关系。虽然这样讲远远谈不上很科学，但是我知道的一切都告诉我，这样讲是对的。

13

如何应对市场周期

讲了这么多周期知识，关键是什么？关键是我们要知道现在投资人心理周期和估值水平周期的钟摆摆到了什么位置。有时候，投资人会拒绝买入，甚至还要卖出，因为这个时候，投资人的心理过于积极，给予股票过高的估值水平，导致股价飙升到顶点。有时候，投资人应该买入，因为这个时候投资人看到市场一直下跌，心理和情绪低落，甚至垂头丧气，结果陷入恐慌情绪，抛弃估值标准，急于低价抛售，不管价格多便宜都要卖，从而导致市场上出现很多物美价廉的便宜货。

投资人的目标是合理布局资本，从未来的发展变化中获利。投资人希望做到，市场上涨时自己投入的资本更多，而在市场下跌时自己投入的资本更少，持仓更多的是涨幅大或者跌幅小的资产，而持仓更少的是涨幅小或者跌幅大的资产。投资人的目标很清楚，问题是如何能实现这个目标。

第一步，决定你要如何应对未来。有些人相信经济预测和市场预测，相信按照这些预测的要求采取行动就会成功。如果这些预测表明会有有利的事件发生，那么相信预测的人会更加激进地投资；相反，如果这些预测表明会有不利的事件发生，那么相信预测的人会更加保守地投资。

我已经明白地说过了，我不相信预测。关于未来会发生什么，只有极少数人知道得比别人更多，而且他们能够靠这个本事来提高投资收益率。要衡量预测的成绩，我们可以利用两个指标：一是从事件本身来看，有人比别人预测得更准，二是从结果来看，有人取得的投资业绩比别人取得的更好。不过，按照这两个指标来衡量，大多数人预测成绩的历史记录都相当糟糕。确实，每隔一段时间，就会有人做出一次非常辉煌的成功预测，并扬名天下，但是通常他们给出的所谓准确的下一次预测，即使过上很多年，也无法实现。

既然大多数人都缺乏这种看透未来的能力，我们如何能够现在就布局投资组合来应对不可知的未来？我认为，答案大部分取决于我们理解市场现在所处的周期位置，以及其所传达的市场未来的走势。正如我在《投资最重要的事》中所写的："我们也许永远都不知道我们将来会去哪里，但是我们最好搞清楚我们现在正在哪里。"

要做到这一点，我们需要总体上理解周期的基本特点：什么因素导致周期运动？什么因素导致周期走极端，冲向顶峰或低谷？什么因素导致周期走到极端又反转回归？前面我们已经讲过，值得我们关注的关键的周期因素有：

- 旋律相似：基本的主旋律会重复出现，历史过程往往会像诗歌的韵律一样十分相似。
- 有起有落：事物往往会有起有落，特别是那些人性能决定的东西。
- 环环相扣：周期的前一波发展都会影响下一波的发展变化。
- 彼此相关：不同种类的周期互相作用，互相影响。
- 心理推动：心理情绪在推动周期性现象超越理性水平上扮演着重要角色。

- 常走极端：周期往往会走向极端。
- 浪子回头：周期往往会走到极端后反转，回归中心点。
- 再走极端：周期回归中心点后，并不停留，而是一晃而过，走向另外一个极端。

这只是概括了影响各类周期的共同因素。此外，我们必须牢牢记住，还有一些特殊因素会影响市场周期：

- 经济企业：经济周期和企业盈利周期，二者塑造了投资环境。
- 心理情绪：投资人心理和情绪往往会随环境的变化过度反应。
- 风险态度：有时候，投资人会觉得风险根本不存在，有风险也没关系，而有时候，投资人认为风险巨大，完全无法逃脱，甚至是致命的。
- 估值水平：有些时点，市场定价只反映了利好因素，甚至还会过度反映；可是也有一些时点，市场只反映了利空因素，忽略了所有利好因素。

这些就是市场周期的基本面，既有影响一般的周期运行的普遍因素，又有影响特别大的特殊因素。我们必须感知周期、注意周期、倾听周期。我们必须运用我们积累的经验和知识，评估现在市场所处周期的位置，从而帮助我们判断未来市场的走势，以及我们该如何采取行动应对。

~~~

你有了以上对周期的深刻理解，相当于进入投资丛林时身穿更好
~~~

的装备。我们现在转向第一个任务，搞清楚自己所处周期的位置。

讲了这么多周期的知识，关键是什么？关键是我们要知道现在投资人的心理周期和估值水平周期的钟摆摆到了什么位置。有时候，投资人会拒绝买入，甚至还要卖出，因为这个时候，大多数投资人的心理过于积极，给予股票过高的估值水平，导致股价飙升到顶点。有时候，投资人应该买入，因为这个时候大多数投资人看到市场一直下跌，心理和情绪低落，甚至垂头丧气，结果陷入恐慌情绪，抛弃估值标准，急于低价抛售，不管价格多便宜都要卖，从而导致市场上出现很多物美价廉的便宜货。正如约翰·邓普顿爵士所说的："在别人都沮丧地卖出的时候买入，在别人都贪婪地买入的时候卖出，这要求你有极大的勇气，也会给予你极大的回报。"

周期上行阶段，市场价格从公允估值水平上升到过高估值水平，并通常和某些重要因素一起出现：

- 基本面普遍都是好消息；
- 投资人对基本面事件进展感觉很满意；
- 媒体一致采取乐观的态度解读事件；
- 投资人对媒体乐观的看法毫不怀疑地接受；
- 投资怀疑程度下降；
- 投资人风险规避罕见；
- 信贷市场窗口大开；
- 投资人情绪普遍都是积极乐观的。

相反，价格暴跌阶段，从公允价值水平跌到过度低估水平，并通常出现以下部分或全部标志性现象：

- 基本面普遍都是坏消息；
- 基本面事件进展不利，拉起了警报；
- 媒体的报道都是高度负面的；
- 投资人全盘接受媒体恐慌性的报道；
- 投资怀疑程度强劲上升；
- 投资人风险规避大幅上升；
- 信贷市场“砰”地猛然关闭；
- 投资人情绪普遍都是沮丧失望的。

问题是我们如何判断现在市场处于周期的位置。重要的是，那些助推市场大涨的因素，都从估值指标上反映出来了：股票的市盈率、债券的收益率、房地产的资本化率和收购的现金流倍数。这些估值指标大幅上升，明显高于历史正常水平。所有这些指标都是潜在收益率降低的先行指标。市场崩盘导致资产价格大跌，估值水平跌到低点，情况和牛市正好相反。这些因素都能被观察到，也能做量化分析。

此外，有一点可以大大帮助我们理解周期的定位，就是仔细留意投资人现在的行为。我们要理解市场周期传递的信息，并对市场周期做出反应，认识下面这点的重要性超过其他所有东西：投资风险并非主要来自经济、企业、证券、股权证明和交易所大楼，而是主要来自市场参与者的行为。大多数能获得高回报的投资机会，也源于此。

投资人小心谨慎地操作，显示出风险规避的态度，充满怀疑主义，抑制乐观情绪。在这个时候，证券价格倾向于合理反映其内在价值水平，由此让证券市场变成一个安全、正常的地方。相反，投资人如果变得非常兴奋狂热，过度热衷于追涨买入，就会推动市场价格大涨，达到过高估值的危险水平。而投资人在沮丧失望的时候，就会恐慌性地抛售卖出，价格就会暴跌，跌到过低估值的水平。

沃伦·巴菲特告诉我们："别人处理自己的事情越不谨慎小心，我们处理自己的事情就越要谨慎小心。"其他人都狂热兴奋的时候，我们应当恐惧害怕。其他人都恐惧害怕的时候，我们应当变得更加积极乐观。

决定你投资业绩的关键，不在于你买的东西是什么，而在于你买东西的价格有多高。你付的买价，即证券的市场价格及其相对于其内在价值而言的估值水平，取决于投资人的心理，以及由此导致的投资行为。能够在既定的市场环境下做出适当的投资行为，很大程度上取决于正确评估市场上其他投资人的情绪和行为。你得知道现在市场的情绪温度，是热得像火烧一样，致使价格太高，还是冷得像冰冻一样，导致价格便宜。

我在 2006 年 3 月写的投资备忘录《本来如此》，还有我上一本书《投资最重要的事》里面都收录了一份市场评估指南（见表 13–1），我想不出理由不把它也收录在本书里，也找不出更好的内容替代。请注意，这些市场评估要点，既不是经过科学论证得出的，也不是经量化得出的，事实上也无法被量化，甚至看起来有些好玩儿。但是对照这些要点去评估市场，能让你对观察到的东西找到一种感觉：

表 13–1　市场评估指南

经济现状	生机勃勃	停滞不前
经济展望	正面有利	负面不利
贷款机构	急于放贷	缄默谨慎
资本市场	宽松	紧缩
资本供给	充足	短缺

（续表）

融资条款	宽松	严格
利率水平	低	高
利差水平	窄	宽
投资人	乐观 自信 渴望买进	悲观 忧虑 无心买进
资产持有人	乐于持有	急于卖出离场
卖家	稀少	众多
市场	人群拥挤	乏人问津
基金	申购门槛高 每天都发新基金 基金管理人说了算	向所有人开放申购 只有最好的基金才能募资 基金投资人有话语权
近期业绩表现	强劲	萎靡
资产价格	高	低
预期收益	低	高
风险	高	低
流行风格	激进 四处投资	审慎且自律 精挑细选
正确风格	审慎且自律 精挑细选	激进 四处投资
易犯错误	买进太多 高价追涨 承受太多风险	买进太少 离开市场 承受太少风险

我在这份市场评估指南的使用说明中说道："请针对每一组特点，勾选出你认为最能描述市场两端的词，如果你发现你和我一样，打钩的项目大多数都在左边那一栏，那么赶紧捂紧你的钱包。"

这些指标告诉我们，现在市场所处周期的位置以及未来市场的走势。因此，这些指标能帮我们"测量市场温度"，这是我的比喻。我在

《投资最重要的事》里的描述如下：

> 我们如果是警觉的，是留心的，就能够评估我们周围那些人的行为，并以此来判断我们应该做什么。
>
> 这里最关键的成分是“推断”——这是我最喜欢的一个词。每个人都能通过各种各样的媒体了解每天发生的事情，但是有多少人能够理解这些事背后所折射出来的信息：市场参与者的心理是什么样的，投资气候是怎样的，我们应该如何应对。
>
> 简单地说，我们必须努力想明白周围发生的事情的含义。当其他人无所顾及，充满自信地激进买入时，我们应该高度谨慎。当其他人都吓得一动也不敢动，或者恐慌性地割肉卖出时，我们应该变得更加激进。
>
> 所以看看你的周围，问问你自己：投资人乐观还是悲观？媒体名嘴认为：现在的市场，投资人应该加仓买入，还是应该避开？新型的投资方案很容易被市场接受，还是被拒绝？证券发行和基金放开申购，被视为是发财的机会，还是亏钱的陷阱？信贷周期现在的阶段是资本更容易获得，还是资本更难得到？市盈率参照历史水平来看，是过高还是过低？信用利差收窄还是加大？
>
> 所有这些因素都很重要，但是它们都不需要预测。我们可以做出非常优秀的投资决策，只需要仔细观察现在的情况，并以此为基础去做决策，而并不需要猜测未来会如何。
>
> 关键是你要留意这些事件，让事件告诉你应该做什么。虽然市场沿着周期曲线行进的时候，并不会天天大声高喊“采取行动”，但是市场周期走到极端时，确实会如大喊大叫一样发出强烈的信号。这时倾听市场发生的声音非常重要。

事情随时都可能发生，从而影响世界、经济和投资环境。没有人能够研究、分析、理解所有事情，并将它们全部纳入自己的投资决策，也没有人需要这样做。不管怎么样，每个周期都会发生不同的事件，按照不同的顺序，产生不同的结果。

我在这里想表达的观点是，并非所有的细节都重要。关键是抓住三个重点：第一，搞清楚什么是最重要的事；第二，推断那些最重要的事现在是什么情况；第三，从这些推断中得出结论：最能概括现在投资环境总体特征的事是哪几件，以及我们应当采取什么样的行动。换句话说，要与周期的步调保持一致，要同周期一起与时俱进，在周期出现重大变化时，我们的投资行动也要相应地做出重大改变。

可是具体来说，市场周期走到极端，会不可避免地出现估值水平过度偏离历史正常水平的现象。估值水平，是投资人心理产生的结果，也是投资人心理失常的症状和指示器。

我上面所列的这些心理和情绪因素的最大影响，就是让投资人相信过去的估值指标已经变得无关紧要了，你可以完全不予理会。投资人情绪很高，市场价格会涨得更高，让他们高位追涨买入也能赚钱，这时候他们发现很容易找到理由，解释这些资产应当不受历史正常估值水平的限制。这种解释通常会用一句话开头：“这次不一样了。”仔细留意，这是一个凶兆，代表投资人的警惕怀疑态度消失了。与此类似，在市场崩盘时，资产价格之所以会暴跌，通常因为投资人内心认定，过去支持估值的因素没有一个值得信任。

所以要理解我们现在所处的周期位置，我们要依赖两种形式的评估：

> 第一个是完全定量分析评估：评估市场价格的估值水平。这是一个合适的评估起点，因为如果估值水平没有偏离历史正常水平，

> 市场在上涨和下跌的两个方向上就不可能走过头。
>
> 第二个是基本定性分析评估：看清我们周围正在发生的事，特别是投资人的行为。重要的是，我们即使在观察这些非量化现象的时候，也有可能做到有条不紊。

关键的问题可以被归纳为以下两个：这些资产如何定价？我们周围的投资人如何行事？评估这两个因素，持续地评估，而且用一种严谨的方式，会对你的投资决策非常有帮助。回答这两个问题，会让我们判断出我们现在所处周期的位置。

快到结束这个话题的时候了，我想重复一下我过去一直唠叨的东西：即使你测量的市场温度准确无误，它们也不能告诉你接下来会发生什么……最多你只能从中判断未来走向。

市场周期每次都不同，包括波动幅度的大小、速度快慢和持续长短。市场周期的波动并不是非常规律的，能让我们根据历史推断未来。因此，从周期现在所处的某点来讲，市场可能会朝三个不同的方向运动：向上、平行和下行（见图 13–1）。

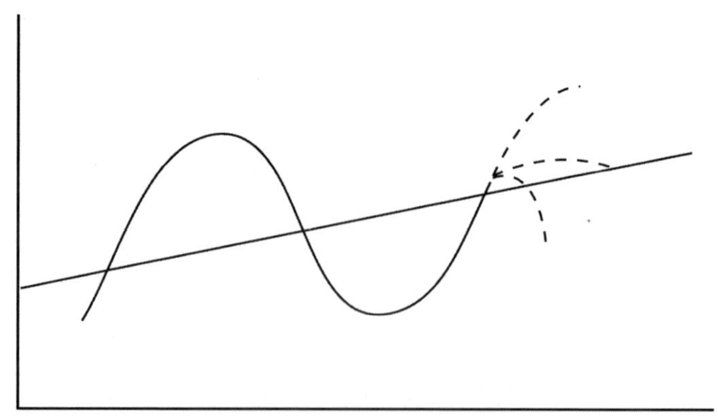

图 13–1 周期未来三种走向

但是这并不意味着，向这三种方向运动的可能性都是相同的。我们不管处在周期的什么位置，都要受到趋势性或者可能性的影响，即使趋势性或者可能性并不能完全决定未来周期的发展变化。在其他条件相同的情况下，如果市场正处在周期的高点，那么市场向下修正的可能性更大，继续上涨的可能性更小。反过来，如果市场正处在周期的低点，那么市场向上反弹调整的可能性更大，继续下跌的可能性更小。这并不是说市场周期的趋势一定会这样发展，但是我们跟着市场周期的趋势走，会更安全。评估我们所处的周期位置，并不能告诉我们接下来会发生什么，只能告诉我们发生何种情况的可能性更大，发生何种情况的可能性更小。但是，对于投资决策者来说，其中有用的信息已经很多了。

~~~

要学会识别市场周期是否走过头，最好的方式就是分析真实的案例，看看周期走到极端的时候发生了什么事情。因此接下来，我会评估最近两个泡沫的形成过程，以及随后而来的大崩盘。尽管这两个泡沫并不相同，但是它们都表明测量市场温度的重要性：

第一，让我们回顾一下 20 世纪末到 21 世纪初的快速上涨的股票市场，特别是网络股泡沫的形成。在此期间，警觉的投资人应该注意到哪些情况：

- 20 世纪最后 10 年，美国享受了历史上持续时间最长的经济和平增长时期。
- 1996 年 12 月，美国标准普尔 500 股票指数达到了 721 点，时任美联储主席艾伦·格林斯潘质问道：“我们如何知道不是非理性
~~~

繁荣过度推高了资产价格？”但是从此之后，他再也没有说过非理性繁荣这件事，即使后来标准普尔指数在2000年达到了1 527点，他也没有再说过非理性繁荣。

- 1994年，沃顿商学院的杰里米·J. 西格尔教授出版了《股市长线法宝》一书。他在书中指出，股票长期无法跑赢债券、现金、通货膨胀的情况，历史上从来没有出现过，也就是说，股票长期收益率从来都是跑赢债券、现金、通货膨胀的。
- 芝加哥大学研究专家此前得出结论，美国股票投资的正常收益率为每年9%。20世纪最后10年，标准普尔指数平均年收益率接近20%，比历史平均水平高出1倍多。
- 股票市场表现得越好，投资人配置到股市上的资本就越多。对于科技股来说尤其如此，因为科技股当时是市场的领头羊。
- 更多的科技股纳入像标准普尔500这样广泛被认可的股票指数，意味着采用指数投资和准指数投资策略的投资机构必须买入更多的科技股，才能跟住指数。这又导致科技股进一步上涨，而科技股上涨又会导致更多的资本买入科技股。这是一个典型的良性循环，没有人认为这种良性循环会停止。
- 大多数“新经济企业”根本没有盈利，让这些企业的股票挣脱了传统市盈率估值标准的束缚，那种股票应该保持合理市盈率水平的要求，对于这些企业来说毫无意义。没有盈利，当然就没有市盈率。
- 在泡沫后期，有些网络股上市的首日收盘价会比发行价上涨很多倍。此时，投资人愿意以比发行价高很多倍的高价买入这些股票。这些买家可能认定了两点：第一，这些企业的创始人一直非常高兴卖出这些股票，卖出的价格只是其真实价值的一小部分；第二，这些创始人很懂企业却不懂股票，对股票价值的了解并没有比买家多。这两个结论都根本站不住脚。

- 为了能沾上这种神奇股票的魔法，快速赚大钱，也为了避免遭受站在一边眼睁睁地看着别人赚钱自己却没赚钱的痛苦，投资人开始参与那些根本没有盈利（有些甚至没有收入）的企业新股盛宴，只要是新股，人们就会去抢，其实投资人对这些企业的经营模式知之甚少，甚至一无所知。
- 1999 年有一本新书出版，书名是《道指 36 000 点》，该书的作者是詹姆斯·格拉斯曼和凯文·哈西特。他们认为，因为股票的风险实在太低了，所以股票并不需要提供像历史水平那么高的风险溢价。这意味着股票的价格应该马上上升到更高的水平，这样提供的预期收益率就降低了，其风险溢价水平也就降到了低于历史水平。按照这个逻辑来推断，目前道琼斯工业平均指数只有 10 000 点，太低了，应该上升 3 倍以上，达到 36 000 点，这才是合理水平。
- 由于成长股和科技股狂涨，标准普尔 500 指数的市盈率最高达到原来的 33 倍，比“二战”之后的历史平均市盈率高出 1 倍，创造出标准普尔 500 指数自诞生以来市盈率的最高纪录。

出现了什么情况？

- 频繁传出经济好消息；
- 很多文章和书都乐观看涨；
- 投资人行为轻率，无忧无虑，根本不考虑风险这回事；
- 投资收益率高到不寻常的程度；
- 和历史平均水平相比，股票估值水平极高，高得离谱了；

- 投资人普遍愿意高价买入，尽管这样的价格按照基本面分析根本不合理；
- 相信股市是一个永动机，会永远不停地涨。

最后一点特别重要。每个泡沫在刚开始时，还是有一些真实成分的，我在前面也说过。但是后来泡沫被越吹越大，过高估计了基本面的实质内容和企业未来盈利的潜力，投资人的警惕心暂时消失了，大家都普遍相信，公司会永远增长下去，股市会永远上涨。

当然，投资人要是客观地测量股市温度，就会知道，泡沫被吹得太大，迟早会破裂，落到地上，最后只剩一地碎末。我在 2000 年 1 月所写的投资备忘录《网络科技泡沫》中，描述了一些网络股泡沫破裂的现象：

- 网上杂货零售商 Webvan，1999 年开始营业，当年第 3 季度实现销售收入 3 800 万美元，盈利 35 万美元。2000 年 1 月这家公司的股票市值为 73 亿美元。
- 1999 年 12 月 9 日，高科技公司 VA Linux 的股票上市，发行价为每股 30 美元，上市首日大涨 698%，达到每股 239 美元，公司股票市值达到 95 亿美元，相当于苹果公司的一半。到上市那一天为止，这家公司 1999 年实现的销售收入为 1 770 万美元，亏损 1 450 万美元（相比之下苹果公司最近 12 个月盈利 6 亿美元）。
- 电子商务股的市盈率实在太古怪了，它往往是负值，因为大多数电商股没有盈利。华尔街被逼得实在没办法了，只能看市价与每股销售收入的比值，即市销率，把它作为替代估值指标。以红帽公司为例，按照 1999 年 8 月那个季度折算成的年化销售收入来看，其股价相当于年销售收入的 1 000 倍，即市销率为 1 000 倍。

- 在非电商股的高科技企业中，雅虎公司的市值高达 1 190 亿美元，比美国两大汽车股通用汽车和福特汽车的市值之和还要大。雅虎 2000 年 1 月的股价为每股 432 美元，按照其 1999 年预期每股收益计算，市盈率正好超过 1 000 倍。

在这样非同寻常的环境下，1999 年 12 月 10 日的《华尔街日报》刊发了一篇文章："现在要猜测一家公司的业绩表现，其股票估值具有非同寻常的指示意义。"换句话说，在缺乏其他信号的情况下，投资人把股价看作指示器，以股价高低来衡量公司业绩表现。这是不是历史的倒退？在很久以前，投资人先要搞清楚一家公司的业绩表现，然后再设定一个能反映公司盈利能力的合理股价。

在这种估值标准处于真空的状态下，"乐透彩票式的思维模式"似乎主宰了购买决策。传统的股票投资模式，基于预期收益和市盈率水平计算，按照目前价格买入，投资人将来的收益率不可能超过 20% 或 30%。但是科技股和网络股则基于概念，收益率预期可达到 1 000%。推销股票时，经理们也许是这样讲卖点的："我们正在给这家公司寻找第一轮融资，公司估值为 3 000 万美元，我们预计再过两年就会公开发行股票上市，到那个时候公司估值就是 20 亿美元。"或者，"公司发行新股的定价是每股 20 美元，上市当天就会涨到 100 美元，上市半年就会涨到 200 美元。"

你想像买彩票一样买这种股票赌一把吗？你要是说不，拒绝买入，就会错过赚大钱的机会，你受得了吗？

总会有一些想法、股票、新股出现，能让参与其中的人赚到很大一笔钱。但是过去参与其中的压力不像今天这么大，因为过去成为赢家不过是成为百万富翁，而不是赚到几十亿美元成为超

> 级富豪，而且这需要很多年，而不是仅仅几个月。现在这种参与新股的股票交易和过去的股票交易完全不同，你买新股就和买彩票一样，花1美元来买，最多亏损1美元，但是买到新股就能赚100美元。第一，盈利太高了，简直令人无法抗拒；第二，投资成本很小，所以人们并不需要非常高的成功概率，偶尔成功一次就赚大了。我过去说过，尽管市场通常是由恐惧和贪婪驱动的，但是有时候，市场最大的驱动力是害怕错过赚钱的机会。这一点从来没有像现在这样真实。这只会增加你必须加入赌局的压力，必须在危险的树枝上向前爬得更远。

关键是在一个像网络股一样极端的泡沫里，理性的投资人并不需要做出精细的区分。你所需要做到的，只不过是识别出疯癫、愚蠢的行为。我作为一个旁观者，用一种超然的、独立的、不带感情的方式观看这场投资游戏，而不是像那些身在其中的人，带着感情色彩来看待一切。我觉得，这个科技股和网络股的疯狂投资泡沫，就像安徒生童话中《国王的新衣》一样。那些参与游戏的人，都想让事情继续发展下去，没有人愿意站出来说实话——国王根本没有穿衣服。我们刚才描述的这些变化，就是群体性疯狂的信号，而群体性疯狂是每个泡沫都必定包含的成分。

那些在20世纪90年代靠股票大涨、发家致富的人，特别是那些通过买科技股和网络股发了大财的人，以此来预言一个繁荣的新时代到来了，一个创造财富的新时代到来了，因为这些人在享受到股票投资高回报之后所做出的反应是，进一步提高对未来收益的预期（正如古雅典雄辩家德摩斯梯尼的一句名言所说的："每个人想什么，就会信什么"，查理·芒格也曾经引用这句话）。但是更加冷静的头脑会分析得出结论，对于那个年代在这种兴奋狂热的情绪驱动下买入的股票，人们付出的买价要大大高于其内在价值，其实透支了公司未来的业绩，负面影响很大，但这也意味着股市将会下跌向下修正。一两年后股市大跌的事实证明，这种判断是对的。

最终的结果是从 2000 年到 2002 年：（1）美国股票市场连续三年下跌，从 1929 年到 1931 年，市场都处于大熊市阶段，这是近 70 年来第一次连续三年下跌，标准普尔 500 指数从顶峰到谷底累计下跌 49%（不含股息收入）；（2）科技股暴跌；（3）很多互联网和电子商务股票跌幅达 100%。

~~~

大家通常认为，泡沫在膨胀时给人的感觉很幸福，而泡沫在泄气收缩时给人的感觉很痛苦。泡沫膨胀是由过度乐观和过度信任的心理因素驱动形成的；而泡沫收缩让投资人损失惨重，教训深刻，投资人肯定从此更加理性慎重地投资。但这也意味着，再过 10 年甚至 20 年，市场才会形成下一个类似的大泡沫。实际情况并非如此。因为这一点实在太重要了，我要再次引用约翰·肯尼斯·加尔布雷斯关于人类吸取金融教训的评论：

> “助长金融市场狂热兴奋的因素还有另外两个，不论是在我们这个时代，还是在过去的时代，都极少有人注意到。第一个因素是，人们在金融投资上的记忆极其短暂。后果是对那些金融投资大灾难，投资人很快就完全遗忘了。更进一步的后果是，同样的或者非常相似的情形再次出现，有时距上一次发生才过了短短几年，却受到新一代投资人的一片欢呼。新一代投资人，通常很年轻，
~~~

总是非常自信，称其为卓越的重大创新发现，会改变金融世界，甚至改变整个经济世界，却不知道这种事情在历史上造成了金融大灾难。

网络股泡沫结束短短几年之后，市场中就开始出现导致次贷繁荣兴起的事件。关于次贷危机，本书前面已经讲得够多了。这些导致次贷危机的事件提供了一个极好的案例，说明周期过度摆动是如何建立在错误的基础之上的：

- 正如我前面所写的，一些美国领导人断定，让更多的人拥有自有产权住房，只会带来好处。
- 那些负责发放抵押贷款的联邦政府机构得到了上面的指示，开始大幅放宽抵押贷款条件，买房人拿到房贷更容易，拿到的房贷也更多。
- 利率下调，每个月还的利息少了，每个月工资收入供得起房贷的人更多了，这也意味着更多的人买得起房了。
- 更多人买得起房了，抵押贷款也更容易拿到了，导致买房的人增多，房子的需求也开始增长。
- 需求增长导致房价明显上涨。“房价长期只会涨不会跌”本来不符合历史事实，完全是谬论，现在房价一涨，却成了被人人接受的真理。信它的人越多，就会有更多的人买房，他们害怕再不买，房价就又涨了，结果推动房屋需求进一步增长。
- 更多的大话空话流行起来，比如“绝对不可能会有全国性的抵押贷款违约浪潮”，由此导致市场普遍接受抵押贷款支持证券可以作为投资的首选，特别是金融机构投资的首选。

- 华尔街搞出一个模型，把那些平常、乏味，却也可靠的房屋抵押贷款证券化，变成信用分级的债务抵押债券（CDOs），它们摇身一变，成了新一代高收益率低风险的金融产品。
- 构建和销售债务抵押债券和其他抵押贷款支持证券（MBS），让银行的盈利大幅增长。
- 由于放松管制让银行能够实质性地运用更大的杠杆，所以让银行拥有规模巨大的资本，可以被用来投资这种创建抵押贷款支持证券所需要的权益资产。
- 华尔街把抵押贷款支持证券大量包装出来，其规模发展迅速，在此过程中市场创造出巨大的原材料需求：新发放的抵押贷款。
- 华尔街把由于次级抵押贷款包装成证券，然后再被贷款机构转手卖出去，而不是像过去那样留在自己手里，所以贷款机构关注的重点，从借款人的资信转移到贷款数量上。贷款机构只需要支付一笔手续费，然后贷款就能马上被包装成证券转手卖掉，这样贷款机构不会有任何违约风险，因此贷款机构没有理由担心借款人的资信——反正我一转手就把它们卖掉了。很明显，这就给了贷款机构一个违背常理的激励（这会激励参与者做容易招来风险的事情，却不用担心后果。像这样的激励在全球金融危机中被称为“道德灾难”，后来这个术语被广泛传播。尽管人们现在不像在危机期间那样经常听到它了，但是这个概念还是在延续使用，而且仍然很危险）。
- “金融工程”理念标榜抵押贷款的安全性，这是由那些量化专家和博士提出的，其实他们很多人还是第一次参加工作。他们做模型来量化分析风险，却基于有漏洞的假设，即抵押贷款会如过去一样，继续保持互不相关，风险不高。

- 创造出大量的次级抵押贷款支持证券，意味着那些评级机构有很多生意要做，因为要销售这些证券，评级机构的评级是必需的。但是这些赚钱的活儿，肯定会被指派给那些愿意提供最高评级的机构。这直接导致花钱就能买评级，结果又创造出违背常理的鼓励行为，形成泛滥成灾的评级注水现象。
- 这些趋势导致那些评级机构给抵押贷款支持证券发出上千个3A信用评级（相比之下，美国几千家企业，只有4家企业得到了3A信用评级）。抵押贷款支持证券非常复杂，评级机构的人很明显能力不足，无法完全理解。
- 银行和其他金融机构之所以买了大量抵押贷款支持证券，都是被风险管理技术忽悠的，比如风险价值模型（简称VaR），这些模型在很大程度上，依赖于时间短、风险不高的历史数据以及明显过度慷慨大方的信用评级，由此大大低估了买方承受的风险。
- 以上现象发生时，投资人好像根本没有察觉到风险，这种风险态度的典型特征是，到处散布着“风险已经消失不见了”的空话，这种风险态度也促进了以上所有现象的发生。

那么这个泡沫形成的根本原因是什么？我在2007年9月写的投资备忘录《现在一切都坏掉了吗》中总结归纳了原因：

一个标准的综合，证明其可以完美地引起泡沫：

- 潜在的贪婪；
- 周期上升阶段收益良好；
- 兴奋狂热和志得意满；
- 信贷市场的贷款成本几乎为零，而且人们很容易拿到贷款；

- 华尔街（证券投资机构）的鼓励和推销；
- 投资人太傻太天真。

促进市场上涨的发展变化很明显：

- 风险规避下降幅度巨大，这样一来，怀疑主义就消失了；
- 那些对住房和抵押贷款一概而论的正面总结，大家都普遍接受；
- 过度信任新的金融工具，比如金融工程和风险管理；
- 人们普遍没有看到，在此过程中对参与者进行不适当激励的影响。

抵押贷款支持证券市场形成泡沫，主要受三个心理因素影响：投资人的金融投资记忆很短、心理情绪容易过头和逻辑推理错误。此外，另外两个因素的影响也很大：

- 第一个因素是固定收益投资人没有经历过泡沫：因为新的泡沫是在抵押贷款这块儿土地上升起来的，而从整个金融市场来看，固定收益这个板块完全独立于过去科技股和网络股泡沫兴起的那个板块，固定收益板块吸引的是做固定收益的投资人和金融机构。这些做固定收益投资的投资人和金融机构以前不做股票，自然没有亲身经历过股市泡沫从形成到破裂的过程，没有亲身体验过泡沫的影响多么巨大，自然也没有从中吸取教训。
- 第二个因素是股票市场和债券市场表现都很差：历史上股市与债市一般是背离的，走势相反。股票不好而债券好，或者股票好而债券不好。最近股票表现得非常糟糕，让投资人很泄气，又加上

> 鸽派的美联储降低利率，结果把固定收益投资的收益率拉低了。股市不行，债市也不行，投资人只能两条路同时放弃。他们向左走不通，向右走也不行，正当投资人感到走投无路的时候，有人告诉他们，有一种金融产品有收益却没有风险，于是这些正在发愁找不到投资出路的投资人很容易就上钩了。

趁现在这个机会，我们跑题一会儿，这很有意义。投资人一再犯下的最大错误，就是容易轻信无风险收益，一听到别人忽悠有种资产只有收益没有风险，就马上倾心。我称这种神奇的投资为“神奇银色子弹”，这个说法出自20世纪50年代一部美国西部电视剧《孤独的护林人》，里面有一个警察是神枪手。这是投资人会一再犯的错误之一。无风险、只有收益的资产就是德摩斯梯尼所说的那种“每个人都梦寐以求的东西”，但是这种东西根本不合常理。因为如果有一种资产，就像百发百中的神奇银色子弹一样，只赚不亏，那么你想想看：

- 为什么人家会把这么神奇的资产卖给你，而不是自己买下来赚大钱？
- 会不会所有人一听这么好的东西都抢着买，结果将它的市场价格推得太高了，高到天上了，赚钱就不再是板上钉钉的事情了？

我在投资管理这行干了50多年了，这种事情见多了，起码见过几十个这样的神奇投资产品流行一时，而且很多人都在推销宣传它们：高收益，零风险，只会赚，不会赔，百年一遇，千万不要错过，错过后悔一生。可是，这些承诺却没有兑现。根本没有投资策略能够做到只赚不赔，只有收益，却没有风险。特别是对那些缺乏卓越投资技能的人来说，只赚不赔更是痴心妄想。特别高的投资回报只能来自卓越的投资技能（水平一般的投资人偶尔也会获得高回报，但只不过是因为他们运气特别好而已）。

就像我前面所说的，泡沫能被吹起来，一开始通常还是有几分真实性的。但是泡沫被吹得太大了，最终“砰”地被戳破，就会带来投资世界最大的痛苦。支撑泡沫的是盲从，投资人愿意相信只有收益没有风险的承诺，其实就是一个指标，它表明怀疑主义现在非常缺乏，投资人情绪过热，因此目标资产可能价格过高。你一定要留心这种投资神话，竭尽全力地抵制它，不要轻信上当。可是，很多人还是会上当，没办法，人性就是这样的，在泡沫来的时候，很少有人能做到不上当。

我总结如下：次级抵押贷款泡沫之所以形成，根源在于大家普遍相信，过去从来没有见过的行之有效的东西，将来会变得非常有效。当我们分析别人推销给你的投资产品和投资工具时，有两点是必须注意的：一要心存怀疑和保守假设；二要回顾历史，检验长期数据，务必包含一段痛苦难熬的时期。而在次贷泡沫中，这两点都明显缺失。

事实上，所有泡沫，至少可以说绝大多数泡沫，都有一个共同特点，即投资大众普遍忘记历史，相信未来：不加怀疑地接受历史上从未真实有效的东西；不加怀疑地接受高得非常离谱、偏离历史正常水平的市场价格；不加怀疑地接受从未经历史检验的投资技术和投资工具。

~~~

次贷泡沫证明了一个极其重要的有效原则——我此前没有讲过，这是我第一次把它讲出来——金融投资环境以及投资技术和工具的表现，并不是永恒不变的；正如我谈周期时多次说过的那样，这些东西会
~~~

受到人的参与的影响。

根本不存在完全独立、不受参与者影响的市场，市场是由人组成的，没有人就没有市场。人在市场里的行为也在改变市场，参与市场的人的态度和行为变化了，市场也会随之变化。市场能改变人，人也能改变市场。

这样就形成了“动机—行为—结果”的连锁反应：

- 市场力量改变了参与者的动机，就像前面所描述的一样；
- 这些人改变了的动机又改变了这些人的行为；
- 他们改变了的行为很明显决定了结果。

一个至关重要的过程正在进行，我们可以明显地看到以下情况的发生：

- 人们分析历史得出结论：不会发生全国性的抵押贷款违约浪潮。
- 人们普遍接受这种有利的历史分析结论，导致大量资金投进抵押贷款支持证券。
- 人们普遍接受这种有利的历史分析结论，导致允许抵押贷款证券化做得更加激进。
- 人们普遍接受这种有利的历史分析结论，导致评级机构做简单的推论，从而给予抵押贷款支持证券很高的信用评级。
- 最重要的是，市场对抵押贷款支持证券的强劲需求，又创造出银行对其原材料，即抵押贷款的巨大需求；市场需要更多抵押贷款，直接导致银行急于发放抵押贷款；银行急于发放贷款，那么审核标准就会大大降低了。

- 以上的发展变化综合在一起，就会产生一个全国性抵押贷款的违约浪潮。

正如我前面所说的，贷款机构审核发放贷款十分轻率，造成了重大影响，可是当时基本上没有人注意到，从而导致 20 世纪 90 年代末到 2007 年所发放的抵押贷款违约情况很严重，远远高于历史上最严重的程度，也远远超过了证券化机构和评级机构能想象到的最糟糕的程度，更远远高于买方模型分析所得出的最糟糕的程度。人们对风险的忽视，在很大程度上创造了次级抵押贷款泡沫，而次级抵押贷款泡沫又导致后来的次贷危机。

我们关键要理解，投资人的行为能够改变市场，从而改变投资人预期市场能够带来的投资收益。这正反映了乔治·索罗斯的“反身理论”：

> “在人参与的情况下，这些参与者的……歪曲事实的偏见，会影响与其相关的情况，因为错误的观点会导致人产生不适当的行为。”（《索罗斯：反身理论》，《金融时报》，2009 年 10 月 26 日）

你如果想要理解在经济世界和金融世界里事物实际上是如何运作的，就应该把次贷危机的这个教训牢记在心，永远不忘。

～～～

在次贷大繁荣时，次贷投资人相信次级住房抵押贷款和抵押贷款支持证券，会像永动机一样一直上涨。但如果想让这台永动机咯吱咯吱响，并最终停止下来，我们就只需要一两个假设失效，有些普遍规律开始发挥作用：

- 利率能够下降，同样也能够上升；
- 那些假大空的说法失效，再也撑不下去了；
- 不适当的激励会导致毁灭性的行为；
- 那些想提前量化分析风险的努力，往往都是徒劳的，特别对那种根本没有历史数据的新型金融产品更是如此；
- 在周期下行过程中，可能发生比原来设想的“最坏的情况”还要糟糕得多的事情。

所有这些事情出现的错误，事后来看，我们都清清楚楚，但是当时抵押贷款及抵押贷款支持证券的这些风险操作，却发生在金融世界中一个昏暗、偏僻的角落。因此，绝大多数投资人当时都看不到这些错误，包括首席投资官、投资策略分析师、股票投资人、另类投资基金经理、传统债券买家，甚至还有抵押贷款投资人。

在抵押贷款泡沫逐渐膨胀的时间里，在其引发全球金融危机之前，橡树资本很幸运，我们看明白了信贷周期在上行方向走过头了，因此市场变得更加不稳定、更加有风险。看到这一点，我们就开始采取相应的对策：卖出资产；把规模大的清算不良债权基金，替换成规模更小的基金；提升我们的风险意识和保守程度；募集一只基金，其规模比我们最大的基金还要大上很多倍，并把这些资金放在那里不动，静待我们预期会出现的不良债权投资机会——机会一旦出现，我们马上出手。

我们做出这些投资决策和行动的基础是什么？回头来看，这好像很容易……可是在做决策并付诸行动的那个时候，你从来不会觉得很容易。在次贷泡沫中，你真正需要做的，就是观察到以下基本情况：

- 美联储已经把基本利率降到了非常低的水平，目的是避开科技股泡沫破裂的不良影响，同时驱散大家对2000年计算机千年虫爆发的担心。
- 投资美国国债和高评级公司债只能得到很低的收益率，再加上网络股泡沫破裂后，2000年到2002年美股连跌三年，让投资人对股票市场非常失望。债券不行，股票也不行，投资人急于把资金投入其他替代性投资工具上。
- 投资人的投资记忆非常短暂，很快就忘记了痛苦，2000年科技股泡沫破裂，忘记了；2001年到2002年通信股崩盘，以及大公司连爆丑闻，也都忘记了。
- 因此，当时只有很少的风险规避（特别是在股票以外的其他投资领域里，只有股票现在还是不受青睐）。这让投资人急切地想要投资那些奇怪的、结构化的、人为合成的金融工具。
- 以上这些因素造成的结果是，市场敞开大门欢迎发行低质量的债券，欢迎结构条款很糟糕的工具，欢迎没有经过检验的另类投资工具。

这些都是我们观察到的实际情况，也是后来最能引起我们注意的东西。这些观察让我们发现，负面的趋势只有一步之遥。我感觉，我和搭档布鲁斯·卡什两个人，好像没有一天不跑到对方的办公室，抱怨新发行的证券实在太烂了。我们经常说："怎么会有这样的垃圾东西被发行出来。这肯定有问题，这个市场肯定有什么地方出问题了。"这些危险的交易告诉我们，市场上，恐惧、怀疑、风险规避的程度明显不够，贪婪、轻信、风险承受的水平正在上升。这些情况综合在一起暗示，市场未来趋势绝对不妙。

所有这些情况都是明摆在那里的，根本不容争辩。关键是你要做出这些观察，并分析得出合适的结论。你并不需要完全明白次级抵押贷款究竟哪里出了问题，也不需要去解构高度结构化的抵押债务债券。实话实说，我们也做不到。

顺便说一下，在抵押贷款泡沫形成的这些年里，股票并没有表现得很好，其市盈率倍数也没有高到离谱，经济并不繁荣（因此也不必然面临一场衰退），但是你如果观察到上面所列的这些现象，就可能会和我们得出同样的分析结论：现在是时候降低你的投资组合的风险量级了。这就是你真正需要做的一切。

后来抵押贷款泡沫破裂了，而且影响到相关市场，后果非常严重。你看看几个常用的投资指数在2008年的表现就知道了，你会发现，这一年所有市场都崩盘了。很明显，2008年，极端重要的事情就是把你的风险降下来（见表13–2）。

表13–2　2008年大幅亏损

投资指数	指数表现（%）
标准普尔500股票指数	–37.0
道琼斯工业平均指数	–31.9
纳斯达克综合指数	–40.0
MSCI（摩根士丹利资本国际指数）欧洲、澳洲、远东股票指数	–45.1
花旗高收益债市场指数	–25.9
美林全球高收益债欧洲发行人指数（欧元）	–32.6
苏黎世杠杆贷款指数	–28.8
苏黎世高收益债西欧指数（欧元）	–30.2

~~~

最后要讨论一下，我们应该如何观察市场周期走到了极端，以及我们该如何做出反应。为此我再次回顾 2008 年全球金融危机，在 2008 年 9 月雷曼兄弟宣布破产之后，市场普遍陷入极度恐慌。

尽管次贷危机也只是起源于金融世界的一个小角落，但是它的影响很快广泛传播，大家普遍都感受到了，特别是那些金融机构，由于过于低估其风险而重仓投资抵押贷款支持证券，所以它们的感触特别深。结果次贷危机影响到这些核心金融机构的生存，接着又像癌细胞转移一样影响到全球国家股票市场和债券市场，然后影响到全球国家的经济，形成了一场全球金融危机。

因此，就像我在前面所说的，货币市场基金和商业票据不得不由美国政府出面进行担保。大量著名的大银行和大型金融机构都不能兑付债务，甚至必须由政府紧急出手援助或者寻找其他金融机构吸收并购。没有人知道，这场金融机构遭受大屠杀一样的惨剧还能坚持多久。现在大家的普遍看法都是负面的："金融体系可能会完全崩溃。"因为这是一个恶性循环，无休无止，最后它只能因崩溃而停下来。

因为大家的普遍看法是情况会坏下去，所以制造错误的机器开始反转，开始制造相反方向的错误。没有贪婪，只有恐惧；没有乐观，只有悲观；没有风险容忍，只有风险规避。人们不能看到事件的正面，只能看到事件的负面。没有人愿意积极正面地解读消息，只会负面地解读消息。人们不会想到好结果，只会想到坏结果。这样一路发展下去，终于有一天走到极端了，这时候就连养老金基金都不能或者不愿意接受任何违约率假设，人们甚至觉得再低的假设也不够低，再保守的假设也不够保守。
~~~

什么是必不可少的观察？下面就是我在2008年10月写的投资备忘录《消极态度要有极限》中的看法：

> 逆向主义，就是你做的事情正好和别人做的事情相反，或者说是“逆风行驶”，要想投资成功，这一点必不可少。但是上个星期信贷危机接近顶峰时，大家都投降了，从顶风逆行，变成顺风疾行了。我发现，只有极少数人是乐观的，大多数人都是悲观的，只是悲观的程度有所不同，有些人甚至彻头彻尾地沮丧了，这些人中甚至包括我认识的几个投资界的大牛人。市场上还流行着更加消极负面的传说——即将发生大崩溃，到那时一切都完了——电子邮件里到处在传播。没有人愿意动脑子，而只要你怀疑地想一想：“说得这么恐怖，其实它根本不可能是真的。”这时人们唯一关心的就是怎么加强自己的投资组合的防御性，确保它能够安全地度过即将来临的大崩盘，或者卖出部分持仓，筹集足够多的现金以应对客户基金赎回。而只有一件事是这些投资人在上个星期都没有做的事，就是积极地买入证券。只有人卖出，没有人买进，所以价格一跌再跌，一下子跌了几个百分点，有一个古老的说法称之为“跳空缺口”。
>
> 通常来说，当听到别人都在说的事，看到每个人都在做的事时，你都要学会怀疑。也许有人会说：“不错，负面的看法也许被结果证明是真的，但是肯定已经被纳入市场价格了。所以你在这上面下赌注，是赢不到钱的。相反，如果结果表明那些负面的看法并不是真的，那么市场价格肯定会报复性地大涨，我们以现在令人沮丧的低迷价格买进的证券，就会有巨大的盈利可能。所以，我肯定要买进！”负面的看法，也许当时看起来不信都不行，但

是只有正面的看法，尽管只有少数人相信，才有更大的盈利潜力，过去如此，现在仍然如此。

在这个市场周期走到极端的时候，所有的消息确实都是负面的……而且肯定不是想象出来的。面对这些坏消息，别人问我的问题是“这种情况还会持续多久”以及“它会有什么影响”。既然资产的市场价格反映的只有悲惨绝望的悲观主义，我就会说这是接近于自杀一般的思维模式。获得投资盈利的关键在于，你一定要认识到，虽然现在面对的是千篇一律的坏消息，未来展望的是非常糟糕的前景，悲观主义的大方向也是对的，但是在程度上，人们仍然可能会过度悲观，因此资产的市场价格可能会变得过度便宜。

正是这种四处弥漫的悲观主义的市场氛围，激发我写下了投资备忘录《消极态度要有极限》。2008 年 10 月，正好是信贷市场最低潮的时候。我在文中指出，就像我在上一章讨论风险态度时所说的那样，卓越投资人必须具有怀疑主义，“当乐观主义过度的时候，怀疑主义会召唤悲观主义；但是当悲观主义过度的时候，怀疑主义也会召唤乐观主义。”当然，在市场最黑暗的时候，人们缺乏的就是这种对过度悲观主义的怀疑主义。

雷曼兄弟 2008 年 9 月 15 日申请破产，此后不久我和布鲁斯·卡什分析得出了以下结论：没有人知道这场金融机构大崩溃还会走多远，但是消极负面的态度肯定会疯狂蔓延，有很大可能已经过度了，资产便宜得简直不可思议。我们俩从战略层面进行思考后，下定决心买进：如果整个金融世界都崩溃了，不管我们买还是不买，结果都是一样的。但是如果世界没有崩溃，而我们却没有买，那么我们就不配做资产管理这个工作了，身为基金管理人，该买的时候没有买，就是不称职。

于是，我们大量激进地买入债券。橡树资本每个星期都要投入超过5亿美元买进债券，从2008年9月15日一直到2008年年底，橡树资本连续15个星期一直在不停地买入。有几天我们觉得自己买得太快了，也有几天我们又觉得自己买得太慢了。后来，金融世界并没有崩溃；金融机构崩溃的恶性循环停止了，没有像雷曼兄弟那样完全崩溃；资本市场重新开放了；金融机构死而复生了；债务又能够再融资了；企业破产数量和历史相比非常稀少；我们买进的那些资产价格大幅上涨。简单地说，我们用心聆听周期，真值。

~~~

既然我们回顾了2008年后半年的市场气氛，所以这个时候很适合我们来讨论一下，在市场走向底部的过程中，投资人都有哪些行为表现。

首先，我们来谈一下，大家都在说的底部到底是什么意思。底部就是周期跌到最低价格的那个时点。因此底部可以被看作最后一个持有人也恐慌地卖出股票的那一天，从此再也没有人卖出了，从此后买方占了上风。不管什么原因，底部就是下跌的最后一天，因此底部就是市场到达最低点的那一天。（当然这些定义都是高度夸张的。“底部”和“顶部”，这种说法其实指一段时期，而不只是一天。因此，最后一天这种说法在大多数时候仅是说说而已。）市场到达底部，从此后价格开始上升了，因为剩下的那些持有人再也没有一个会投降卖出了，或者因为那些买家现在买进的力度超过了那些卖家卖出的力度。

我在这里想要讲的问题是，“应当什么时候开始买入”。我要引用前面的章节中我提到过的一个说法——“跌落的小刀”—— 一个非常重
~~~

要的概念。当市场快速下跌时，我们经常听到有人说，“我们可不会想去抓住跌落的小刀”，换句话说，“趋势是向下走的，根本没办法知道什么时候下跌会停止，所以我们非要现在去买吗？还是等到我们确认价格已经跌到底部，我们再出手买入吧”。

我想他们真正想说的是：“我们很害怕，特别害怕买在市场停止下跌之前，我们如果买入之后市场继续下跌，就太丢人了，所以我们还是再等等吧，按兵不动，一直等到市场确实到达底部了，一切尘埃落定了，不确定的事情都确定了，我们再出手买入，稳稳当当地赚钱吧。”但是到现在为止我希望自己已经说得非常清楚了，“等到尘埃落定了，等到投资人不再神经紧张、情绪稳定下来了，那些便宜货早就让别人买光了”。

在橡树资本，我们强烈地排斥这种等到确认底部后再开始买入的想法：

> 第一，我们根本没有办法知道市场已经到了底部。没有霓虹灯告诉你底部到了，欢迎你来抄底，这简直是在做梦。只有底部过去之后，我们才能确认原来那是最低的底部，因为底部的定义就是反弹开始的前一天。从本质上讲，只有事实发生之后，我们才能确认它是事实，事情没有发生之前只是可能。
>
> 第二，通常只有在市场下滑的时候，我们想要买的东西才能买得最多，因为这个时候，卖方才会在实在扛不下去了的时候宣布投降，大量低价割肉卖出，有人大量卖出，你才有机会大量买入。与此同时，那些不愿意“抓住跌落的小刀”的人都躲到一边，不敢出手。没有人跟你抢着买，你才能想买多少就能买多少。但是一旦市场跌到了底部，下跌停止了，按照定义，这个时候就没有卖

家在卖出了，此后市场会迎来一波反弹，那就是买方主导的市场了。

我们就是在雷曼兄弟宣布破产之后，马上开始买入不良债权的，此后我们一直持续地买入，一直到2008年年底，这15个星期内市场价格一跌再跌。到2009年的第一个季度，其他基金经理慢慢地不再恐慌了，也镇定下来了，于是主动去找一些资本来投资。但是由于恐慌性抛售的卖方能卖的资产都被卖完了，对于这些基金经理来说，想要大量买入又不推高市场价格，就为时已晚了。

就像投资世界的很多其他事情一样，梦想做到百分之百确定，又能把握时机精准无误，等待确认底部才开始买入，这就是一个极好的愚蠢例子。如果瞄准底部是错的，那么我们应该选择什么时候开始买入？答案很简单，看到价格低于内在价值，我们就应该买入。如果我买了之后，市场价格继续下跌呢？接着买，买入更多。在投资上，你要取得最终的成功，只需要做到以下三点：第一，估算内在价值；第二，控制情绪，鼓足勇气大量买入，有毅力坚定地持有；第三，耐心等待市场回归价值，市场会最终证明你的估值是对的。

~~~

表13–3反映了主要投资指数在次贷危机后那一年，即2009年的市场表现情况。2009年，投资能实现这么高的回报，表明投资人认识到周期走到负面的极端，在一片恐慌之中，能够买入（至少是一直持有），对投资成功是多么重要！

现在又是跑题的时间了：对比2008年大幅亏损的那张表，以及2009年大幅盈利的这张表，我们很容易得出结论，这两年的盈亏加在
~~~

一起，基本上不亏不赚。比如，你投资 100 美元买了苏黎世杠杆贷款指数基金，2008 年第一天买入，结果这一年你亏损了 29%，到 2008 年年底你投资的 100 美元亏到只剩下 71 美元了。但是你继续一直持有，2009 年你能赚到 45%，到 2009 年年底你账上的资金涨到了 103 美元，两年下来你净赚了 3%。表中所列的这些资产类型指数，2008 年到 2009 年这两年总体业绩基本上都是不亏不赚的。

表 13–3　2009 年大幅盈利

投资指数	指数表现（%）
标准普尔 500 股票指数	26.5
道琼斯工业平均指数	22.7
纳斯达克综合指数	45.4
MSCI 欧洲、澳洲、远东股票指数	27.8
花旗高收益债市场指数	55.2
美林全球高收益债欧洲发行人指数（欧元）	83.0
苏黎世杠杆贷款指数	44.9
苏黎世高收益债西欧指数（欧元）	47.2

可是，特别重要的是，这两年中你做了什么。第一种操作是一直持有不动。你什么也不做，一直持有两年时间，第一年大亏，第二年会让你弥补大部分甚至全部损失，最终结果还不错，持有两年基本不亏不赚，和上面说的情况一样。第二种操作是底部割肉卖出。如果你丧失了信心，就会在市场跌到低谷时卖出，更惨的是，如果原来你买入时做了融资，加了杠杆，跌到平仓线，你就会收到追加保证金的通知，可是你找不到钱了，只能眼睁睁地看着你的账户被强行平仓卖出。无论是自己割肉卖出，还是让别人强行割肉卖出，你都深刻地体会到了下跌的痛

苦，却再也没有机会体会到反弹的快乐了，因为你卖掉了，再大的反弹也与你无关了。所以尽管这两年市场整体来看，基本上是不亏不赚的行情，但是你因为在跌到底部时抗不住而割肉卖出资产了，所以你也亏惨了。

因此有一点非常重要，你一定要注意：一波下跌之后，卖出离开市场，由此不能参与后面的周期性反弹，是投资大忌。周期的一波下跌会让你的账面出现亏损，只是账面上一时的浮亏，并不是致命的永久性亏损。你只要能够一直持有，直到周期走到上升阶段，就能享受到大幅反弹的收益了，原来账面上的亏损也能弥补回来了。但是你如果在市场跌到底部时卖出了，就把一个周期向下波动所造成的账面浮亏变成了永久性的损失，这才是最糟糕的事。

弄懂周期，挺过周期的下跌阶段，坚持等到周期反弹阶段的到来，需要我们一要在情绪上有资本，能忍住不割肉，二要在财务上有资本，在需要时能追加保证金甚至补仓。要想投资成功，这两种资本都必不可少。

~~~

在我宣布橡树资本在全球金融危机中大胜，以及转到下一个话题之前，我要郑重声明：我和橡树资本的同事从这一轮周期中享受到的投资成功，并非板上钉钉的事。这是因为我们最终得到的好结果，并不是唯一有可能转化为现实的结果，这正如前面我们引用过的伦敦商学院的退休教授埃尔罗伊·迪姆松的话：“风险意味着，可能发生的事情比将会发生的事情多。”我相信，如果汉克·保尔森、蒂姆·盖纳和本·伯南克没有采取他们当时所采取的那些行动，或者他们采取了其他不同的行动，或者他们所采取的行动并不是那么成功，那么金融世界一定会发生
~~~

一场金融大崩溃，像大萧条一样的情形绝对会再次发生。要是这样，我们的这些投资举动，就不会像现在这样让我们欢呼庆祝了。

我害怕的是，人们回顾2008年的暴跌以及之后的复苏后，也许会得出结论：因为现在周期向下走了，所以你应该耐心持有，因为很快市场就会反弹，让你轻松地弥补账面亏损。可是，这是从这场全球金融危机中总结出来的错误教训，因为实际的结果要大大好于一些本来可能发生的“替代性历史”（纳西姆·尼古拉斯·塔勒布称，历史上本来也有可能发生的事件为替代性历史）。如果通过这样错误片面地总结历史所得出的错误教训，成为大家牢记的历史教训（我相信也许事实已经是这样了），那么这些片面错误的历史教训会把投资人引上错误的投资道路，让他们做出错误的投资行为，让下一次大起大落的繁荣–衰退周期的震荡幅度更大，这也许对投资人以及整个社会造成了长期严重的不良影响。

金融危机降临了，投资良机也随之降临了，它落到了在市场底部不断买入的橡树资本头上，也落到了所有“看多”而勇敢地买入并坚定地持有的投资人头上。当然，投资成功的前提是，我们当时在危机之中推测的未来趋势成了现实，我们当时为应对未来而对客户资金的投资组合重新布局的做法是正确的。这很大程度上是因为我们对心理周期和市场周期的运行模式有了感觉。我们既然无法预测未来会发生什么，就跟着周期走，跟着你对周期大趋势的感觉走。这是每个投资人都能做到的最好选择。

～～～

泡沫和崩盘都有自己的模式：或者合乎逻辑，或者不合逻辑，其关键是从这一次发生到下一次发生的过程有相似的模式，就像诗歌的韵律一样，字句虽然不同，韵律却很相似。这一章中我们讲的两个大泡沫和一个大崩盘都表明，周期的波动震荡会达到极端的程度。我希望这三个案例分析能够给大家提供一些指引，帮助你们掌握如何识别周期以及应对周期。

我最后总结了三大要点：

- 第一，我所描述的周期运行过程中的每一个要素，前提是投资人能够别让情绪和偏见阻碍客观公正的观察。
- 第二，推断出至关重要的结论，然后据此采取合适的行动，并不要求你对未来做任何预测。你只要描述出来实际进程就很有说服力了，并不需要你去猜测未来会怎么样。那些事件及其所导致的周期波动过度，就可以为你指明采取什么样的投资行为可以获利。
- 第三，不过，尽管我说事件本身都是很明显的，而且它们的含义是显而易见的，但是我想要非常郑重地声明，人身在其中时，没有一件事情是很容易能做到的。即使是我们中间能力最强而且情绪最冷淡的人，也会受到一样的信息输入和情绪刺激的影响。尽管我们从来无法确定，但是我们仍然可以做正确的事情。尽管导致全球金融危机发生的那些错误很容易被识别，但是这些错误什么时候能得到修正，却超出投资人的预测能力。投资人能做的最好的事，也就是跟着希望和曙光去做。但是他们必须牢记约翰·梅纳德·凯恩斯所说的那句名言：“市场保持非理性的时间，比你保持不破产的时间更长。”

~~~

就要结束如何应对周期事件这个话题的讨论了，我再额外提供一个真实的案例，它发生在1991年。杠杆并购在20世纪80年代特别繁荣，这要感谢并购公司的买家有能力得到大量的债务资本，经常能达到收购总价的95%。这导致很多公司在并购之后背负了巨大债务，后来遇到经济衰退，它们根本没有能力还本付息，结果出现了大量违约和破产的情况，形成了高收益债的第一次危机。此时我们的不良债权投资基金2号和2号b基金刚刚募集成立不久。我当时对环境是这样评估的（参看1991年1月23日我给这两只基金投资人写的信）：

> 总体来看，不良公司债的市场价格在1990年是下跌的。这波下跌有些是由基本面驱动的，所有资产的市场价值都随着经济疲软而缩水，有些则是因为“技术面”，这种债券的供给暴增，买家灰心泄气地退出了市场。
>
> 经济和市场心理气氛变得更加糟糕，让不良债权市场出现了很多物美价廉的便宜货。它们预期收益率高，价格却非常便宜，而且买家稀少，我们在购买时就能挑挑拣拣。投资环境令人沮丧，气氛消极。多数不良债权，在你买了之后，市场很快又会出现卖家报出更低的价格想要卖出，市场上根本没有热情，只有冰冷。
>
> 这正是我们投资操作最想要的环境。相反，买家自我欣赏，得意扬扬，互相击掌庆祝，因为他们买的每个证券的价格第二天都涨得更高，这让他们觉得自己很聪明。这个时候，“痛苦指数”太低，买家浑身是胆，再高的价格也敢追，我们想找便宜货就太难了。
~~~

> 现在的情况完全不一样了，市场非常冷清，我们更有可能找到便宜货，和市场天天上涨、大家越买越涨、人人都很开心的时候相比，便宜货显然更多了。很少有买家通过竞争性报价，推高我们想要买的东西的价格。每次我们买的价格都更有可能成为“底部”，而不是“顶部”。简单来说，对于像我们这样的逆向投资人来说，这是一个好时代，有大把逆向投资机会可以让我们投入资金大量买入。

我们千万不能这样假设，即开始投资的那一天，就正好赶上经济和市场跌到谷底的那一天。我们最大的愿望是，市场创出低点的机会能够出现在我们积极主动地投资买入资产的那段时期里，在市场创出最低点之前或者当时或者之后，我们都会一直不断地买入。

这是一个实时测量市场温度的很好案例……这不仅仅因为我本人给市场测量温度，也不仅仅因为结果表明我们在底部买入是对的（我们当时管理的不良债权基金有的创出了我们历史上的最高业绩纪录），而且因为测温度让我们阻止了妨碍投资人出手低位买入的沮丧情绪，鼓励他们勇于出手在底部买入。这个案例表明，在买家知道市场环境“令人沮丧”，市场行情“跌跌不休”，投资账户“亏亏不止”后，这些因素往往把买家都吓跑了，但是市场价格下跌对于买家来讲是好事，而不是坏事。

理解事情的含义，而不是事情带给投资人的感觉，这是第一步。从此你将开始从感性投资走向理性投资，在正确的时间做正确的事。

~~~

这一章够长了，该结束了。最后，我要概括一下，市场走到周期
~~~

的不同阶段，我们应该如何布局投资组合来应对。

我认为采取一个有条理的方式，来阐述我所说的“双重风险”，会很有帮助。我在这里说的双重风险，事实上，投资人每天都必须应对。第一个风险很明显，就是买进错误资产导致亏钱的风险；第二个风险不那么明显，就是没有买入好资产错过赚钱机会的风险。

买，可能买错，不买，又可能错过；买也会错，不买也会错。投资人可以选择消除其中一个风险，但是这样做就会让他们完全暴露在另外一个风险之下。所以大多数投资人都是在两种风险之间寻找平衡。

投资人在两种风险之间的定位应该如何？保持平衡，还是更加倾向于一种风险而降低另外一种风险呢？答案主要取决于投资人的目标、所处的环境、个性和抵抗风险的能力（如果你是为客户管理资产，就要考虑到客户的这些方面）。

如果已经脱离或偏离通常的定位，那么投资人是否应该一次又一次地改变平衡？我认为，投资人应该努力适当地调整他们的定位，其前提条件有两个，一是投资人觉得自己有调整定位所需要的洞察力，二是投资人愿意付出努力并承受判断错误的风险。投资人调整组合定位，应当基于对现在所处周期的位置的判断。简而言之，如果市场处在周期的高位，那么投资人应该强调限制亏钱的风险；如果市场处在周期的低位，那么投资人应该重点避免错过赚钱机会的风险。别让自己在低位踏空，少赚太多钱。

那么我们如何才能做到？想象你穿越时光隧道，来到 2023 年，你觉得你更可能会说，“回到 2018 年，我真希望当时我更加激进地多买一些”，还是你觉得自己更可能会说，“回到 2018 年，我真希望当时我能更加保守，少买甚至不买”。现在有没有什么好机会，让你到 2023 年时可能会说，“2018 年，我错过了买入什么的大好机会！哎，这种机会一辈子可能只有一次”，这样做能帮助你看清楚自己现在应该做什么。

以上决策直接关系到如何在进攻和防守之间做出选择。如果一个投资人想要减少亏钱的风险，那么他的投资应该更加强调防守。如果一个投资人担心更多的是错过赚钱的机会，那么他的投资应该更加强调进攻。改变你在两种风险之间的定位，应当根据市场所处周期的位置而做相应的调整，而我们要评估市场所处周期的位置，主要看两点：一是市场的估值水平，二是大多数投资人的行为。这两点我们已经详细地讲过了。

大多数投资人的投资行为进攻性更强，这是一个清晰的信号。这表明市场处于危险区域，因为风险规避被运用得很少。而且，投资人的进攻性投资行为可能已经直接导致资产价格上升。其他投资人的进攻性投资行为让市场对于我们来说十分危险。

思考这个决策的一个好办法是，考虑一下什么标签更适合概括现在的市场情况。从 2008 年年末到 2009 年年初，投资人只需要有两样东西就可以赚到很多钱：有钱能投资和有勇气去投资。如果投资人有这两样东西，那么几年后他的资产价值就会上涨很多，为他赚很多钱。此时他不需要的是：谨慎、保守主义、风险控制、纪律、精心选择、耐心等待；这些东西越多，他赚的钱就越少。

这并非意味着“有钱有胆”是投资成功的一个必胜公式。绝对不是。如果投资人在 2007 年年初既有钱又有勇气，高位买入又高仓位配置，那么等到全球金融危机一来，就要大祸临头了，他要承受危机所带来的所有伤害。2007 年年初，他需要的是：谨慎、保守主义、风险控制、纪律、精心选择和耐心等待。甚至后来，明智的投资人也不会完全抛弃谨慎和纪律，因为对于他们来说，根本没有办法知道，全球金融危机之后的市场反弹会这么快，让投资人在危机中受到的创伤很快被抚平，他们相对而言没有受到太大伤害。橡树资本确实投资了很多，但是我们重仓投资的是高质量公司的优先级债务，而不是财务实力虚弱的由发行人发行的次级债务，尽管结果表明我们投资次级债会赚得更多，但是我们不能为了多赚钱而不要命。

有很多因素让投资这件事很有意思，其中一点是：没有哪种投资策略或者投资方法会永远有效。要想随着周期走势变化做对投资布局，唯一的办法是努力做出有充分理由的合理推断，以及调整你的投资布局以顺应周期下一步的大趋势。但是这可不容易。

近来，人们面对挑战，往往会做出这样一种反应：“我们现在在第几局？”美国第一大运动是棒球，这也是美国的国球，一共有 9 局。自从 2008 年金融危机爆发之后，我经常碰到这样的问题，被问的次数多了，我搞明白了他们这样问的意思其实是“我们现在处于周期的什么位置”。在 2008 年的第四季度，他们心里都在嘀咕：“如果最大的痛苦是十分，那么我们现在承受的痛苦是几分，后面还有几分痛苦在等着我们去承受？”大家现在问我的主要问题是信贷周期：“最近信贷周期一直上升，借钱更加容易。信贷周期这波上升阶段还会持续多久？信贷什么时候会收紧？”

我认为，这些问题就像一道光，让我能感觉到事情已经走了多远了。提问者用棒球比喻来提问，我也用同样的棒球比喻来回答：第二局（比赛刚刚开始），第五局（比赛已经过半），第八局（比赛接近尾声）。但我越来越意识到，使用这种比喻的方式来回答周期定位问题是有局限性的。因为周期并不像一个正常的棒球比赛，我们根本没有办法知道，一个具体的周期会持续多久。周期没有一个规定的时间长度。一个正常的棒球比赛会有九局，但是一个经济周期或者市场周期，可能会有七局、九局、十二局或十四局。周期到底会持续多久，我们根本不可预知。

这一章讲了很多思路和方法，也提供了一些技巧，能够帮你决定如何布局投资组合，但是没有一个方法完全可靠，万无一失。这些方法都只不过是一种工具，让你能够系统地思考某些不容易回答的问题。但是我希望，这些方法建议你走的投资之路，能够远远胜过你基于情绪、猜测，甚至只是追随大众而走的投资之路。

如何应对周期，是投资最重要的事情之一。周期肯定会落到你头上，你没办法改变它。你如何采取行动来应对它，才是问题的关键。

14

市场周期与投资布局

能否成功地布局投资组合以应对市场未来趋势，首先取决于你做什么，集中更多兵力用于进攻，还是用于防守；其次取决于你什么时候做——基于你对周期所预示的未来市场趋势有卓越的洞察力。

我以前认识一个人，他天生乐观又激进，也许因为出生于富贵之家，他总是自我感觉良好，也许有老天保佑，他一直过着顺风顺水的生活。这位老兄从来没有怀疑过自己的人生会成功，从来没有怀疑过自己的预测准确，也从来没有怀疑过自己的投资策略会成功。从我认识他以来，这位老兄就一直保持激进，结果证明他做对了，这些年正好是最适合做进攻型投资的黄金时代。这段经历激发我写下了一些东西，讲讲我们应具备哪些素质才能投资成功：

投资成功，三种要素必不可少：激进买入、选择时机、操作技能。如果你选择对了合适的时机，又能足够激进地买入，那么即便没有太多操作技巧，也照样能成功。

~~~

2017 年 2 月，我发现自己已经快写完本书的最后几章了，那时，
~~~

我正在印度度假。有一天，我去斋浦尔城郊参观世界著名景点之一琥珀堡，我拍了好多照片，想要用照片留住这个城堡壮丽美景的一小部分。游览完景点回酒店后，我重新翻看照片，想要重温琥珀堡的壮丽景色。无意中，我翻到了几个月前的老照片，那是在另一个同样神奇的国家拍的，它就是中国。这些照片一下子让我回想起在中国和客户交流的情景，启发我写下了这一章。感谢缪斯女神给我灵感，我真幸运！

在访问中国期间，有一个来自北京的客户，问了我一连串很有挑战性的问题，我在回答这些问题的时候，随手在白板上画图，我平时经常这样边想边画边说。以前百思不得其解的问题，在那一天，答案突然跳进了我的大脑。临走前，我拿出苹果手机，对着白板拍下了我随手画的图（这是一个科技创新，20 年前我做演讲的时候，从来不会随身携带相机）。没想到，过了三个月之后，我却翻到了我在中国拍的这些照片，它让我重新想起和客户交流时脑子里突然出现的那些想法。这一章中很多精华的东西，都来自在北京和客户交流时所产生的想法。

当时，我因为还未倒过来时差躺在床上睡不着。不知道什么原因，灵光一闪，前面所说的投资成功三要素，我在北京拍的白板图，如何应对周期的问题——三者之间的联系一下子在我脑中浮现出来。简单地说，我有了一个好想法，明白了如何分析投资技能的要素。（请注意，我说的是“有个联系自己浮现出来”，而不是“我创造了一个联系”。我之所以说是那个联系自己浮现出来，是因为我确实觉得自己完全是被动的，是想法来找我的，我并没有经过一番刻苦努力，有意识地去探求它。我的很多感悟都是这样自己找上门来的，可能得益于我经常把一个想法浓缩成一张图，就像我在中国和客户交流时所做的那样。我的大脑就是这样工作的。）

第一次想到用三要素来解释投资成功时，我说的是“选择时机”，其实当时我指的是“幸运地选择时机”。毕竟，激进买入的时候，正好碰到好时机，还有什么是能比这更好的事情呢？但是，在印度我夜不能寐时，突然意识到选择到好时机并不完全是靠运气的结果。相反，在投资上，选择好的时机，可能来自勤勉尽责地评估我们现在所处周期的位置，然后把想法转化为行动，做出正确的事。研究周期，其实就是研究如何布局投资组合以妥善应对接下来可能发生的事件。这一句话，道尽了本书要讲的所有内容。

~~~

我要再次回到我概括的投资成功三要素，并更深入地思考投资成功的公式。我得出了结论，投资成功应该考虑以下六个关键要素，也许更应该称之为三对要素：

（1）周期定位。根据你对主要周期定位的分析，判断周期目前所在位置及未来趋势，决定你对投资组合的风险定位——更多地承受买入而出错的风险，还是更多地承受不买而错过的风险，或者在二者之间保持平衡。

（2）资产选择。决定要配置哪些市场、市场利基、具体证券或资产，以及要重仓配置还是要轻仓配置。

第一对要素是周期定位和资产选择。周期定位和资产选择是投资组合管理的两个主要工具。也许这么说过于简单化了，但是我认为，投资人做的每一件事情，都可以被纳入一个或其他要素中。
~~~

（3）激进。增加风险：把你的资本更多地置于风险之下；持有质量更低的资产；所做投资的业绩表现，更加依赖于出现有利的宏观结果；以及（或者）利用财务杠杆、高贝塔值，即对市场波动更敏感的资产和战略。

（4）保守。减少风险：投资的资本更少，而持有的现金更多；强调重视资产要更加安全；买入那些在没有出现繁荣和牛市时，相对而言市场表现更好的防御性资产；以及（或者）避开财务杠杆和高贝塔值。

第二对要素是激进和保守。在激进和保守之间进行选择，是投资人在布局投资组合时考虑的一个主要维度，这要根据他们对周期的分析而定。一要分析市场现在所处周期的位置，二要分析周期背后所隐藏的未来市场趋势。

（5）技能。有能力能够做出正确的决策以保持平衡（尽管不能每次都正确），这要通过一个可重复的智力过程，而且要基于对未来的合理假设。现在这个要素有了一个为大家所熟知的学术名称：阿尔法。

（6）运气。在很多情况下，技能和合理的假设都不起作用了，我们就只能靠运气了。也就是说，随机性对事件的影响大于理性的过程，不管是“运气好”还是“运气不好”，它们都是运气。

第三对要素是技能和运气。技能和运气是决定投资组合管理决策成功的两个关键要素。如果投资人没有技能，就别指望自己的决策能够创造成功的投资。事实上，有些技能可以被称为“反技能”，因为获得的这些技能越多，就越妨碍投资成功。有些人学会了太多反技能，那还不如去抛硬币，或者干脆委托别人管理资金，避免自己做决策，这样投资业绩反而会更好。运气这事很难说，就像纸牌游戏里的百搭牌一样，拿牌的人可以自由地决定这张牌算什么牌；运气会让你本来很好的决策以失败告终，也会让你本来很糟糕的决策以成功收场。但是运气只是一时的。长期来看，投资人最终还是要靠技能胜出，所以把希望寄托在技能上，还是比较靠谱的。

市场会做市场该做的事。最终的结果部分取决于经济事件和企业盈利能力所造成的影响，部分取决于投资人心理以及由此产生的行为的影响，部分取决于随机性或者运气的影响。我们心里也许对未来市场的走势有些想法，而这些想法也许基于合理的推理，也许基于有漏洞的推理，也许事后被证明是对的，也许事后被证明是错的。但是，不管市场未来的走势是涨还是跌，不管市场未来的走势可以预知还是根本无法预知，我们都应先把市场未来的走势作为以下讨论的出发点。我们首先把在通常情况下市场和一般投资人的预期收益表达为一个概率分布（见图 14–1）：

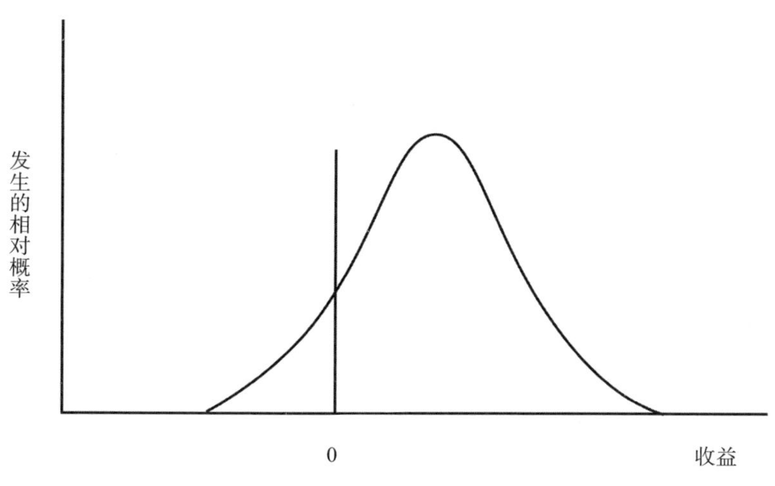

图 14–1　市场预期收益的概率分布

这是一个出发点，或者是一个底线，或者是一个画布，或者是一张白纸，你觉得怎么好就怎么比喻吧，总之投资人由此开始行动。问题是，投资人有没有足够的能力，或者做出积极主动的投资决策，提高自己的投资业绩，从而战胜市场；或者放弃主动投资的想法，代之以被动投资，只要能拿到市场平均业绩就满足了。

我前面提过，有两种主要的投资方法投资人可以用来提高投资业绩——第一个是周期定位，第二个是资产选择。我先来深入讨论第一个要素：周期定位。

我也说过周期定位主要包括：在激进和保守之间进行选择，也就是增加和减少暴露在市场波动之中的投资仓位。

我们假设，你已经分析得出结论，现在你正处在一个最佳的市场环境之中：

- 经济周期和企业盈利周期都处于上升阶段，而且已经或者可能会达到甚至超过人们的预期；
- 投资的心理和风险态度是沮丧的（或者至少是清醒的），而不是过热的；
- 因此资产价格相对于其内在价值而言是适中的，或者是偏低的。

在这样的情况下，市场在召唤你激进地投资。于是你加大投资仓位，提高投资组合的收益预期，提高组合贝塔值，即市场敏感度。图14–2中那条虚线表示你的收益预期。如果市场走势好，那么你的盈利就会更高，但是进攻型投资是一把双刃剑，能放大盈利也能放大亏损；如果市场表现得糟糕，那么你的亏损也会更大。

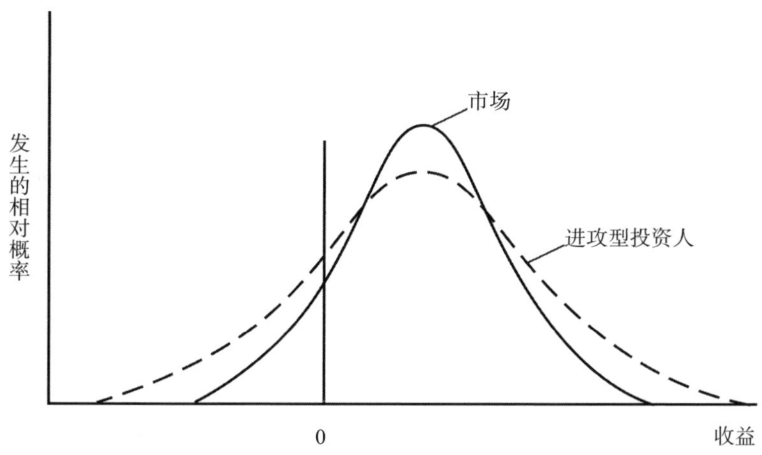

图 14–2　市场与进攻型投资人预期收益的概率分布 I

如果你的判断得到证实，市场确实上涨了，那么由于你激进地布局投资组合，提高了组合的市场敏感度，所以你的投资组合上涨的幅度会比市场更大，让你成为战胜市场的赢家，正如图 14–3 所示：

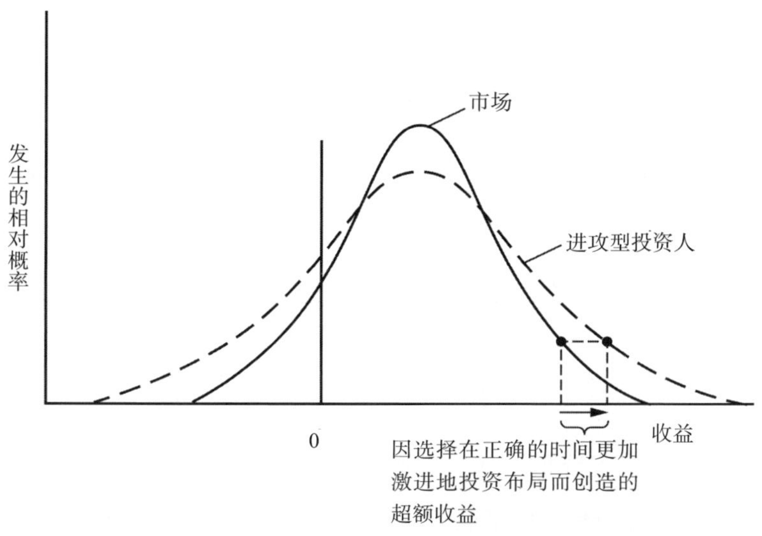

图 14–3　市场与进攻型投资人预期收益的概率分布 II

这里投资成功的秘诀包括以下三点：第一，深思熟虑地分析市场现在所处的周期位置；第二，基于分析提高进攻性；第三，结果证明你是对的。这几点可以总结为周期定位的“技能”或者“阿尔法”。当然，第三条结果证明你是对的，完全不在任何人的控制范围之内，特别是这在一定程度上受制于随机性，所以结果证明你是对的，并不是每一次都会这样，即使是技能纯熟的投资人，而且推理判断做得相当好，也未必每次都能被证明是对的。

我们也可以假设，你做的分析也许表明周期定位情况不妙，经济增长乏力，投资人心理过度乐观，因而资产价格过高。这意味着你应该更偏重防守。在这种情况下你应该从赌桌上拿回来一些钱，让一部分资本退出市场，降低仓位，你如果不这样做，就应该改变投资组合布局以降低风险，如图 14–4 所示：

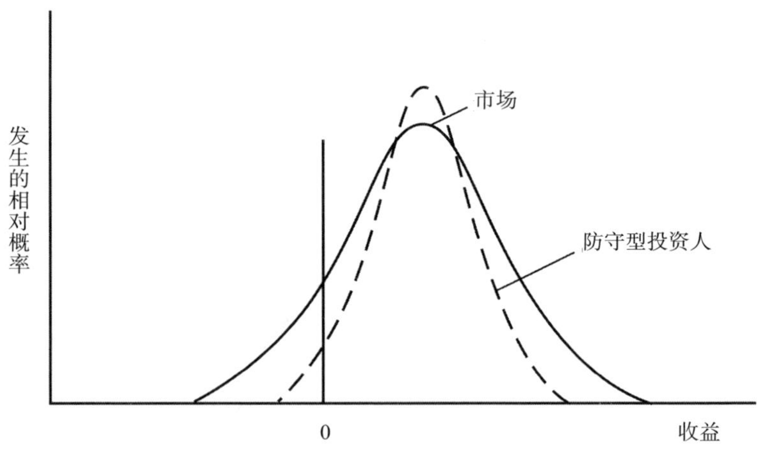

图 14–4　市场和防守型投资人预期收益的概率分布 I

现在，你已经降低了你的投资组合的贝塔值，即市场敏感度，为将来糟糕的市场行情做好了准备。如果你对市场周期走势的判断是准确的，那么市场的收益会从概率分布图的左边向右边移动，在这种市场行情下，你的防守型投资布局就会让你亏得比市场更少，成为战胜市场的大赢家，如图 14–5 中虚线所示。你的投资组合是防守型的，就更少暴露在市场波动之下，因此非常适合疲软的市场。

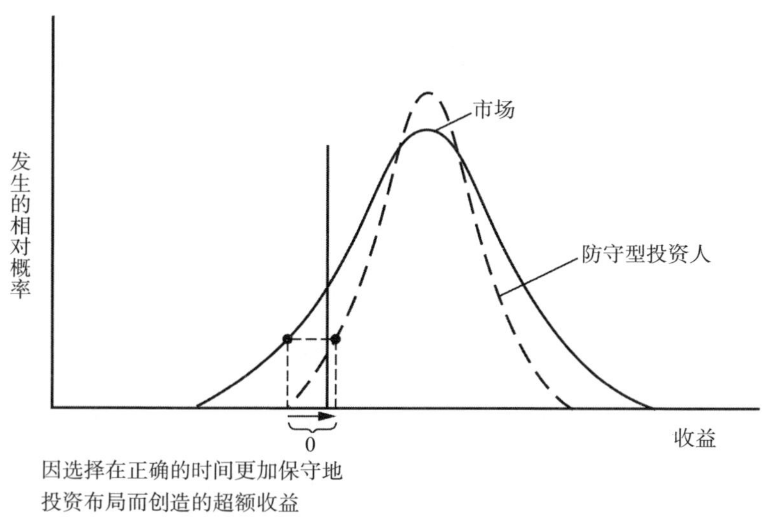

图 14–5　市场和防守型投资人预期收益的概率分布 II

当然，并不是每个投资人都很懂周期，对周期很有感觉，因此，并不是每一次下功夫定位周期都能成功。投资人假如缺少周期定位的技能，就无法据此决定投资组合转向防守，减少市场暴露（如图 14–6 所示）。如果市场出人意料地上扬，结果表明这个投资人转向防守是错误的，他的投资收益就会落后于市场，成为输家。

在第 1 章我谈了“趋势”这个主题。我们考虑市场前景，应该利用一个概率分布，如果构建得正确，它就会给你一种感觉，市场接下来可能会有什么样的趋势。市场沿着周期运行，就会重新定位预期收益概率分布的位置，由此影响市场未来可能的趋势。

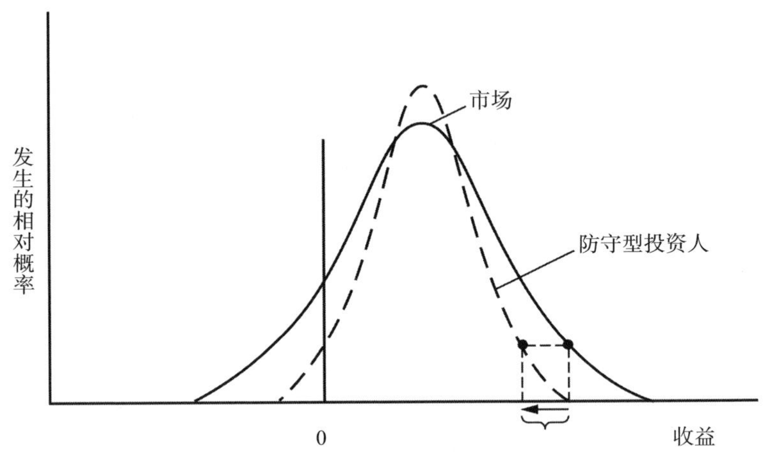

图 14–6 市场和防守型投资人预期收益的概率分布 III

市场处于周期的底部时，我们盈利的可能性比平时更大，损失的可能性比平时更小。相反，市场处于周期的顶部时，我们盈利的可能性比平时更小，损失的可能性比平时更大。基于你认为的现在市场所处周期的位置，从周期定位来看市场接下来可能会怎么走，这就能让你更好地布局投资组合，为接下来将会发生的事件提前做好准备。从逻辑上推理应该会发生的事件是一回事，而实际上会发生的事件是另一回事，二者并不相同。你尽管有可能会总是运气不好，实际发生的事件并不符合你的逻辑推理，但是你的周期定位更准确，投资布局更正确，这就能提高你未来适应市场趋势的概率，也就能提高你战胜市场的概率。

1977 年，纽约市区发生了一连串情侣幽会谋杀案。这些案件都是一个连环杀手干的，他自称“山姆之子”。最后一个探长抓住了这个连环杀手，这个探长名叫提摩西 · 多德。2014 年，我在报纸上读到了提摩西 · 多德探长的讣告。我很喜欢文中所引用的提摩西 · 多德探长的那句话，他说他的工作就是“做好准备等着好运来”。既然我的观点是未来是不确定的，而且容易受制于相当大的随机性，所以我认为这句话是一个思考未来的很好方式。也许听起来我像是鼓吹要被动地等待，把事情交给运气，而真相却是尽管卓越的投资人都有正偏态分布，也就是说成功的概率更大，但是并不是他们的每次投资都会百分之百成功，他们仍然需要运气的眷顾，这样最终的结果才能对他们有利：仅知道碗里什么样的彩票中奖概率大还不够，他们还需要能从碗里摸到中大奖的彩票，这样才能真正中大奖。

获得标志卓越投资人正偏态分布结果的一个最好的办法是，让市场趋势站在你这一边。结果从来不是你能控制的，但是如果选择的投资时机是在市场趋势有利于你的这一边时，如风在背后吹着你的帆船前行，你就会一路顺风。相反，如果你把投资时机选错了，选在市场趋势不利于你出手投资时，你就是逆水行舟。技能纯熟地分析周期，你就会比一般人更好地理解市场下一步可能的走势，从而你会获得更高的概率做好投资组合布局，更好地应对市场接下来的走势。

～～～

接下来我要讲的东西和周期这个主题完全无关，所以你如果不感兴趣，就没有必要读下去了。但是我还是想在这里补充说明一下，投资人应该采取什么样的行动来改善其投资业绩。这就需要谈一下投资管理的另一个成功要素：资产选择。

资产选择包括，识别出哪个市场或市场板块或具体资产类型会比其他同类资产表现得更好或者更糟，由此决定你在投资组合中要超配它还是低配它。资产的价格相对于其内在价值越高，未来预期市场的表现就越不好（如果其他条件都相同），反过来，如果资产的价格相对于其内在价值越低，那么未来预期市场的表现就会越好。我们要在资产选择方面有卓越的业绩表现，有一个前提条件是必需的，就是对价值三个方面的洞察力要超越平均水平：第一，资产的内在价值大概是多少；第二，这个内在价值将来可能会发生什么样的变化；第三，内在价值和当前市场价格之间的关系如何——我们是高估、低估，还是持平？

对一个特定资产的内在价值，所有投资人都有（或者本来应该有）自己的看法，资产的市场价格反映了这些投资人的共识，也就是说，投资人的看法综合到一起设定了市场价格。这也是那些买方和卖方同意进行交易的价格。那些买方买入，是因为他们觉得在现在这个价位买入是一个聪明的投资。那些卖方卖出，是因为他们觉得在这个价位资产已经达到合理定价了，或者定价过高了。那么，我们如何知道这些观点的准确性有多高？

- 理论分析。有效市场假说认为，所有可以获得的信息都已经被有效地反映到市场价格里面了，因此资产的价格是公允的，投资人无法通过在不同资产之间进行选择来“战胜市场”，因为选择不同资产的预期收益率是相同的。
- 逻辑分析。我们谈的问题实质是，有没有能力让你做的这些价值判断的质量更高，且高于市场上所有投资人的平均水平，最终能够取得高于市场平均水平的业绩。但是我们知道有一点是确定无疑的，所有投资人整体而言获得的是平均业绩水平。因此投资人整体而言不可能做出超越平均业绩水平的价值判断。
- 实证分析。对投资业绩的实证研究表明，只有极少数投资人能够持续地做出比市场上其他人更加正确的价值判断。大多数投资人

> 的价值判断都比市场的价值判断，即平均价值判断水平更糟糕。特别是投资人在扣除交易成本、管理费用和其他开支之后获得的净收益，还赶不上市场平均业绩水平。正是因为这个原因，被动的指数投资越来越流行，也越来越普及。

这并不是说，没有人可以战胜市场。事实上，每年都有很多人战胜了市场，但是通常这只不过因为他们运气好而已。按照随机性假设，短期会有很多人战胜市场，也会有很多人输给市场，因此投资人的业绩整体上与市场的平均业绩持平。但是只有极少数人能够长期持续地战胜市场，即长期持续超越市场平均业绩水平，而他们并非仅仅靠运气，他们中的一些人也因为长期持续战胜市场而名扬天下。最关键的成功要素是，对内在价值有卓越的洞察力，正是这一点给予极少数人持续战胜市场的能力。我称之为“第二层思维”，也就是有能力做出与市场共识不同的思考，而且比市场共识理解得更深。

我不准备再深入地讨论内在价值、价格与价值之间的关系以及第二层思维，因为我已经在上一本书《投资最重要的事》里面，对这三个主题做过篇幅很长的讨论。不过我想说，关键在于卓越的投资人能够达到第二层思维，所以投资人才能够挑选出更多地表现跑赢市场的优质资产，而不是更多地表现跑输市场的劣质资产，因此卓越投资人的资本配置在优质资产上的仓位更高，配置在劣质资产上的仓位更低。卓越资产选择的秘方就是这么简单。

这种卓越资产选择技能的标志是什么？不对称业绩。

绝大多数投资人都没有这样高超的资产选择技能，因此他们战胜市场的概率与市场整体赢家和输家的比例相同。市场整体表现得好，一般人的投资业绩也就跟着好，市场整体表现得不好，一般人的投资业绩也就跟着不好（见图 14–7）。

那些在资产选择上具有反技能的投资人，从比例上看优质资产少、劣质资产多，因此业绩还不如市场的平均水平。反技能投资人不管是在市场上涨的时候，还是在市场下跌的时候，都跑不赢市场，如图 14–8 所示。换句话说，具有资产选择反技能的投资人的概率分布偏移到市场的左边。

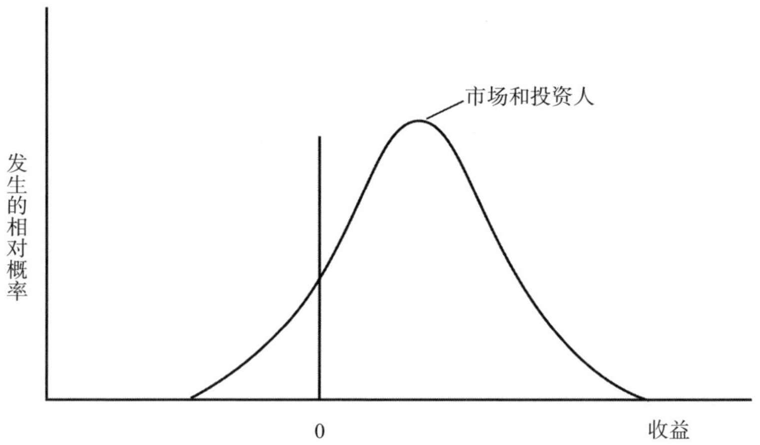

图 14–7　市场与一般投资人预期收益的概率分布

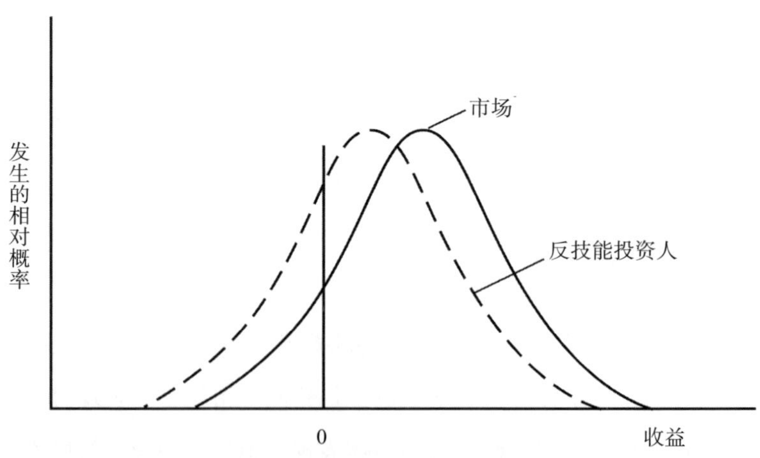

图 14–8　市场与反技能投资人预期收益的概率分布

但是资产选择技能高超的卓越投资人，在他们的资产选择中优质资产多、劣质资产少，优质资产与劣质资产的比例高于市场；他们能够做到把资金更多地配置在跑赢市场的优质资产上，而更少地把资金配置在跑输市场的劣质资产上；他选择的优质资产领先于市场的程度，大于他选择的劣质资产落后于市场的程度。

- 一个能够做出卓越资产选择的投资人，如果习惯于更加激进地投资，那么当市场上涨的时候，他们的持仓会比市场涨得更多，而在市场下跌的时候，他们的持仓会比市场跌得更多。但是卓越投资人的持仓涨幅领先于市场的涨幅，要大于他们的持仓跌幅落后于市场的跌幅。简单地说，卓越投资人在跑赢市场时赢得更多，而在跑输市场时输得没那么多，输赢相抵之后，总体而言他们还是跑赢市场的。这是因为他们具有卓越的资产选择能力，他选择的那些资产有更大的上涨潜力，却不用承担相同的下跌风险。结果是市场在上涨的时候，他们的进攻型投资组合自然而然地会超过市场的涨幅，但是在市场下跌的时候，他们的进攻型投资组合的跌幅高于市场的跌幅，小于其涨幅高于市场涨幅的幅度。这就是一个典型的风险–收益不对称，而这正是卓越投资人的标志（见图 14–9）。
- 同样的道理，一个有卓越资产选择技能的投资人，如果习惯于做防守型投资，那么当市场下跌的时候，他们的防守型投资组合的跌幅自然会小于市场跌幅，因而他们的业绩能够领先市场一定幅度。而当市场上涨的时候，他们的防守型投资组合的涨幅会小于市场涨幅，因而会落后于市场一定幅度，本来按照正态分布的对称性，这应该相当于他们在市场下跌时领先市场的幅度，但是实际上落后的幅度并没有那么大。这是由于他们的资产选择技能卓越，选择的资产质量高，所以相对而言，他们的资产组合的跌幅小于市场跌幅而领先市场的幅度，大于他们的资产组合涨幅小于市场涨幅而落后市场的幅度，二者并不对称（见图 14–10）。

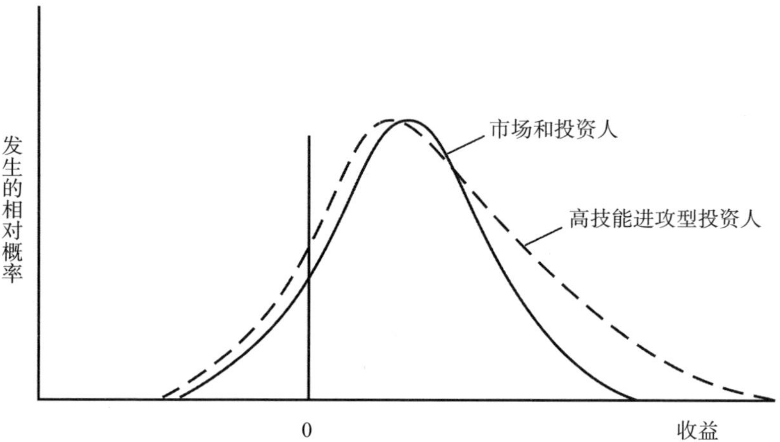

图 14–9　市场与高技能进攻型投资人预期收益的概率分布

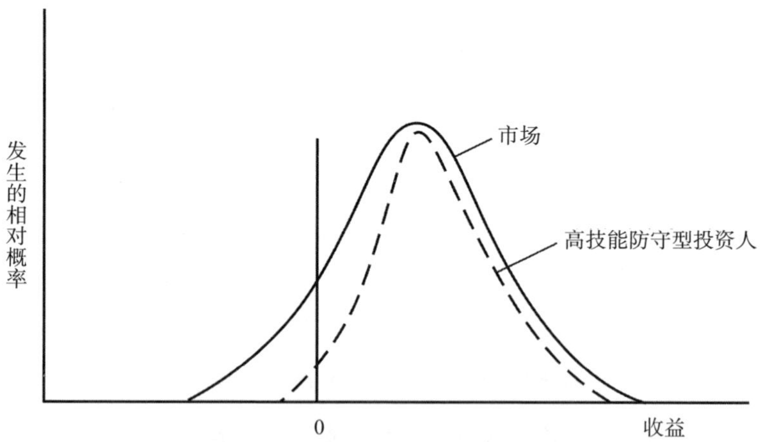

图 14–10　市场与高技能防守型投资人预期收益的概率分布

这两类投资人都有卓越的资产选择技能，进攻型投资人和防守型投资人都展现出相对于市场而言的风险–收益不对称分布。也就是说，他们的业绩都是正偏态分布的。这两类人的投资组合的上涨潜力与下跌风险并不对称。尽管他们的方式不同，进攻型投资人胜在上涨潜力大于下跌风险，相对而言市场繁荣时组合领先市场的幅度较大，而市场疲软时组合的落后幅度较小；防守型投资人胜在下跌风险小于上涨潜力，相对而言市场疲软时组合领先市场的幅度较大，而市场繁荣时组合落后于市场的幅度较小，这正是资产选择上的阿尔法因素所体现出来的方式。

第三类投资人，既不习惯于进攻，也不习惯于防守，但是他们擅长周期定位以及资产选择。所以他们能够做到选择好的市场时机，根据自己对市场周期现在所处位置的判断和接下来对市场趋势的分析，做到在正确的时机增减仓位，调整市场暴露。也就是说，他们在市场上涨的时候仓位更重，在市场下跌的时候仓位更轻，所以市场涨得多，他的组合因为重仓也跟着涨得多，相反市场在下跌的时候，因轻仓配置而跌得少，同时他们也能选择好的资产。他们真是世界上最理想的投资人了（见图 14–11）。

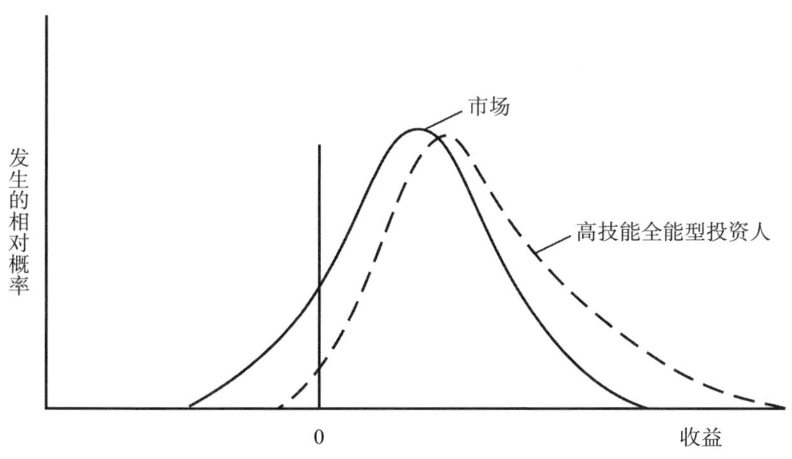

图 14–11　市场与高技能全能型投资人预期收益的概率分布

市场上涨时，几乎每个人都能赚到钱，而市场下跌时，几乎每个人都会亏钱。几乎每个人选择资产的优质与劣质的比例都和市场整体水平一样。投资人需要有卓越的投资技能，才能够在市场上涨或下跌期间比市场表现得更好一些，从而获得不对称业绩，而这正是卓越投资人的标志。

请注意，在讨论中，我特意把周期定位的技巧和资产选择的技巧区分开来，但是这种区分在某种程度上是人为的。我之所以有意为之，是为了更清楚地分别描述这两大类影响投资业绩的因素，但是很多伟大的投资人具备这两种技巧，而大多数投资人一种技能也不具备。这两种技能都很高超的投资人，对市场未来可能的趋势有更好的感觉，也能够选择合适的资产构建合适的投资组合，以更加适应未来的市场环境，这体现在他们所选择的资产中领先市场的优质资产比例更高，而落后市场的劣质资产比例更低。这种堪称完美的投资高手极其罕见。

~~~

我在印度的顿悟告诉我，能否成功地布局投资组合以应对市场未来趋势，首先取决于你做什么，集中更多兵力用于进攻，还是用于防守；其次取决于你什么时候做——基于你对周期所预示的未来市场趋势有卓越的洞察力。我写本书的目的就是希望能在这两个方面帮助你。
~~~

15

应对周期有局限性

我的看法是，你想要在理解市场周期的基础上改变投资组合布局，以此来提升长期投资业绩，这种想法完全合情合理。但是有一点对于你来说至关重要，你一定要理解，这种想法要求你具有高超的技能，且真正实现这种想法非常困难。即使你再优秀再努力，一个人的能力也毕竟有限，有时候就是人算不如天算。

我辛辛苦苦地写此书，就是想给我自己创造一个机会，记录下我所知道的周期那些事儿，当然也因为我很享受写作这件事情。但是最主要的目的，正如我前面所说的，是帮助读者应对市场的上涨和下跌。

在前面的内容里，我已经讲了很多我对周期的思考，一步一步地告诉你如何理解周期过程的规律性，也讲了周期的不规律性。周期有一定的规律性——像诗歌韵律一样重复相似的过程，让我们逐步积累经验，培养理解周期的能力，培养把握周期下一步趋势的信心。但是周期也有很大的不规律性，有时会出现无法预测的巨大变化，这要求我们适当地抑制一下我们的自信心，不要觉得自己完全有能力做到充分理解周期和把握周期。这一章的目标就是重复这些思考，并总结归纳。

正如我前面所说的，投资实质上就是合理地布局资本，从未来发生的事件中获利。但是我也说了，我们永远不知道未来会发生什么事情，因此也不知道我们未来会去哪里。但是我们应该竭尽所能地知道自己现在身在哪里。因为目前周期所处的位置能够给我们强烈的暗示，告诉我们周期未来会怎样，以及我们应该如何应对。

我们现在所处周期的位置，对分析周期未来的走势有非常深远的影响：什么走势可能发生，甚至什么时候会发生。就像我在第 1 章里讨论过，而且在上一章中用图描述过的那样，周期定位会掌控未来的概率分布变化。

很多事情都会发生。我们知道我们只能面对不确定性和风险。关于未来，我们所知道的不过是概率而已。知道概率，能帮助我们把对未来判断的准确程度提高到高于整体平均水平。但是有一点很关键：我们知道事件发生的概率，并非代表我们精确地知道什么事件会发生。

我们没有选择，只能满足于知道概率。但是从每个结果来看，比如每年的 GDP 增长，下一年每只股票的涨幅，它们的样本数量经常受到限制。这意味着，从概率上看有很多事情都有可能发生，但是实际上只有一件事情会发生。这样就不会有足够多的观察，让我们能假定从概率上讲最有可能发生的事件是什么，而且可以肯定，并不是最有可能发生的事件后来确实会发生。

例如，让我们分析一个过度兴奋的泡沫后来发生修正的情况。从理论上讲，泡沫的修正并不是一定会发生的，但是周期的真实情况表明：第一，泡沫的修正最终会发生；第二，泡沫的修正一直没有发生。如果周期上行阶段持续的时间越长，那么我们预期未来的市场修正越有可能会发生（而且往往来得更急）。

当然，如果这种逻辑上应该发生的事件没有发生，这种情况持续的时间越长，周期沿着上行的方向上涨的幅度越大、上涨的时间越长，就会有更多的人得出结论——周期的规律在某种程度上已经暂停发挥作用了，周期召唤的市场修正永远不会发生。这会导致大量非常疯狂的追涨买入，就像我们在2000年网络股泡沫中所看到的那样，最终导致的结果令这些在泡沫顶点选择买入的投资人损失惨重、极其痛苦。

我们必须保护好我们的投资组合（和我们的投资管理业务），让它们能够抵抗那些最有可能发生的事情所产生的风险，我们对周期的理解让我们推断什么事情最有可能发生，但是这件事情也许经过了很长时间才终于发生。我们必须让我们的情绪保持波澜不惊，让我们能够熬过那一段可能相当漫长的等待时间，我们若是熬不过去，就看不到光明到来的那一天了。

~~~

从推断事情会发生到事情发生证实推断，中间所需的等待时间真的会有那么漫长吗？我们来回顾一下历史。20世纪90年代中期，市场急剧上涨，科技股板块的股价像火箭一样飙升，由此出现了一个机会——防守型投资人做出推断，股市实在被过于高估了。做出这个推断的理由应该说是很扎实的，是基于对相关数据的有效解读，而且论据也很有说服力。可是要过几年才会证明这些防守型投资人的推断是对的，正如一个非常重要的投资格言所说的："过于超前于你的时代的投资，和错误没有区别。"这些投资人推断股市被过于高估的理由非常充分，但是这个推断给投资人带来的好处十分有限；五年后，推断才得到证实，市场修正才终于发生，2000年到2002年股市大跌一半，可是这些防守型投资人还没有等到自己预言成真的那一天，他们管理的基金资本规模就已大幅度缩水了，因为客户一看你的业绩大幅落后，就肯定要
~~~

赎回基金，不让你管理了。

可是，这些投资人能够得出这种推断，肯定很有头脑，再加上足够的自信，应该能让他们一直紧握手中枪，坚持自己的观点不动摇。希望他们能够一直保持小心谨慎，而不是在抗了很多年后，因实在痛苦得受不了了而宣布投降，在更高的点位上追涨买入，结果被高位套牢，那么结局就太惨了。如果这些防守型投资人真能这样固执地坚持己见，再熬上几年，也许市场修正真的来了，就能证明自己的看法是对的，因而能够恢复原来的管理资产规模，因为客户一看你能战胜市场，就又会回来找你了。但是从做出推断到事实证明推断要经历很长时间，不断地受人指责，资产规模缩水，投资人会过得十分痛苦。

我们快进到现在这个时代，可能也是一样的。谨慎小心的投资人又得到了另外一个机会可以做出推断，美国股市过热了，应该减仓，因此错过了更强劲的上涨，少赚了一大笔钱。客户一看你的基金业绩大幅落后，肯定不高兴了，大量赎回基金，于是这些谨慎的基金公司的资产规模大幅缩水（而且是在一个上涨的牛市行情中）。

谨慎还是对的吗？未来是否会有事件证明谨慎是对的？会不会市场很快来一波修正，快到足以让那些谨慎的投资人享受到推断正确的好处？是不是应该把这些投资人看作那种永远持熊市观点的人？你只要永远持熊市观点，过上几年总会出现一波大跌，就能证明你的熊市观点是正确的，尽管可能只是瞎猫碰上死老鼠。抑或是这些投资人是非常出色的投资大师，从逻辑推理上讲，他们的看法是正确的，只不过投资世界的因果联系不够严谨，阻挠了他们的看法得到验证？这些问题，在很大程度上都是无法回答的。但是最重要的事情是，读者一定要记住一个非常关键的教训：周期定位，定准位置，很不容易。

~~~

我的看法是，你想要在理解市场周期的基础上改变投资组合布局，以此来提升长期投资业绩，这种想法完全合情合理。但是有一点对你来说至关重要，你一定要理解，这种想法要求你具有高超的技能，且真正实现这种想法非常困难。即使你再优秀再努力，一个人的能力也毕竟有限，有时候就是人算不如天算。

重要的是，不要捡了芝麻丢了西瓜，我希望大家不要过于关注每天市场短线的上涨和下跌，这些都是如芝麻一般的小事，而要关注一生只有一次的周期走到极端的情况，这才是如西瓜一般的大事（最近看起来不是一生只有一次了，而是每过十年都有可能发生一次市场走极端的情况），这是一个很明显的事实，我已在第 12 章提供了一些典型的案例。首先，大泡沫和大崩盘这两种极端行情，特别是它们形成的过程，非常清楚地描述了周期的运行模式，以及我们应该如何应对；其次，正是遇到这些市场走到极端的情况，我们才可以得到预期可能性最大的投资成功的机会。

下面这张图描述了我对市场波动如何影响我们所处的投资环境的看法。坦白地说，我这样用周期来描述市场波动，有些把复杂的事情简单化了，我用周期一讲，投资世界就更容易被看清楚了，而且要比那个真实的投资世界规律得多。用周期作为总体框架来分析投资世界，我过去用了几十年了，都十分有效，我再也不用把投资世界看作一系列不规律的、变幻无常的曲折事件了，也再也不用因为看不清现在、更看不清未来而内心慌乱不安了。

市场价格相对于其内在价值的关系有上中下三种情况：中间区域是定价“公允”，上下两个极端是定价“太贵”和定价“便宜”。当然，
~~~

市场走到定价太贵和定价便宜两个极端，肯定要比其他情况能够让我们看得更加清楚（见图 15–1）。结果是：

> 第一，经常很难区分市场定价到底是贵还是贱，也很难经常做到正确区分。
>
> 第二，因此在中间区域区分市场定价是贵还是贱，不如在极端区域区分市场定价是贵还是贱，这样更有可能赚到大钱，而且在中间区域区分市场定价是贵还是贱，也不如在极端区域更加可靠。

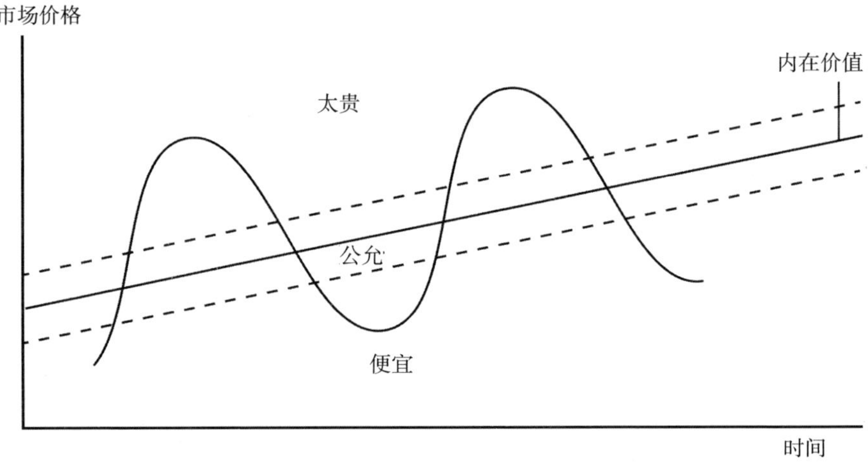

图 15–1　市场价格与内在价值对比

发现市场走到极端，并且能利用走到极端的市场，真的是我们能找到的最好的方法了。而且我相信，这种事情做起来很可靠，前提是你能系统地深入分析，有洞察力（或者对历史很精通），而且做事沉着冷静、不动感情。可是，这也意味着，你别指望能够每天、每个月，甚至每年都能做出能赚钱的决策。

我们不能自己创造绝佳的机会，让自己能够以此决定进入市场的时机。我们对周期再了解也无法自己创造投资机会。相反，只有市场能决定我们什么时候能碰到绝佳的投资机会。请记住，没有什么聪明的事值得去做的时候，错误往往来自你想卖弄聪明。

根据周期选择投资时机的合理性，只取决于你对选择投资时机的期望。你如果经常想要察觉到我们所处周期的位置，而你的目的是推断“明天会发生什么情况”或者“下个月会发生什么情况”，就不可能成功。我把这种做法称为“想要小聪明”。要做出很好的区分并不容易，没有人能够经常或者持续地做到精细地区分市场的定价，没有人能靠这个本事显著地提高投资业绩。也没有人知道，根据周期定位推断市场可能的走势时，什么时候这个“可能”会变成现实。

此外，根据主要的周期定位来布局投资组合，一直以来为橡树资本的投资业绩做出了很大贡献。1990 年到 1993 年，2002 年和 2008 年，我们变得非常激进；1994 年到 1995 年，2005 年到 2006 年，我们转变为十分谨慎，最近几年在某种程度上我们也变得相当谨慎。我们努力地理解周期、运用周期，形成我们的投资优势，为我们的客户增加价值。我可以说，从上面这些情况看，我们对周期的定位大致是正确的。市场上出现的所有重大投资机会，我们没有错过一个。

到现在为止，我们对主要周期的判断都被事实证明是对的。用“都”这个词听起来好像这是一场我们能够持续获得胜利的战争。但是我个人做出的“所有”主要的周期判断，过去 50 多年来也不过四五次。因为我只是在周期走到最极端的情况下才做出判断，所以我把自己判断正确的概率最大化了。没有人能够经常取得成功，最多不过是在极端情况下可能取得成功，即使是我本人也是如此。

所以请注意，我也经常这样提醒大家，确定周期现在所处的位置并推断周期后面的走势，并不容易。我并不想给读者留下这种印象：周期定位这件事很容易，如果做不到就应该对自己感觉很失望。正如我在2016年1月的投资备忘录《投资心理学》中所说的：

> 有一点我想说得特别清楚，2006年年末到2007年年初我呼吁投资人要谨慎小心，在2008年年末我呼吁投资人要积极主动地买入，2012年我呼吁投资人要再次谨慎小心，2016年年初我又呼吁投资人投资布局应该更加具有进攻性，其实我这样说的时候，并不是百分之百确定的。我的结论是我推理出来的结果，充分借助于我多年的投资经验（再加上橡树资本的同事们的合作和努力），但是我从来不认为，自己的这些看法会百分之百正确，甚至80%正确的可能性也做不到。当然，我认为我的看法是正确的，但是我在提供这些建议时内心总是惴惴不安的。
>
> 我每天读的报纸和大家读的是一样的，我每天看到的经济数据也和大家看到的是一样的，市场波动对我的连续冲击也和大家受到的冲击一样，引发我情绪的因素也和大家一样，也许我对自己所做的推理要比其他人更加自信，当然我的投资经验也要比其他大多数人更多。但是关键是，不管因为什么原因，我都能够忽视自己的情绪冲动，依然按照自己的推断行动。我的这些推断没能被记录下来，或者被证明。如果能如此的话，那么大多数理智的投资人也会和我得出一样的推断，也会和我一样有信心。我告诉你这些实话，只是为了与你沟通交流我内心的这种感觉，没有人应该担心自己不能胜任这个任务，只是因为他对自己的结论不是百分之百地有把握。而事实上，投资这种事情根本没有百分之百那回事儿。

彼得·伯恩斯坦对这个问题的见解很独到，所以我要用他写的一段话来结束本章：

> 我创办《投资组合管理》杂志到现在有28年了，在此之前我做过22年的投资管理，在投资行业工作了50年，积累了很多经验教训，我把这些经验教训总结成了一句话：投资成功的诀窍，并不是要你成为最热门的选股高手，或者预测最准的预测高手，或者模型做得最好的软件开发高手。这些胜利都是一时的，它们如过眼云烟。投资成功的诀窍是活下去！剩者为王！投资成功说起来容易做起来难，要真正做到长期活下去，你就需要有非常大的肚量，能接受自己判断出错，因为我们毕竟是人不是神，我们的出错次数往往会比我们预想得更多。未来并不是我们能够提前知道的，但是明白这一点能够帮助我们知道错误是不可避免的、是很正常的。我们出错并不是因为发生那些可怕的悲剧，也不是因为推理上出现可怕的漏洞，甚至不是因为像在大多数情况下那样碰上坏运气。我们之所以会出错，是因为出错是行动的特权，而任何行动都取决于完全不可预知的未来……（杰夫·胡达，《出错也照样能赚钱》《寻找阿尔法》，2017年3月13日）

16

成功本身也有周期

一个重要的教训是，在一个互相连接、信息传播速度极快的世界里，任何东西，如果其市场表现持续良好，且能够产生非同寻常的利润回报，就会吸引资本不断流入，直到市场变得过度拥挤和完全机构化了，其风险调整后的预期收益率才会回归均值（甚至可能更差，比均值还低）。

与此相对应，任何东西，如果其市场表现持续糟糕，就会使其价格变得非常便宜，这是因为它们相对而言涨幅更小或者跌幅更大，投资人缺乏兴趣，而这也为估值水平过于便宜奠定了基础，让它们将来能表现优异，跑赢市场。像这样好资产变成坏资产，坏资产又变成好资产的过程，就是周期循环。投资成功的关键就是懂得周期，万事万物皆有周期，因而周期内肯定会有起起落落和重复循环。投资成功的关键肯定不是相信大家都认为的只会上涨不会下跌的股票，因为这就像相信树会长到天上一样愚蠢。

我希望你现在已经准备好能够完成三大投资任务：识别周期现在的位置、评估周期将来的趋势和应对周期做好组合布局。这会对你取得投资成功有很大帮助。但是正如彼得·伯恩斯坦所说的，即使是最优秀的投资人，也不会总成功不失败。理解这一点很重要，这样才能支撑你努力活下去。和这本书提到的其他事情一样，成功总是来来去去，也有周期。

其实，我经历了50多年的投资职业生涯，发现成功本身也有周期。在很大程度上，成功也有潮起潮落，和我描述的其他周期一样，成功本身的周期起伏也受到很多人为因素的影响，而且成功的周期也和其他周期一样，每一步的发展变化都会引起下一步的发展变化。我前面说过："成功本身就孕育着失败的种子，而失败本身也孕育着成功的种子。"我很早之前就相信这一点，后来与不良债权和不良债权企业打了20多年交道之后，我的这个信念变得更加坚定了。

彼得·考夫曼，查理·芒格的传记作者，担任格莱纳尔公司的首席执行官——这家公司是一家特别优秀的航空航天零部件生产商。彼得·考夫曼这样描述这种辩证唯物主义的工作模式："任何一个系统通过不断地发展，达到最大规模或者最高效率。在这个发展过程中，它会形成一个完全内在的矛盾和弱点，引发其自身的衰败和灭亡。"（彼得·考夫曼,《永久性跷跷板》）这段话精辟地概括出成功本身也有周期。

人性的角色

换个说法，我会这样说："对于大多数人来说成功并不是好事。"简单地说，成功会改变人，而且通常不是把人变得更好。成功会让人觉得他们很聪明。在一定程度上，觉得自己聪明，能提高自信心，这是一件好事情。但是你一旦聪明过了头，觉得自己什么事情都做得很好，什么时候都很聪明，就会变成坏事了。同时，成功会让人变得更有钱，人就容易满足了，从而导致他们奋斗努力的动力就减少了。

就投资人的心态而言，谦卑和自信之间的关系很复杂。因为有最棒的投资便宜货的地方，通常是那些没有人发掘的地方，或者没有人重视的地方。想要成功，投资人必须对自己的判断有足够的自信。戴维·斯文森，投资业绩非常出色的耶鲁大学捐赠基金的领头人，他如此描述投资成功之道："你要投资成功，投资组合就必须与众不同，而从传统的眼光来看，它经常会显得你的投资很轻率，很不谨慎，让大家心里感觉很不舒服。"（戴维·斯文森著，《机构投资与基金管理的创新》，2000年）可是，从本质上讲，要找到非常明显的投资便宜货，最有可能的是在那些受传统智慧鄙视的地方，它们会让大多数人一看就觉得心里不舒服，很难领会这些资产不受人欢迎的外表之下所隐藏的内在优点。投资这些大家都鄙视的资产，要求你必须拥有极大的勇气，敢于承受别人鄙视的目光。

如果顶着压力买了一些别人都看不上的资产，其中有一个资产没能像你所预期的那样上涨，甚至不仅没涨而且下跌了，你就必须有足够的自信心，才能继续持有这些资产，甚至需要进一步加仓。你不能把价格下跌看作一个确定的"卖出"信号，换句话说，投资人要战胜市场，就不能默认市场知道得比自己多，市场做得比自己强。

但是另一方面，投资人必须知道，自己知道的东西也是有局限的，不要假定自己肯定不会出错，因为投资人必须明白，没有人能够确定无疑地知道未来宏观面的发展。投资人可能对未来的宏观面有自己的看法，包括未来经济如何走，未来市场如何走，未来利率如何走。但是他们应该知道，他们的这些看法不一定都是正确的。和上面所说的相反，投资人千万不能认为自己总是对的，市场是错的。因此，如果投资人在持有或者加仓的时候没有限制，或者没有重新审视自己做出判断所依据的事实和推理过程，那么这就是傲慢自大。

随着成功次数积累得越来越多，人们会认为自己很聪明，这是很正常的。投资人碰上一个强劲上涨的市场，赚了很多钱，就会觉得自己是精通投资的大师了。他们对自己的看法和直觉就更有信心了。他们的投资行为所反映出来的自我怀疑就变得更少了，意味着他们更少地考虑自己出错的可能性，也更少地担心亏损的风险。这就会导致他们不再坚持买入价格足够便宜以确保拥有足够的安全边际，而正是这一点带来了他们早期投资的成功。正因如此，我们一定要牢记那句最古老也最重要的投资名言："不要把你的头脑很牛和市场很牛这两件事搞混了。"

有一个非常朴素的道理：你从成功中学不到有价值的东西。那些成功的人往往会把成功归功于自己，结果使自己看不到成功的真正原因，事实上，很多人的成功只是因为很幸运，因为得到了贵人相助。成功的投资往往只会教给人两点经验：一是赚钱很容易，二是根本不用担心风险。这是两个特别危险的伪经验。

那些成功一时的投资人也许会推断：那个让他们所选择的资产成为战胜市场大赢家的小机会，是可以被无限拓展的，但其实大多数机会是无法被拓展的。大多数投资人，包括那些一战成名的投资人，他们断定自己可以把成功复制到其他领域，想进军几个领域就进军几个领域：为他们第一次创造出史诗般成功的才智，肯定可以被广泛应用到其他地方。

那些创造成功投资的因素很难被复制。这意味着，成功这件事是具有周期性的，而不具有连续性。事实上，一个成功并不意味着下一个成功也会到来，相反，一个成功本身会导致第二个成功的可能性变小。我想引用所罗门兄弟公司前首席经济学家亨利·考夫曼的那句名言："亏钱很多的人有两大类，一类人什么也不知道，另一类人什么都知道。"(《华尔街的阿基米德》,《福布斯》杂志，1998 年 10 月 19 日）

一些著名的诅咒，并非不无道理。比如"杂志封面诅咒"：体育明星登上体育画报的封面，他们的成绩就会突然下滑，再也拿不到冠军；或者企业家和投资家登上《福布斯》杂志封面，他们的业绩就会大幅下滑，再难遥遥领先。一个人能登上杂志的封面，肯定是因为这个人有一次取得了巨大成就，但是这个巨大成就，也许只是因为做出一个平常的举动而使收获远远超出预期，也许因为得到一次独一无二的机会，但以后却无法被复制，也可能因为不够谨慎小心、冒了巨大风险才侥幸成功。巨大的成绩让人登上杂志封面，其中包括因为投资业绩特别成功而登上《福布斯》封面的投资人，成功让人骄傲，骄傲让人自大，他们变得太过自信，趾高气扬，而不再自律，不再刻苦努力……因此不再具备成功的必备要素，他们也就不再成功了。

流行的角色

投资成功本身孕育着投资失败的种子，主要体现在，越成功，越流行，就越会加大失败的可能性。我前面刚刚讲过，通常最容易找到投资便宜货的地方，往往会让投资大众很难理解，心里感到很不舒服，态度上就会很容易鄙视。短期投资业绩表现其实主要是流行程度大比拼，而大多数便宜货之所以存在，只有一个简单的原因，它们没有被大众普遍接受，不流行，就没人买，所以价格才会便宜。相反，那些市场表现很好的资产往往是非常流行的，因为它们有明显的优点，人们一看就知道，一看就喜欢，越流行，追着买的投资人就越多，它们涨得就越快。这形成了良性循环，直到价格被过分高估。总之，市场上流行的东西肯定不会便宜。

让我们来思考一下投资策略，有一点很关键，我们一定要深刻领会：没有什么东西能永远有效；没有什么投资方法、投资规则、投资过程能够一直战胜市场。第一，大多数证券和投资方法，在某种投资环境下，在周期的某阶段是有效的，但是换作其他投资环境，或者周期发展到其他阶段，就不灵了；第二，过去的成功本身会导致未来的成功变得不大可能。

20 世纪 60 年代，投资股票第一次在美国社会流行起来，大家重点关注的是龙头企业，把这些龙头企业的股票称为“蓝筹股”。这些大家非常关注的蓝筹股，都是股票市值规模很大的大盘股，而那些股票市值规模小的小盘股，在很大程度上都被当时的投资大众忽略了。但是后来，投资大众终于注意到小盘股了，于是开始买入。因为市值规模小，即盘子小，即使进来的资金不是特别多，小盘股也会大涨，这导致小盘股比大盘股的市场表现得更好。投资人注意到，在小盘股股价水平追赶大盘蓝筹股的阶段，小盘股的涨幅远远超过大盘股，投资收益率也高得多，于是更多人追涨买入小盘股，而买盘增加又进一步推高股价，结果投资人自己给自己创造了上涨行情，自己给自己创造了投资收益，就这样不断地良性循环……直到小盘股的股价估值水平完全追平大盘股。到这个时点，风水轮流转，投资人的兴趣又转回到大盘股，大盘股又重新获得市场领头羊的地位。

大盘股和小盘股交替流行，后来成长股和价值股也这样交替流行。20 世纪 90 年代后期，成长股和科技股涨得很火，市场表现远远超过那些传统行业的价值股。这种巨大的反差在 1999 年达到最大化，成长股那一年超越价值股近 25 个百分点。但是成长股急速上涨，导致它们的股价被过分高估，结果 2000 年到 2002 年科技股泡沫破裂，市场大幅回调，成长股大幅跑输价值股，这是因为此前价值股受到冷落，股价低迷，非常便宜。

换句话说，“跑赢”这个词不是绝对的，而是相对的，只不过表明一个东西比另一个东西的价格涨得更高。很明显，这种情况不会永远持续下去。不管优点多么大，A 的价值不可能永远比 B 的价值高出很多，这意味着只要 A 的价格上涨的速度持续超过 B，那么肯定会遇到天花板，因为 A 相对于 B 开始变得估值过高了。持有 B 的人，因为它表现太糟糕了，纷纷卖出 B，转而去买 A，自然 B 的市场价格越跌越低，A 的市场价格越涨越高。等到最后一个持有 B 的人也卖出了，市场就再也没有人卖出 B 了,B 的价格就再也跌不动了。而 A 也因为再没有人买，价格也就涨不动了。这时候，B 比 A 的估值水平便宜很多，投资吸引力自然大很多，B 跑赢 A 的机会也就来了。

有些非常强大的力量会形成一种趋势：投资策略、投资人、投资管理机构，持续成功一段时间之后就会中止。我前面讲过，大多数想法都不能被无限拓展。关于投资，有一个特别重要的真相是，一般来说，基金经理和投资策略的业绩很好，他们就会变得很火，引来很多资金追捧，这对于基金公司来说当然是好事。但是资金规模增长会拖累投资业绩，投资策略往往在资金规模小的时候有效，而在资金规模变大后就不灵了。如果基金公司允许这些绩优基金规模疯长，放任不管，基金规模就会变得过于庞大，投资业绩就会变得很差。原来的投资成功创造了后来的投资失败。

21 世纪初，可转换对冲策略很快流行开来。投资人并不看好某股票的前景，却愿意购买这只股票的可转换债券，只要他们能够按照一个合适的“对冲比例”卖空其对应的股票（请参阅我在 2005 年 6 月所写的投资备忘录《恰当的例子》)。投资人在进行可转换债券对冲操作，并获得了非常高的风险调整后，不管市场环境是好是坏，投资业绩一直都很好……直到后来有更多的资金和更多的竞争对手受到吸引也采用这种投资策略，结果导致过去那些市场定价很有吸引力的可转换债券，现在一个也找不到了。

一个重要的教训是，在一个互相连接、信息传播速度极快的世界里，任何东西，如果其市场表现持续良好，且能够产生非同寻常的利润回报，就会吸引资本不断流入，直到市场变得过度拥挤和完全机构化了，其风险调整后的预期收益率才会回归均值（甚至可能更差，比均值还低）。

与此相对应，任何东西，如果其市场表现持续糟糕，就会使其价格变得非常便宜，这是因为它们相对而言涨幅更小或者跌幅更大，投资人缺乏兴趣，而这也为估值水平过于便宜奠定了基础，让它们将来能表现优异，跑赢市场。像这样好资产变成坏资产，坏资产又变成好资产的过程，就是周期循环。投资成功的关键就是懂得周期，万事万物皆有周期，因而周期内肯定会有起起落落和重复循环。投资成功的关键肯定不是相信大家都认为的只会上涨不会下跌的股票，因为这就像相信树会长到天上一样愚蠢。

一切都是周期循环。对于投资而言，有些事情一直很有效，后来就变得不再有效了。就像伯克希尔·哈撒韦公司负责管理保险业务的阿吉特·贾恩曾经和我说的那样："有些投资方法用来赚钱一直很容易，后来就变得不再容易赚钱了。"

- 小盘股一直跑赢大盘股，直到涨到某价格，价格不再便宜了，也就跑不赢大盘股了。
- 趋势投资或者动能投资主张什么涨得好就买什么，和赢家在一起，有一段时间这个方法很灵。最终板块轮动策略和买入落后输家的策略取代追涨买入领先赢家的策略。
- 动能投资有一大弱点，只会上涨时追涨，不会下跌时抢反弹。而

“逢低买入”这个策略正好相反，让很多投资人能充分抓住这个弱点而取胜，直到有一天出现了一个大问题（或者市场不再反弹了），导致价格下跌之后是更大幅度的下跌，没有快速反弹，只有下跌再下跌，你一次又一次地逢低买入，越低越买，结果却是越买越低。

- 风险资产跑赢市场，其超额收益主要来自这些资产由于具有风险而受到过度惩罚，价格跌得过低。后来这些风险资产的价格开始上涨，涨到和安全资产相当，此后它们就开始跑输市场了，直到它们的价格水平再次下跌，一直跌到能够再次提供足够高的风险溢价的水平，它们才会重新跑赢市场。

基本原则很清楚，没有东西会永远有效。有一点很关键，每个人都相信世上总有东西会永远有效，但正是此时那个东西肯定会变得不再有效了。我要说：“在投资事件中，每件重要的事都是反直觉的，每件大家都觉得很明显正确的事，其实都是错误的。”

也许，受流行影响的最好例子是在1979年发生的，它是亲身经历过那个年代的投资人很难忘记的一件事。在此前近十年的时间里，股票市场表现得非常糟糕，这让投资人很受伤。1979年8月13日出版的《商业周刊》杂志，其封面故事是《股票已死》，这篇文章推断出的结论是股票完蛋了，这个推断的每一条理由都和本书的观点完全相反。

这篇文章引用了很多理由来说明，为什么股票过去十年的糟糕表现将会持续下去：

- 700万名美国人放弃投资股票。
- 很多其他投资方式的业绩表现比股票好得多。

- 养老金基金的投资转向黄金等“硬资产”的投资。
- 通胀已经削弱了企业提高盈利的能力。

这篇文章接着说：

即使那些现在还留在金融市场上的机构，也把资金投入短期债券投资，以及那些“替代股票”的投资。比如，抵押贷款支持票据、海外证券、风险投资、租赁、保证保险合同、债券指数、股票期权和期货。

这篇文章得出的结论是：

那种投资旧观念认为，应该买入并持有稳健的公司股票，把它们作为个人一生储蓄和退休养老金的投资支柱，现在这种投资旧观念已经消失不见了。一个年轻的美国公司高管说：“你最近参加过美国上市公司的股东大会吗？那些买股票的人都是因循守旧的老家伙。现在大家都不流行在股票市场玩儿了。”

文章的总结是，股票已经变得很不流行了，因此股票再也不会好起来了。用高度简单化的第一层次思维来推断的人会说：“过去十年，股市表现很糟糕，导致股票现在一点儿也不流行了，这预示着将来股票还会继续表现得很糟糕。”相反，有洞察力的投资人能够运用第二层次思维做推断，过去十年，股市表现得很糟糕，自然会导致现在股票一点儿也不流行，但是这意味着现在股票价格很便宜，估值水平很低，而这么低的估值水平预示着股票将来会有良好的市场表现。

而就在《商业周刊》1979 年刊登《股票已死》这篇文章之后仅仅 3 年，也就是 1982 年，美国历史上最大的一波牛市就开始了，这篇文章实质上说的不是股票已死的充分理由，而是股市即将雄起的充分理由。1979 年 8 月 13 日在这篇文章发表的时候，标准普尔指数才站上了 107 点，到 2000 年 3 月，标准普尔指数涨到了 1 527 点，21 年累计涨幅超过 14 倍，年化收益率高达 13.7%。这些数字还没有计入股息分红，如果计入股息分红，那么这 21 年的总收益率会超过 28 倍，年化收益率会达到 17.6%。这个案例带给我们的教训非常简单：投资人应该极力避开那些十分流行的资产。相反，那些一点儿也不流行的资产反而是投资买入者的好朋友。简单地说，流行程度与赚钱机会成反比。

公司的角色

从成功这个角度来看，公司的发展也是起伏不定，也是基于一系列因果联系的事件。我亲眼见过施乐这家大公司的跌宕起伏。

施乐公司是办公复印机行业的巨头，第一个采用了“干法”静电复印技术，让我们能摆脱原来操作很麻烦的“湿法”直接复印技术，从此我们自己在办公室里用操作简单的静电复印机就可以复印了。20 世纪 60 年代后期，我当时还是一个研究办公设备的菜鸟证券分析师，施乐是我调研的第一家上市公司。那时候，施乐公司垄断着“干法”静电复印技术，看起来它完全掌控着自己的命运。那时我的师傅是一名高级证券分析师，经常带着我这个小徒弟去拜访施乐公司。接待我们的是施乐公司的“分析师联系人”（相当于中国上市公司证券事务代表），他对施乐公司产品线上每种型号的复印机都了如指掌，他会帮忙计算公司的预期销售收入，主要看两项指标：一项指标是下一年施乐公司会生产多少台复印机，另一项指标是每台复印机的年租金收入有多少。

由于施乐公司占据市场主导地位，因此基本上公司预测会有多少销售收入，就能真正实现多少销售收入。施乐公司垄断了静电复印技术，所以可以采取垄断性价格，完美地配合其出租复印机的数量规模，从而让自己获得非常高的利润。因此施乐公司坚持短期租用的模式，它可以像短租公寓一样一年到期就提价，而拒绝出售设备或者长期租用。

但是施乐公司的管理层也许忽视了一点，公司这么高的利润率是无法长期持续的。1975 年，施乐公司卷入一起反垄断诉讼，政府指控施乐公司操控复印机市场，施乐公司败诉，政府许可其他公司使用其强大的复印专利技术。从此，竞争对手开始生产和销售自己的复印机，和施乐公司进行价格竞争，抢走了很多原来短期租用施乐复印机的客户。结果，施乐公司的美国复印机市场份额大幅减少，从接近百分之百降到百分之十几。因为施乐当时是行业龙头，占有大量市场份额，降价虽然有利于竞争新业务，但降价会伤害手上现有的庞大的老业务。施乐那些竞争对手做的事，就是现在被称为“竞争性毁灭”的早期案例。

1968 年，由于占据市场垄断地位，而且既拥有强劲的成长性，又有很高的盈利能力，施乐公司是当时漂亮 50 明星股中的领头羊。我在前面说过，市场普遍认为，这 50 家公司的竞争实力太强大了，公司利润增长太快了，以至可以说它们“不会出任何坏事”，它们的“股价再高也不算高”。但是树长得再高也长不到天上去，企业再成功也不会永远成功。

施乐的行为招来激烈的竞争，而这种竞争是公司管理者没有预料到的，也就没有事先做好准备以应对激烈的竞争，多种因素加在一起，让施乐公司在 21 世纪初经历了严重的困难时期。

公司和人一样，往往一成功就变了。公司成功之后的所作所为，却注定要毁灭成功。这些企业在获得成功之后的自我毁灭行为包括：

- 开始自得自满，变成“快乐的大胖子”。
- 变得官僚主义，行动迟缓。
- 未能采取妥善措施保护现有竞争地位。
- 停止创新，不再与大众保持一致，而加入了平庸的大众。
- 认为自己做任何事情都能做得非常好，因而会冒险进入超出它们能力范围之外的陌生领域。
- 以上公司成功之后的行为以及其他行为，表明成功真会孕育失败的种子。但是好消息是，我前面也说过，失败也孕育着成功的种子。
- 一旦受到攻击，公司就会重新受到刺激，获得动力，找到目标。
- 它们能摆脱官僚主义臃肿的机构和制度，严肃认真地对待竞争，一心一意地努力赚钱。
- 公司不成功发展到最惨的地步，可能会经历破产、瘦身，还可能会甩掉亏损的企业生产线、不赢利的营业场所、烦琐的合同和负担过重的债务（企业破产之后，原来的股东当然也会损失全部股权）。

后来，瓦汉·简吉恩在2002年回顾分析了施乐公司的复苏之路：

2000年，一个新管理团队上任，开始实施很多重组计划，目标是让施乐这家公司重新赢利。这些措施包括激进地削减成本，砍掉13 600个岗位。施乐公司还出售了它的中国内地和香港地区的业

> 务，将其卖给了日本富士公司，并获得了富士施乐这家合资公司50%的股权。此外，施乐公司让通用电器资本公司接管其应收账款的融资，帮公司收回了27亿美元的资金。施乐公司退出了小型办公和家庭办公业务。
>
> 2000年4月，施乐公司同意支付1 000万美元，终结美国证监会对施乐公司持续两年的调查。按照协议的要求，施乐公司重述了过去的财务报表数据。除此之外，施乐公司还成功地与贷款机构合作，重新协商其债务协议，达成更加容易履行的条款。也许最重要的是，施乐公司不断地改进产品，现在的产品价格和质量都变得更有竞争力了。
>
> 这些努力取得了成功，施乐公司重新获得了盈利，且早于预期时间……基于其经营运作的显著改善，我们认为，施乐公司的股票在目前的价格水平上，十分值得买入。(《施乐公司从悬崖边起死回生》,《福布斯成长投资人》, 2002年10月)

由于公司的生命持续时间并不像经济和市场那么长，所以公司成功的长期周期也不会太长。但是在公司的整个生存期间，公司的盈利会导致亏损，而亏损又奠定了未来盈利的基础。从成功走向失败，又从失败走向新的成功，这样不断循环，就是一个企业成功的周期。

时机的角色

有很多因素对个人成功或者公司成功影响巨大，其中一个就是时机。和其他因素一起，好时机能帮助你在一个高于平均水平的时间点参与其中，乘风而起，更容易成功。好时机让施乐公司在20世纪60年代称霸复印机市场，也是好时机帮助我在投资管理事业上脱颖而出。比如，我在高收益债和不良债权投资这两个领域能够投资成功，主要因为入市的时机好。

1978 年我从花旗银行股票投资研究部转到固定收益部管理债券投资，此后不久，我接到了一个电话，它改变了我的人生。我的上司在电话里说："有一个来自加利福尼亚州的家伙叫米尔肯，他正在研究一种叫高收益债的东西。有个客户想要做那种债券的投资组合。你能研究清楚这个高收益债是什么东西吗？"

1977 年或者 1978 年，才开始有机构投资人参与投资高收益债。也正是在这个时候，迈克尔·米尔肯第一次成功地说服投资人相信，信用评级低于投资级的企业发行债券也是可以投资的，投资机构买这些低于投资级的债券也是可以获得收益的，只要利率足够高，能够弥补其高风险就行。我第一次参与投资的时候，整个高收益债的市场规模还不到 30 亿美元。绝大多数投资机构都有一条行规，拒绝买入信用评级低于投资级的债券，它们鄙视地称这种债券为"垃圾债"。穆迪评级公司在债券分类时排斥评级为 B 的债券，称"B 评级债券未能具备理想投资特征"。

这些高收益债因受到鄙视和排斥，不十分流行，所以它们一直是被低估的便宜货。很早就参与投资这些债券，价格这么便宜，怎么能说不是很大的福气呢？

十年后，我又一次碰上了好时机，遇到了既精通法律又有战略眼光的布鲁斯·卡什，再加上精通信贷的谢尔登·斯通，我们"三个火枪手"组成了一个投资团队，设立了一只不良债权投资基金，可以说这是大型金融机构首次进入不良债权投资领域。还有什么投资比不良债权投资更危险和更不靠谱的吗？还有什么投资比不良债权投资让人更加害怕、避之唯恐不及吗？换句话说，还有什么地方比不良债权投资既能非常赚钱又能非常安全吗？

上面提到的我个人进入高收益债投资和不良债权投资基金的经历，以及其他一些投资能成功的一个重要原因是我很幸运，我遇到这些资产类型的时机非常好——当时这些资产类型还没有被很多人发现，也没有很多人进来疯抢，因此它们的定价非常便宜。基本上一个人独占整个市场时，还有什么事能比这样赚钱更容易呢？相比之下，如果每个人都发现这个市场能赚大钱，都看明白了从这个市场赚大钱的门道，都想挤进去抢夺赚大钱的机会，那么你想打败大多数人，赚到相当体面的业绩，简直太难做到了。这样和很多人一起竞争，可算不上真正的成功之道。正如巴菲特所说的："最先做的是聪明人，最后做的是傻瓜"。你进入市场，结果发现现在市场里面人很多、非常拥挤，那么你肯定不是巴菲特所说的那种先知先觉先下手的聪明人，而更有可能是后知后觉后下手的愚蠢人。先下手为强，后下手遭殃。我们这些很幸运的能够先下手的人都知道，我们投资能成功，并不都是因为我们自己做得好，还得有好时机配合才行。

这让我想起了亨利·菲利普斯的名言。菲利普斯是安德鲁·卡内基和亨利·克莱·弗里克的合伙人，和这两个 19 世纪最伟大的企业家相比，他的名气要小多了，但是他的智慧和成就可不小。1899 年菲利普斯写下了这段话：

> 好时候，就像现在一样，会产生糟糕的时候；这个规律，就像钟摆摆动一样确定无疑。我们从自己的亲身经历知道这些最基本的道理。我们是否能够有意识地把这些道理付诸实践？（乔治·哈维，《亨利·克莱·弗里克传》，2002 年）

同样对于很多人来说，他们的成功也许仅有一次，而不是预示着更多更大的成功会接踵而来，就像他们习惯性地相信好事不会接连发生一样，因为好时候过去了，以后的环境和条件不会继续像过去那样有利。好时候会鼓励投资人做出一厢情愿的投资决策，但是好时候也会引来糟糕的时机，因为你没有预料到时运变化，这些乐观的决策根本经不起严峻考验。

不仅好时候后面会有糟糕的时候，而且就像其他很多类型的周期例子那样，好时候经常会被迫发展为糟糕的时候。好时候经常导致不理智的债券发行（就像我们在讨论不良债权周期时所看到的那样），或者导致过度建设（就像我们在讨论房地产周期时所看到的那样）。

摩根士丹利投资管理公司首席全球策略分析师沙尔玛，在《国家兴衰》一书中分析新上任的新型改革派的影响时说："改革会带来增长和好时候，好时候则会鼓励骄傲自大，而这会导致一场新危机。"这句话实质上说的是国家的成功也有周期，好时候经常会被迫演变成糟糕的时候。

亨利·菲利普斯早在1899年就指出，历史表明这些趋势很明显，关键的问题是，我们是否能足够敏锐又不动感情地保持客观冷静，明白好时候并不一定会带来更多的好时候，因此成功其实也是具有周期性的：失败是成功之母，而成功是失败之父。

让我们回到查理·芒格所引用的古希腊政治家和演说家德摩斯梯尼的那句名言："人希望得到什么，就会相信什么。"换句话说，人往往会一厢情愿。一厢情愿的想法导致投资人相信，好时候后面还会跟着更多好时候。但是这种一厢情愿的想法，忽视了万事万物皆有周期，特别是成功这件事，它的周期性特别明显。

17

周期的未来

> 人容易走极端的倾向，永远不会终止，因此，这些极端最终必须得到修正，而不是周期的发生会有改变。经济和市场从来不是走一条直线，过去不走直线，未来也肯定不会走直线。这就意味着，投资人能够理解周期，就能够找到赚钱的良机。

本书写到这里，我已经讲了很多过去的事情，也讲了一些现在的事情。我要最后总结全书了，也讲一讲未来。

回顾我的投资职业生涯，一路走来，我亲眼见过很多次这样的情况。那些专家学者说，这种周期或者那种周期再也不会重复发生了。他们的理由有很多种，包括经济富有活力、金融不断创新、企业管理进步、中央银行行长和财政部部长无所不知，由此他们分析认为，经济周期也好，企业盈利周期也好，周期性波动将来再也不会重复发生了。

我花了一些时间思考这个主题，后来我在 1996 年 11 月写了一份投资备忘录《这次会有不同吗》。在文中，我首先引述了前几天《华尔街日报》上刊登的一篇文章——这篇文章详细地叙述了很多理由，由此推断，美国这一波经济增长将会继续下去，再也不会出现经济衰退了。这篇文章开头第一段说：

从公司董事会会议室到家庭的起居室，从政府的办公室到证券交易所的交易大厅，已经普遍形成了一个新共识：经济增长周期波动已经得到驯服了。

这一轮经济增长到现在已经持续了 67 个月，远远超过“战后”平均水平。不仅如此，《蓝筹股投资通讯》调查访问了 53 个“顶级”经济学家（他们都是我最喜爱的专家，也是我在 1996 年 7 月写的投资备忘录《预测的价值》中的第二部分所讨论的主题），其中 51 名专家预测下一年美国经济的增长率为 1.5%，甚至更高。密歇根大学的调查发现，在消费者中预期未来还会出现 5 年好光景的人数更多，而预测将来会出现差光景的人数更少。

西尔斯百货公司的董事长说：“经济增长后必定会发生经济衰退，这种说法不对，根本不存在这样的规律。”美国第五大石油公司阿莫科公司的董事长说：“我想不出任何理由相信，这一轮增长不能持续 5 年。”著名食品集团莎莉的首席执行官说：“我不知道会发生什么事情，能造成经济周期下行。”（《经济周期已经被驯服了，很多人这样说，很多人惊呆了》，《华尔街日报》，1996 年 11 月 15 日）

这些人在 1996 年斩钉截铁地说，从此经济周期的波动不会再来了，经济只会持续地向上增长，再也不会向下衰退了。很明显，这并不是真的代表周期从此不再来了。相反，5 年之后，2001 年就出现了一波轻度衰退，几年之后，2008—2009 年又发生了全球金融危机，引发了有史以来最大的大衰退，这很可能是我们在这个世界上所经历的最强烈的周期下行。我在 1996 年 11 月写的投资备忘录《这次会有不同吗》中，也引用了很多其他著名企业领导人的类似判断：

> “我们现在的经济繁荣只会继续，不会中断。”
>
> “有人说，我们美国经济现在的繁荣将来肯定会消失，再度发生经济衰退……我忍不住要大声地提出反对意见。”
>
> “我们正在步入美国历史上一个黄金时代，现在只是开始。”
>
> “美国经济的基本面……建立在一个稳健的、繁荣的基础上。”

在考量这些说法合理性的时候，有一点很重要，提出这些看法的人，都是鼎鼎大名的大人物：皮尔斯－箭头汽车公司的总裁，纽约股票交易所总裁，布什码头公司总裁，美国总统。排在第一位和第三位的那两句话，其实是很久以前说的，甚至你可能猜出来说它的人是赫伯特·克拉克·胡佛总统。这些大人物说这些话的时间是在 1928 年到 1929 年，这些话是吉言，但当时可不是吉时，很快美国就陷入了有史以来最大的衰退，且困扰整个世界超过十年。这些大人物说，经济只会增长而不会放缓，经济周期已经消失，经济将来再也不会出现衰退，结果却错得离谱。

2000 年后，美国经济“永远繁荣”的预测又重新抬头。尽管这次没有直白地说“再也没有周期了”，但是很多投资家、银行家、媒体坚信，风险没了。实质上，周期没了，风险没了，两种说法是一回事。

美国前任财政部部长蒂莫西·F. 盖特纳在自传《压力测试》中，这样描述 2003 年他来到美联储时所感受到的气氛：

> 经济学家开始争论，美国经济能保持这么多年的稳定发展，是否形成了一个新常态时代，一个稳健增长的大时代，一个弹性适应冲击几乎可以持续到永远的新时代。大家越来越有信心地认为，可以开发衍生产品和其他金融创新来对冲和分散风险，用更好的

> 货币政策来应对经济下滑，用更好的科学技术来平滑存货周期。这三条长绳缚住苍龙，从此毁灭性的大灾难会成为过去，永不再来。

这种经济学家所标榜的永久性经济繁荣，还有一个好听的名字叫“大稳健”。这意味着，经济持续稳健地增长，已经成了大家普遍的认识。这样就符合我所说的最危险的情况：最危险的地方，就是大家普遍相信根本不存在危险的地方。很多媒体发表文章提到，以下三种力量导致风险被消灭：美联储无所不知又无所不能，那些现金流充裕的国家对美国证券的需求持续不断地增长，华尔街有重大金融创新。

所有这些公开声称“周期已经消失”的说法，不仅仅是完全错误的，而且非常值得我们注意，每次这种说法出现的时间点都正好是在经济出现一波上涨达到周期最高点的时候，或者这些媒体大量传播“周期已经消失”的说法，肯定起到了煽风点火的作用，推动经济更快地增长。而之后发生的事件，可不是一般的痛苦：1929 年到 1939 年的美国经济大萧条，2000 年到 2002 年美国股市三年大跌一半（这是 1929 年以来第一次连续 3 年下跌），2007 年到 2008 年全球金融危机。

在这篇投资备忘录《这次会有不同吗》中，我先是回顾了前面引述的那些盲目乐观的说法，目的是对这个主题得出我认为非常重要的结论：

> 当然，这些观察分析并非表示周期不会重复发生，而是表明那些展望未来的人变得过于自信了。经济周期、企业周期、市场周期将会继续循环发生，只要有人参与做出关键决策，就会有周期循环。我认为这意味着周期将会一直循环，直到永远。
>
> ……有一个时间，我们完全有理由说，市场将来会变得更好，

那就是市场处于谷底的时候，每个人都在疯狂地抛售，价格都是白菜价。而当市场创出历史新高，投资人过度乐观的时候就非常危险了。务必牢记，过去市场走势一直有周期，将来市场走势肯定也会有周期。

“这次不一样”，是投资世界最危险的5个字，特别是在市场价格走到历史上极端估值水平时就更加危险，可是这个时候说“这次不一样”的人特别多。

在这种情况下，人们说“这次不一样”，其实他们想表达的意思是，过去产生周期循环的规则和过程已经暂时中止了。但是过去金融市场的周期波动，并不是由于物理规律或者科学规律发挥作用而产生的。在科学上，前面有因，后面就会有果，两个事件之间的因果关系是非常稳定可靠的，每次重复都有同样的结果，因此我们可以很有把握地说，“如果发生A，那么就会发生B”。但是在金融世界和商业世界尽管确实也有一些基本原理发挥作用，但是由此总结出来的真理，和科学上的真理有非常大的不同。

究其原因，就像我多次重复说过的那样，因为有人参与。人的决策对经济周期、企业周期、市场周期产生了巨大影响，事实上，经济、企业、市场的构成要素就是人和人之间的交易。而人做的决策，并不是科学的。

有些人会把历史、事实、数据考虑进来，有些人做决策像一个“经济人”。但是即使最不动感情、最坚忍的人，也容易受到人的影响，而失去客观性。

著名的物理学家理查德·费曼写道：“想想看，要是电子有感觉，研究物理学会是多么困难！”也就是说，如果电子有感觉，我们就不能指望电子总是做出科学家所预期的电子会做的事情，那些物理规律就会有时起作用，有时不起作用。

关键人是有感觉的，而且人才不会让那些所谓的神圣不可侵犯的科学规律绑住手脚。人总会把情绪和性格上的弱点带进自己的经济决策和投资决策中。人们会错误地在本来不该过于兴奋的时候变得特别兴奋，又会错误地在不该过于沮丧的时候变得特别沮丧，这是因为人容易在诸事顺遂的时候过于夸大周期上行的潜力，而人又容易在诸事不顺的时候过于夸大周期下行的风险，因此人的参与会让趋势走到周期的极端。我在上本书《投资最重要的事》中写的几段话可以作为基础，引导我们回顾关于周期持续性的几个要点：

> 我们这个世界存在周期的基本原因是人类参与。机械性的东西会走一条直线。时间只会向前持续不停地运动。只要有充足的动力，机械也会这样持续不断地运转。但是历史和经济这些与人有关的过程，其运动轨迹不是一条直线，而是多变的曲线，它们的变化有周期性。我觉得这是因为，人是情绪性的，很难一直保持客观，不会始终保持一致，也不会一直稳定不变，人经常是反复无常的。
>
> 客观因素确实在周期中扮演着一定分量的角色，比如量化关系、世界性事件、环境变化、科技发展，公司决策等。客观因素都会影响周期，但是人在分析这些客观因素时，心理和情绪会起作用，导致投资人过度反应或者反应不足，从而决定周期波动的幅度会过大或过小。
>
> 人们如果感觉良好，觉得事情现在进展得顺利，就会对未来非常乐观。他们的行为也会受到这种乐观心态的强烈影响。他们会花更多钱，存更少钱。他们会借钱来满足个人享受，或者借钱

> 来提高自己的盈利能力，尽管这样做会让他们的财务状况更加危险（当然像风险这样的概念，人们在满心乐观的时代，就会通通忘记了）。然后，他们变得愿意为得到现在的价值，或者为得到未来的价值，支付更高的价格。

投资人往往只看一步之遥的过程，赋予其机械般的可靠性，并按照这种非常稳定的可靠性过度推理。他们忽视的是情绪扮演的角色：贪婪时助推周期向上走，恐惧时助推周期向下走。

情绪在周期里发挥的作用，有两个方向：第一，情绪放大客观因素的力量，由此导致周期走向极端，而最终不得不进行修正；第二，情绪导致市场参与者忽视周期性事物的周期性，而正在此时，意识到周期波幅过大至关重要，也是最有可能投资盈利，或者最有可能避免亏损的时机，比如熊市和牛市的第三阶段。

下面这段也来自《投资最重要的事》，也许可以用来帮你总结关于周期一再重复发生的观点：

> 周期循环一再发生，永远不会停止。如果真有那种完全有效的市场，或者人们做的决策完全只靠数字计算而不动感情，那么也许真的会把周期（或者至少是走到极端的周期）驱逐出市场。但是永远不会有这种情况。
>
> 经济会有增长和下滑，因为人们的消费支出既会增长又会减少，而消费支出增加或减少，是因为人们对经济因素或者经济体系之外所发生的政治事件和自然事件所做出的情绪反应不同。在经济周期上行阶段，人们会预测未来形势一片大好，从而过度扩大生产设施和增加存货；而当经济掉头下行的时候，这些生产设

施和存货会变得过剩，从而增加负担。银行在经济增长良好的时候，会过度慷慨，企业能用很便宜的成本获得很多资金进行过度扩张；而后来当事情变得不好的时候，银行又会收紧银根，再好的企业也难获得资本。当公司经营状况良好的时候，投资人会对公司的股票做过高估值；而当公司业务遇到困难的时候，投资人又会对它们的股票做过低估值。

忽视周期，简单地外推趋势，是投资人所做的最危险的事情。投资人的行为经常建立在一厢情愿的想法上：公司现在做得好，投资人就倾向于认为将来会一直这样好下去；投资的资产现在跑赢了市场，投资人就容易认为将来会一直跑赢市场。反过来也是一样的：公司现在做得不好，投资人就容易认为将来会一直不好下去；投资的资产现在跑输了市场，投资人就容易认为将来会一直跑输市场。其实，更有可能出现的情况完全相反。

深入理解情绪和情绪导致的过度行为，是本书的一个关键。周期性偏离长期趋势线，主要产生于人的过度行为以及最终走到极端之后出现的修正。证券市场明显是这样的，证券市场实质上不过是投资人做出决策的集合（投资人的决策经常像羊群一样盲目地追随大众），他们希望自己的决策后来被证明能够赚到钱。但是经济和企业其实也是这样的；经济和企业也许看起来像独立、运行良好的机器，但是经济和企业本质上不过是一群人在做决策，因此会周期性地偏离长期趋势。

菜鸟投资人看到这种现象，也许会相信一些以前从来没有发生过的事情，比如他们认为从此没有周期。但是第二次，甚至第三次经历了周期后，这些投资人吃过亏了，上过当了，有经验了，就应该认识到像周期消失这种事，过去从来没有发生过，将来也永远不可能发生。认识到这一点，投资人以后做投资就有优势了。

下次，当你面对一个以“周期已经中断”为基础而建立起来的交易时，记住，要是你赌周期不会再来，那么你必输无疑。(《投资最重要的事》)

我在22岁的时候刚做投资，那是1968年，我这个投资菜鸟，刚好赶上了漂亮50明星股的投资热潮。我身边的人都比我有经验得多，天天滔滔不绝地大谈漂亮50明星股，以及这50家公司多么伟大，它们的成长潜力大到无边无际——任何坏事情都不会发生在这50家伟大的公司身上，因此漂亮50明星股的股价没有上限，只会越涨越高。我这个只有22岁的投资菜鸟，听了这么多投资老手的话，就全信了，至少我不记得自己质疑过他们的看法。他们觉得漂亮50明星股永远只会涨不会跌，这种看法太极端了，完全不合逻辑。因此，我也很幸运，刚做投资就让市场给我上了一课，让我深刻地理解周期、价值、风险。我当时因为刚参加工作，没有多少钱，所以只在这些错误的投资理念上下了很小的赌注，交的学费还不算多。

市场给我不断地上课，我也不断学习，不断成长，慢慢变得不再那么天真和幼稚了。1973年，市场给我上了一堂石油行业周期课。当时阿拉伯石油国家对美国实行石油禁运，我组织花旗银行做出反应，当时美国的油价从20美元一桶猛涨到60美元一桶，能源分析师看不到还有什么能阻碍油价持续上涨。1980年市场给我上了一堂电脑行业周期课，电脑这个伟大的发明导致20世纪80年代出现了非常多生产磁盘驱动器的企业，后来事实证明这些企业的数量远远超过了实际需求。

后来，凭借过去积累的几十年投资经验，我能够看清市场是不是走过头了，20 世纪 90 年代后期我能够看出科技股、网络股、电子商务股的大泡沫涨得过度了，此后又能看出来正是资本市场毫不怀疑的行为最终导致 2007 年到 2008 年全球金融危机发生。能看出市场过度上涨或者过度下跌，以及市场涨跌过度如何助长周期，需要一个学习的过程，这是每个投资人需接受的教育中必不可少的重要部分。

~~~

人们容易走极端，永远不会停止，因此，这些极端最终必须得到修正。周期不会发生改变。经济和市场从来不是直线运行的，过去不是，未来也肯定不是。这意味着投资人只要能够理解周期，就能找到赚钱的良机。
~~~

18

周期精要

最后，我从书中精选出一些段落，集中在一起，因为我觉得这些段落的内容非常重要，能够大大地帮助你理解周期、周期的起因、如何应对周期，以此结束本书。我一般保持原文不变，只有觉得必要时才会稍加改动，以便这些内容能够单独地被列在这里。这并不是本书全书的摘要，只是重新回顾书中一些关键的要点。

——霍华德·马克斯

我自己是这样想的，投资成功就像中大奖，这就好像从彩票箱（可能出现的结果的完整区间范围）中抽到一张彩票（最终发生的结果）。每种情况都是从很多可能出现的结果中选择某结果，这可能是十里挑一、百里挑一，甚至千里挑一、万里挑一。

卓越投资人比一般投资人强在哪里？卓越投资人的感觉更好，更能想象出抽奖箱里大概有哪些彩票，因此他们更能判断花钱买彩票参加抽奖值不值。换句话说，卓越投资人，其实和其他所有投资人一样，都不知道未来究竟会怎样，但是，卓越投资人对未来趋势的理解明显超过一般投资人。

~~~

我们在周期上所处的位置发生变化，我们的赢面就会变化。如果不能相应地改变我们的投资占位，我们面对周期就会消极被动。换句话说，我们忽视了主动调整以改变胜率的机会。但是我们如果既懂周期又会利用，就可以顺应周期的趋势把投资做得更好：当赢面对我们更有利时，我们可以增加赌注，投入更多资金买入资产，提高组合的进攻性；相反，当赢面对我们不利的时候，我们可以退出市场，把钱从赌桌上拿回来，增强组合的防守性。

~~~

在我看来，在某具体的时点上，要优化投资组合布局，最有效的方式是要决定在进攻和防守之间保持什么样的平衡比例。我相信，攻守平衡应该与时俱进，以应对投资环境的整体变化，以及投资环境中的很多因素在其周期中所处位置的变化。

关键在于“校准”。你的投资规模，你在不同机会上的资本配置比例，你持有资产的风险，所有这些都应该校准，你将一个从进攻到防守的连续体作为标尺来校准……当得到价值的价格相当便宜时，我们应该积极进攻；当得到价值的价格比较昂贵时，我们应该撤退防守。

~~~

关键的一点是，投资人生活的这个世界，周期上下震荡，钟摆来回摆动。周期震荡，钟摆摆动，有很多形式，涉及很多种类的现象，但
~~~

是它们背后的根本原因及其产生的模式有很多共同点，而且在一定程度上保持不变，甚至多年之后仍然如此。马克·吐温有一句话很有名，尽管并没有证据表明这句话确实是他说的：“历史不会重演细节，过程却会重复相似。”

不管马克·吐温有没有说过这句话，它都很精彩，概括了本书所讲的很多东西。周期有很多方面，比如原因及其细节、时间及其持续时间，它们都会变化，这一点虽然不同于历史，但是周期都会呈现上涨和下跌（背后都有相似的原因），这种模式会永远重复出现，引起投资环境的变化，从而引发投资行为的变化。

事实上，经济、企业、市场的表现在短期内会受到多种因素影响，其中受到人为因素的影响特别大。人类并不是像自然因素和物理因素一样稳定，相反，人类行为随着时间变化而变化，这往往因为人类“心理”方面的变化。周围环境变化，人类行为也肯定会随之变化……但是有时候，尽管环境没有发生变化，人类行为也会发生变化。

~~~

我前面说过，周期的波动起伏都围绕着中心点。周期的中心点——人们经常视其为长期趋势、常态、均值、平均值，或者称之为“中庸之道”——（大家一般都认为）在某种程度上被认为这个水平是“正确且合适的”。周期若处于极端状态，大家会认为此时失常了或者过度了，通常周期会回归正常水平。一种事物处于周期性波动时，大部分时间不是高于均值，就是低于均值，最终在走到极端后，又会反转向均值的方向回归，通常它都会符合这样的规律。从处于周期的极端最高点或者极端最低点，回到中心点，这一过程经常被称为“均值回归”。均
~~~

值回归这种趋势很强大，也很有道理，在大多数行业都是如此。但是，当回顾前面我们所列出的周期各阶段时，你就会看到，周期模式通常包括两种方向相反的运动，既有均值回归，从极端的最高点回归中心点（复苏、反转、再次复苏三个阶段），也有均值偏离，从理性的中心点移向非理性的极端（上涨、下跌、再次上涨三个阶段）。

合理的中心点，经常发出一种磁性般的吸引力，将其周围周期性摆动的事物，从极端拉回“常态”。但是事物回归中心点之后，却往往不会在此停留很长时间，而是继续摆动下去。正是这股力量，让事物从一个极端摆回中心点。这股力量会继续发挥作用，让其在到达中心点后，继续摆动下去，而且越摆越远，摆向另一个相反的极端。

这种周期模式十分可靠，我们要学会识别和接受，这一点非常重要。细节会变，比如摆动的时机、时长、力量、速度，以及这些细节背后的重要原因。这些周期的细节部分，可能都属于马克·吐温所说的“历史不会重演细节”。但是周期的细节背后的基本运动模式，往往非常相似。

~~~

牛市过后熊市到来的信号基本一样：过度的乐观情绪是一件危险的事；风险规避是维护市场安全必不可少的关键因素；过度慷慨大方的资本市场最终会导致不明智的融资，造成参与者发生危险。概括来说，具体细节就像音符一样并不重要，甚至是无关紧要的。但是基本模式就像主旋律一样至关重要，绝对有再次出现的趋势。理解这种趋势，并能够识别再次出现的同一模式，是我们应对周期的重要因素之一。
~~~

~~~

周期经过中心点后会继续移动，偏离中心点。周期偏离中心点的程度越失常，越过度，就越有可能引发大混乱。周期如果向一个极端点摆动得越远，回摆的力度就可能越猛，造成的破坏可能越大，因为促使周期运行到顶部阶段的有效行为，在周期运行到其他阶段时，其效果就会变差，甚至会起反作用。

换句话说，随着周期从中心点向极端靠近，周期所造成大混乱的潜力变大：经济增长“太快了”，企业盈利增长“太好了”，股价上涨“太高了”，其结果往往会是涨得越高，跌得越惨。股市小幅上涨之后，必有回撤，股市中幅上涨之后，必有回调。牛市之后，必有熊市。大泡沫之后，必有大崩盘。

~~~

大多数人都认为，这些事件是一个接一个地按照固定不变的顺序发生的：先是一波上涨阶段，后面跟着一波下跌阶段，后面又是一波新的上涨阶段。但是要完整理解周期，这还远远不够。在周期存续期间发生的这些事件，不应该只被看作一个事件接着一个事件地发生，而应该被看作一个事件引发下一个事件，因果关系远远重于先后顺序。

~~~

我所称的周期性现象，并不是完全来自机械的、科学的、物理的运动过程，有时它们与此根本无关。周期如果能像科学一样有规律可
~~~

循，就会很可靠，也很容易预测，但是我们也很难从中获利。（这是因为巨大的利润来自同样的事情有些人比其他人看得更准，如果周期完全可靠也完全可以预测，那么世上根本不会有见识高人一筹的人了。）有时，这些不是特别规律的周期有一个基本原则（有时候，它们也没有），但是大部分变化都要归因于人类在创造周期中所扮演的角色。人类参与这个创造周期的过程，由此导致人的情绪和心理倾向影响周期现象。概率或者随机性也对某些周期影响很大，人类行为也对这些周期的生成有很大影响。这些周期能够存在，很大程度上是由于人类的行为，但是这些周期的波动有随机性，因此它们也不可靠。这在很大程度上也是因为人类的行为。

我们努力想要看透人生，方法是识别模式，进而找到人生获胜的公式。这条路，说起来很简单，但在很大程度上，做起来很复杂，因为我们生活的这个世界充满随机性，同样的事情，同样的情况，人们的行为却前后不一，甚至他们即使想和上次做得一模一样，也很难做到。过去的事件受到随机性因素的影响很大，因此未来的事件肯定也会如此，我们肯定无法完全准确地预测。这让人感到不高兴，因为随机性，也就是我们通常所说的运气，让我们的人生难以预测，难以制定规则，难以永保安全。因此我们寻找那些可以让自己理解事物的解释，而且经常做过了头。我们在投资上确实如此，在生活的其他方面也是如此。

~~~

为什么心理和情绪钟摆很重要？我在本书里所谈的经济周期、企业周期、信贷周期、市场周期向上摆动或者向下摆动会走过头，主要因为（也代表着）投资人的心理和情绪走过头了。
~~~

企业周期、金融周期、市场周期，在上行阶段大多都会走过头，不可避免地在下行阶段也往往会走过头。这种周期容易走过头的现象，都是投资人心理和情绪钟摆摆动过度所造成的结果。因此，理解和警惕这种心态的过度摆动，是对投资人的入门级要求，只有这样，人们才能避免周期性波动走极端所造成的伤害，也才有希望从中获得盈利。

我们一提到增长和升值，就会让人感觉是“对的”，是“健康的”。但是如果这些市场参与者以那些股市长期收益率的正常水平为参照来建立自己的投资行为，那么整个投资世界会更加稳定，不可能会有狂风巨浪，他们也不会轻易犯错。相反，投资人往往不满足于获得长期正常的收益率水平，而是时不时地总想得到更多的收益，这种内心的贪婪种下了祸根，反而让投资人高位追涨，结果他们最终实际得到的收益更少，连长期平均水平也达不到。投资收益率能够达到正常的平均水平，即相当于企业红利加上长期潜在盈利增长率，投资人就应该心满意足了，但这种中庸之道并不符合人的本性。

~~~

投资人的立场很少保持客观、理性、中立、稳定。首先，投资人表现出高度的乐观主义、贪婪、风险忍受、信任，这些心理和情绪所导致的行为是争抢着高价买入，推动资产价格上涨，但潜在的收益随之下滑，风险提高。后来，由于某种原因，也许是一个引爆点一下子炸开了，投资人心理和情绪发生大转变，他们变得悲观、恐惧、风险规避、怀疑，这样的心理和情绪所导致的行为是争抢着低价卖出，由此引发资产价格下跌，潜在收益随之提高，风险随之降低。值得注意的是，这些现象中的每一组现象往往是按照同一个步调发生的，而且从一个极端到
~~~

另外一个极端的摆动幅度，往往超过按正常推理所得出的波动幅度。

其中有一件非常疯狂的事情：在现实世界中，我们对事物的评价会在两个极端"非常好"和"不是那么好"之间摆动。但是在投资界，我们的感觉钟摆所摆动的两个极端是"好到完美无缺"和"坏到无可救药"。钟摆从一个极端摆到另一个极端，在摆动弧线"幸福的中心点"几乎不作停留，只是一晃而过，即使是在中心点附近的合理区间内，摆动的时间也相当短。人们的情绪首先是完全否定，后来是彻底投降，之后又变成完全肯定。

~~~

在钟摆摆动到极端时，会出现有一个良性循环或者恶性循环的过程。事件大多数都是利好的，心理和情绪也是乐观的，那么那些负面的变化往往会被忽视，对每个事件人们都从有利的方面来解读，经常认为事情不可能转变成坏事。人们预期将来会好上加好的理由，听起来非常有道理；过去的约束和正常水平遭到人们忽视，或者被人们找理由合理地规避了；任何一个人如果提出美好未来的实现存在一些限制因素，就会受到大家的鄙视，被人看作一个缺乏想象力的老古董。大家都认为，未来赚钱的潜力是无限的。资产价格上涨，反过来又鼓励更加乐观的乐观主义。

那些卓越投资高手能够抵抗得住外部的影响，保持情绪上的平衡，理性地采取行动，既看到有利的事件，又看到不利的事件，在考虑这些事件的时候保持冷静客观，在分析这些事件的时候不带感情色彩。但是真相是有时候，兴奋和乐观的心理和情绪会导致大多数投资人看待事物过于积极。有时候投资人心情抑郁，情绪悲观，会让他们只看到坏事
~~~

件，解读这些事件的时候也会只往坏的方面想，做消极悲观的解读。拒绝跟着感觉走，不过于情绪化，是投资成功的一个关键因素。

通常情况下，这些两极分化，不管是两极中哪个极端主导，事实都是很容易被观察到的。这种现象对于投资人来说的意义，对于那些客观的观察者来说，应该是很明显的。但是，之所以市场钟摆摆动到一个极端或另一个极端的情形会发生，是因为大多数市场参与者的心理和情绪朝着同一个方向移动，就像羊群成群结队地一起跑一样，这个道理很简单。

~~~

风险是投资中最主要的变量。这让我得出一个结论：在任何一个具体的时间点上，投资人总体看待风险的态度以及所采取的行动，对于塑造整个投资环境来说极其重要，而我们会发现自己身处于这个投资环境之中。在这个时间点，看清楚整个投资环境的状况非常关键，决定了在这个时间点我们自己应该如何看待风险，以及如何据此采取行动来应对风险。评估风险态度所处于的周期位置，正是这一章要讲的内容，也许可以说是本书最重要的内容。

~~~

顺风顺水的好日子，让投资人变得更加乐观，放松警惕，就算只有微薄的风险溢价，也愿意做出有风险的投资。不仅如此，因为投资人不是那么悲观，也没有那么警觉，对风险–收益连续统一体更安全的那一端的投资就失去了兴趣。这些因素综合在一起，导致高风险资产的价格上升，超过了那些相对而言更安全的资产。所以，有一点你听了并不会感到吃惊：在好日子里，人们会比在糟糕的日子里做出更多不理智的投资。尽管高风险资产的价格上升意味着，那些更有风险的投资能带来的预期风险溢价，会明显低于投资人在糟糕日子里更加关注风险时所做的投资，但是投资人还是会在好日子里做出更多不理智的投资。

你会明白投资人都觉得风险低的时候，风险其实是高的。风险最大的时候，风险补偿恰恰是最低的（这意味着此时是最需要风险补偿的时候）。经济学所谓的理性投资人竟然是这个样子！

我认为，以上所有这些关于风险讨论的关键在于，投资风险的最大来源就是相信根本没有风险。普遍的风险容忍是后来市场下跌最明显的征兆。但是因为大多数投资人都遵循着前面所描述的这种过程，一步一步地提高风险容忍度，所以他们就像温水煮青蛙一样，本来应该因察觉到风险而变得谨慎小心，却很少有人能察觉到，这是最重要的一点。

~~~

原因正是他们的风险规避程度不足，追涨买入，推高价格，然后继续追涨买入，结果导致自己在牛市顶峰大量买入。他们在牛市里让轻松赚大钱的梦想冲昏了头，根本察觉不到一丝风险。现在市场下跌，情况就完全反过来了，这些投资人变成压低价格，在底部割肉卖出。最近市场跌得很厉害，这些投资人亏得很厉害，心痛得很厉害，他们的想法完全变了。以前在牛市里顺风顺水时，他们的想法是投资无风险，轻松赚大钱。现在熊市来了，这些投资人的想法变成投资有风险，容易亏大钱，自己既然不懂投资，就不应该瞎折腾。这样的结果是，
~~~

投资人的风险态度发生了一个 180 度大转变，从风险规避不足，变成风险规避过度。

～～～

在恐慌的时候，人们用百分之百的时间确定不会有任何损失……其实在这个时候，他们应该担心的反而是，可能会错失极佳的投资机会。

极端的否定态度加上夸大的风险规避，可能导致价格已经低到不能再低的程度了，再亏损，看起来是高度不可能发生的事。因此，这个时候亏钱的风险反而是最小的，正如我在前面所指出的，世界上最危险的事情是相信根本没有风险。用同样的说法，最安全（也是报酬最丰厚）的买入时机，通常是在每个人都相信根本没有赚钱希望的时候。每个人都失去赚钱希望的时候，却是你最有赚钱希望的时候。

～～～

随着风险态度从高到低来回摆动，投资机会也从盈利到亏损来回摆动。市场顺风顺水的时候，资产价格就会飙升，投资人往往以为未来一片光明，风险是朋友，赚钱很容易，每个人都感觉良好。这意味着，只有极少的风险规避包含在定价之中，因此这样的市场价格充满了危险。投资人变得过度风险容忍，而此时反而是他们最应该提高风险规避意识的时候。

后来诸事不顺，市场转头向下，投资人的情绪也急转直下。投资人会把市场看作容易亏钱的地方，风险大到需要不惜任何代价规避，所遭受的损失会令人非常沮丧。正如我在上一章中所说的，过度小心谨慎的气氛笼罩整个市场，结果：（1）没有人会接受在定价中纳入哪怕是一丁点儿乐观主义的可能性；（2）投资人根本不可能接受“太糟糕，但不可能是真的”的假设。

正如风险容忍在市场顶部会高到无限高一样，风险容忍在市场底部会低到无法再低，人们简直不允许存在任何风险。这样极端的负面看法，导致市场价格跌到底部，以至投资人在这么低的价格水平买入，亏损是完全不可能的，而盈利却是十拿九稳的，而且收益率极高。但之前市场下跌的刺痛感仍在隐隐作痛，让投资人只想提高风险规避，只愿意坐在一边观望，尽管价格处于最低水平（风险自然也是最低水平），他们却碰都不愿意碰。

~~~

明白投资人如何思考和应对风险，也许是我们应该努力去做的最重要的事。简单地说，投资人过度风险容忍会助推市场大涨，形成风险，而投资人摆动到过度风险规避，则会压抑市场，创造出一些最伟大的买入机会。

投资人风险态度的波动震荡或者反复无常，既是某些周期造成的结果，也是其他周期的放大器。风险态度周期总会这样，没办法，可能人的心理和情绪天生就是容易走极端，在前景一片大好的时候，人的心理和情绪容易变得过于乐观和过于风险容忍，而当情形掉头向下的时候，人们又容易变得过于担心和风险规避。这意味着人们最想买入的时候，反而是最应该小心谨慎的时候，人们最不愿意买入的时候，反而是最应该激进地买入的时候。卓越投资人能够认识到这一点，努力地做到
~~~

反众人之道，进行逆向投资。

～～～

资本或者信贷可获得性的变化，构成了对经济、企业、市场最基本的影响之一。尽管信贷周期对于证券市场的人士来说，不如本书中所谈论的其他周期的名气那么大，但是我认为，信贷周期的重要性最高、影响最深远。

当信贷窗口打开的时候，资金很充裕，而且容易获得，而当信贷窗口关闭的时候，信贷资金很少，而且难以获得。最后，有一点非常重要，你务必牢记在心，就是从窗口大开到窗口关闭，可能只在一瞬间。要让你更加完整地理解信贷周期，我还要讲很多东西，包括这些周期性运动的原因及其影响，但是信贷周期会一下子从窗口大开到窗口关闭，这点非常关键。

～～～

经济繁荣带来信贷扩张，信贷扩张导致不明智地滥发贷款，滥发贷款产生重大损失，重大损失让贷款人停止发放贷款，贷款停止就让经济繁荣中止了，就这样一环扣一环，连锁反应无休无止。

～～～

要找到市场走到极端的理由，我们经常需要像录像回放一样，回顾几个月前或者几年之前的信贷周期。很多疯狂肆虐的大牛市之火，都是因提供资本的意愿大幅高涨而被煽动起来的，而这样的项目和投资往往是不明智的。同样，大多数大崩盘发生之前，市场完全拒绝提供融资给某些企业和行业，甚至所有想要借钱的人。

~~~

和信贷周期打交道，关键在于识别信贷周期到达顶点时候的情况：事情都进展良好，有一段时间了，传来的都是好消息，风险规避低，投资人都渴望投资。这让借款人筹集资金很容易，从而导致贷款机构、债券投资人争抢提供这些资金的机会。其结果就是：融资变得便宜，信贷标准降低，做融资交易没有好处，不理智地进行信贷扩张。牌在借款人手里，不在贷款人手里，也不在投资人手里，因为这个时候信贷窗口大开。此时，市场所传达的含义应该很明显了：务必谨慎前行。

完全相反的一面真的出现了，因为这时周期走到了另外一个极端。信贷周期下行到最低点，在这个时候，事情的发展变化令人不高兴，风险规避提升，投资人心情沮丧。在这种环境下，没有人愿意提供资本，信贷市场冻结了，计划好的证券发行无人问津。这把牌又回到了资本提供者的手里，而不是在借款人手里了。

因为这时借钱很难，借款人通常拿不到资本，那些手上有资本又愿意把资本拿出来的人，就能运用严格的审核标准，坚持要有坚实的贷款结构安排和保护条款，并要求高预期收益率。正因如此，投资人获得了安全边际，而安全边际是卓越投资所必需的。当上述这些情况出现时，投资人应该转变为积极进攻的投资模式。

卓越的投资并不是来自买的资产质量好，而是来自买的资产性价比高——资产质量不错且价格低，潜在收益率相当高却风险有限。满足
~~~

这些条件的最佳买入机会，多数是在信贷市场处于其周期中不是那么兴奋地扩张，更多的是恐惧地收缩的阶段。信贷周期猛地关上大门的阶段，最有助于形成到处都是便宜货的状况，比其他任何因素的作用都要大。

~~~

20 世纪 70 年代，我得到了人生的一份大礼，有一位投资人，他比我年纪大，也比我有智慧，告诉我一条投资真经“牛市三阶段”：

第一阶段，只有少数特别有洞察力的人相信，基本面情况将会好转；

第二阶段，大多数人都认识到，基本面情况确实好转了；

第三阶段，每个人都得出结论，基本面情况将会变得更好，而且永远只会更好。

越是真理就越简单。听了牛市三阶段理论后，我一下子开窍了，也开始注意到了投资人的心理经常会走极端，而这些极端心理会对市场周期产生极大影响。就像很多伟大的名言警句一样，牛市三阶段言简意赅，却表达出非常高深的大智慧。其实，牛市三阶段讲的就是投资人态度的变化：一是特点，投资人的态度多么容易变化；二是过程，在市场周期波动的整个过程中，投资人态度的变化有什么模式；三是影响，投资人的态度如何助长投资决策错误。

牛市第一阶段，尽管存在基本面改善的可能性，但是大多数投资人不具备这样的洞察力，自然看不出来，也就不会珍惜其蕴藏的投资良机，证券价格里面包含的乐观主义很少，甚至根本没有。通常情况下，第二阶段发生在股市大崩盘、股价一路暴跌之后，这一波暴跌彻底摧毁了股价，同样也彻底摧毁了投资人的心理，让投资人像羊群一样对股市
~~~

由爱转恨，投资人亏了大钱之后，发誓从此永远地离开股市，此生再也不碰股票了。

牛市第三阶段，也是牛市最后一个阶段，情况正好和第一阶段的相反。基本面的事情发展顺利，且有好长一段时间了，而且已经强烈地反映在资产价格上了。这进一步提升了市场的情绪，投资人简单地推论基本面改善将会持续直到永远，对未来非常乐观，因此把买入报价提升到很高水平。树肯定不会长到天上去，但是在牛市的最后阶段，投资人的行为表现得好像他们相信树真的会长到天上一样……而且投资人愿意出高价购买他们所感觉的公司收益会有无穷成长潜力的热门股。投资人因为相信高成长性而支付高价去买热门的成长股，结果事实证明他们过高地估计了成长性，几乎再没有其他事比这种用高价购买伪成长股所付出的代价更高的了。

从以上牛市三阶段中我们可以看出来，在牛市第一阶段，几乎没有乐观的理由，只有特别有洞察力的少数人才敢于买入，且买入的成本极低，资产未来可能会有巨大的升值空间。但是在牛市第三阶段，很多投资人此时都会跟风买入，因为当时的市场过度乐观，投资人必须要支付高价才能买到，结果后来亏得很惨。

~~~

应该注意到最重要的事是：心理乐观成分大到最大限度，能够拿到的信贷额度大到最大限度，价格涨到最高，预期收益低到最小限度，风险大到最大限度，几乎同时这些因素都达到极限了，通常此时就是最后一波疯狂追涨买入突然发作的时候。
~~~

～～～

与市场周期上行阶段涨到“头部”时的情况不同，现在我们看到的情况正好完全相反，它发生在市场的“底部”：心理落到最低限度，信贷融资处于最低点，人们几乎融不到资，价格跌到最低，潜在收益率升到最高，风险降到最低，最后一个乐观的投资人也举起了白旗表示投降，跟风杀跌卖出了。

～～～

全球金融危机构建的基础环境都是金融体系和信贷周期内生的。那些构成全球金融危机基础的发展变化，既不是整个经济体系大繁荣导致的，也不是企业盈利普遍大涨导致的。这些关键事件并没有发生在整个企业环境或者范围更大的世界环境中。相反，全球金融危机大体上是一个金融现象，完全由那些金融玩家的行为所导致。创造这种周期的主要力量是：十分容易得到的资本；缺乏足够的经验和足够的谨慎，以致不受约束和制约的热情泛滥于整个过程中；非常富有想象力的金融工程；贷款决策和贷款保有分开；不负责任和露骨的贪婪。

现在大家的普遍看法都是负面的：“金融体系可能会完全崩溃。”因为这是一个恶性循环，无休无止，最后它只能因崩溃而停下来。因为大家的普遍看法是情况会坏下去，所以制造错误的机器开始反转，开始制造相反方向的错误。没有贪婪，只有恐惧；没有乐观，只有悲观；没有风险容忍，只有风险规避。人们不能看到事件的正面，只能看到事件的负面。没有人愿意积极正面地解读消息，只会负面地解读消息。人们不会想到好结果，只会想到坏结果。

~~~

大家都在说的底部到底是什么意思。底部就是周期跌到最低价格的那个时点。因此底部可以被看作最后一个持有人也恐慌地卖出股票的那一天，从此再也没有人卖出了，从此买方占了上风。不管什么原因，底部就是下跌的最后一天，因此底部就是市场到达最低点的那一天。(当然这些定义都是高度夸张的。"底部""顶部"，这种说法其实指一段时期，而不只是一天。因此，最后一天这种说法在大多数时候仅是说说而已。）市场到达底部，从此价格开始上升了，因为剩下的那些持有人再也没有一个会投降卖出了，或者因为那些买家现在买进的力度超过了那些卖家卖出的力度。

我在这里想要讲的问题是，"应当什么时候开始买入"。我要引用前面的章节中我提到过的一个说法——"跌落的小刀"—— 一个非常重要的概念。当市场快速下跌时，我们经常听到有人说，"我们可不会想去抓住跌落的小刀"，换句话说，"趋势是向下走的，根本没办法知道什么时候下跌会停止，所以我们非要现在去买吗？还是等到我们确认价格已经跌到底部，我们再出手买入吧"。

通常只有在市场下滑的时候，我们想要买的东西才能买得最多，因为这个时候，卖方才会在实在扛不下去了的时候宣布投降，大量低价割肉卖出，有人大量卖出，你才有机会大量买入。与此同时，那些不愿意"抓住跌落的小刀"的人都躲到一边，不敢出手。没有人跟你抢着买，你才能想买多少就能买多少。但是一旦市场跌到了底部，下跌停止了，按照定义，这个时候就没有卖家在卖出了，此后市场会迎来一波反弹，那就是买方主导的市场了。
~~~

~~~

一波下跌之后，卖出离开市场，由此不能参与后面的周期性反弹，是投资大忌。周期的一波下跌会让你的账面出现亏损，只是账面上一时的浮亏，并不是致命的永久性亏损。你只要能够一直持有，直到周期走到上升阶段，就能享受到大幅反弹的收益了，原来账面上的亏损也能弥补回来了。但是你如果在市场跌到底部时卖出了，就把一个周期向下波动所造成的账面浮亏变成了永久性的损失，这才是最糟糕的事。

弄懂周期，挺过周期的下跌阶段，坚持等到周期反弹阶段的到来，需要我们一要在情绪上有资本，能忍住不割肉，二要在财务上有资本，在需要时能追加保证金甚至补仓。要想投资成功，这两种资本都必不可少。

~~~

如果市场是一台计算器，在计算证券的价值时，其依据只限于公司基本面，那么证券市场价格的波动程度就不会太大，和公司现在的盈利以及未来的盈利预期的波动幅度基本一致。其实，市场价格的波动幅度，本来应该小于公司盈利的波动幅度，因为公司的季度收益变化往往时间一长就被抹平了，除此之外，季度收益变化未必能反映出公司的长期盈利潜力的真实变化。

然而，证券市场价格的波动幅度通常会远远大于公司收益的波动幅度。当然，这主要由于心理方面、情绪方面及其他非基本面的原因。因此，证券的市场价格变化过于夸大了基本面的变化。

财务上的事实和数据，只是市场行为的起点；投资人保持理性，只是例外情形，而不是规律；理论上，投资人是经济人，会冷静地评估财务数据，然后完全不动感情地设定资产的合理价格，其实市场极少把时间用在这种事情上。

~~~

投资人的目标是合理布局资本，以从未来的发展变化中获利。投资人希望能做到，市场上涨时自己投入的资本更多，而在市场下跌时自己投入的资本更少，持仓更多的是涨幅大或者跌幅小的资产，而持仓更少的是涨幅小或者跌幅大的资产。投资人的目标很清楚，问题是如何能实现这个目标。

既然大多数人都缺乏这种看透未来的能力，我们如何能够现在就布局投资组合来应对不可知的未来？我认为，答案大部分取决于我们理解市场现在处在其周期的什么位置，以及其所传达的市场未来的走势。正如我在《投资最重要的事》那本书中写的："我们也许永远都不知道我们将来会去哪里，但是我们最好搞清楚我们现在正在哪里。"

~~~

讲了这么多周期知识，关键是什么？关键是我们要知道现在投资人的心理周期和估值水平周期的钟摆摆到了什么位置。有时候，投资人会拒绝买入或卖出，因为这个时候，投资人的心理过于积极，给予股票过高的估值水平，导致股价飙升到顶点。有时候，投资人应该买入，因为这个时候投资人看到市场一直下跌，心理和情绪低落，甚至垂头丧气，结果陷入恐慌情绪，抛弃估值标准，急于低价抛售，不管价格多便宜都要卖，从而导致市场上出现很多物美价廉的便宜货。正如约翰·邓普顿爵士所说的："在别人都沮丧地卖出的时候买入，在别人都贪婪地买入的时候卖出，这要求你有极大的勇气，也会给予你极大的回报。"

~~~

这里的关键在于"推理"（我最喜欢的词之一）。由于媒体的报道，每个人都可以看到每天正在发生的事情。但是，有多少人在努力了解日常事件背后的市场参与者的心理与投资环境，并进一步思索我们该如何相应地采取行动呢？

简而言之，我们必须力求了解我们身边所发生的事情的含义。当其他人盲目自信、积极买入时，我们应加倍小心；当其他人不知所措或恐慌性抛售时，我们应该更加积极。

这些心理和情绪因素的最大影响，就是让投资人相信过去的估值指标已经变得无关紧要了，你可以完全不予理会。投资人情绪很高，市场价格会涨得更高，让他们高位追涨买入也能赚钱，这时候他们发现很容易找到理由，解释这些资产应当不受历史正常估值水平的限制。这种解释通常会用一句话开头："这次不一样了。"仔细留意，这是一个凶兆，代表投资人的警惕怀疑态度消失了。与此类似，在市场崩盘时，资产价格之所以会暴跌，通常因为投资人内心认定，过去支持估值的因素没有一个值得信任。

~~~

"这次不一样"，是投资世界最危险的5个字，特别是在市场价格走到历史上极端估值水平时就更加危险，可是这个时候说“这次不一样”的人特别多。

在这种情况下，人们说“这次不一样”，其实他们想表达的意思是，过去产生周期循环的规则和过程已经暂时中止了。但是过去金融市场的周期波动，并不是由于物理规律或者科学规律发挥作用而产生的。在科学上，前面有因，后面就会有果，两个事件之间的因果关系是非常稳定可靠的，每次重复都有同样的结果，因此我们可以很有把握地说，“如果发生 A，那么就会发生 B”。但是在金融世界和商业世界尽管确实也有一些基本原理发挥作用，但是由此总结出来的真理，和科学上的真理有非常大的不同。

究其原因，就像我多次重复说过的那样，因为有人参与。人的决策对经济周期、企业周期、市场周期产生了巨大影响，事实上，经济、企业、市场的构成要素就是人和人之间的交易。而人做的决策，并不是科学的。

关键人是有感觉的，而且人才不会让那些所谓的神圣不可侵犯的科学规律绑住手脚。人总会把情绪和性格上的弱点带进自己的经济决策和投资决策中。人们会错误地在本来不该过于兴奋的时候变得特别兴奋，又会错误地在不该过于沮丧的时候变得特别沮丧，这是因为人容易在诸事顺遂的时候过于夸大周期上行的潜力，而人又容易在诸事不顺的时候过于夸大周期下行的风险，因此人的参与会让趋势走到周期的极端。

~~~

周期定位。根据你对主要周期定位的分析，判断周期目前所在位
~~~

置及未来趋势，决定你对投资组合的风险定位——更多地承受买入而出错的风险，还是更多地承受不买而错过的风险，或者在二者之间保持平衡。

资产选择。决定要配置哪些市场、市场利基、具体证券或资产，以及要重仓配置还是要轻仓配置。

周期定位和资产选择是投资组合管理的两个主要工具。也许这么说过于简单化了，但是我认为，投资人做的每一件事情，都可以被纳入一个或其他要素中。

~~~

周期定位主要包括：在激进和保守之间进行选择，也就是增加和减少暴露在市场波动之中的投资仓位。投资成功的秘诀包括以下三点：第一，深思熟虑地分析市场现在所处的周期位置；第二，基于分析提高进攻性；第三，结果证明你是对的。这几点可以总结为周期定位的“技能”或者“阿尔法”。当然，第三条结果证明你是对的，完全不在任何人的控制范围之内，特别是这在一定程度上受制于随机性，所以结果证明你是对的，并不是每一次都会这样，即使是技能纯熟的投资人，而且推理判断做得相当好，也未必每次都能被证明是对的。

~~~

我的看法是，你想要在理解市场周期的基础上改变投资组合布局，以此来提升长期投资业绩，这种想法完全合情合理。但是有一点对于你来说至关重要，你一定要理解，这种想法要求你具有高超的技能，且真正实现这种想法非常困难。

重要的是，不要捡了芝麻丢了西瓜。我希望大家不要过于关注每天市场短线的上涨和下跌，这些都是如芝麻一般的小事，而要关注一生只有一次的周期走到极端的情况，这才是如西瓜一般的大事（最近看起来不是一生只有一次了，而是每过十年都有可能发生一次市场走极端的情况），这是一个很明显的事实，我已在第 12 章提供了一些典型的案例。

首先，大泡沫和大崩盘这两种极端行情，特别是它们形成的过程，非常清楚地描述了周期的运行模式，以及我们应该如何应对；其次，正是遇到这些市场走到极端的情况，我们才可以得到预期可能性最大的投资成功的机会。

市场价格相对于其内在价值的关系有上中下三种情况：中间区域是定价“公允”，上下两个极端是定价“太贵”和定价“便宜”。当然，市场走到定价太贵和定价便宜两个极端，肯定要比其他情况能够让我们看得更加清楚。结果是：

第一，经常很难区分市场定价到底是贵是贱，也很难经常做到正确区分。

第二，因此在中间区域区分市场定价是贵是贱，不如在极端区域区分市场定价是贵是贱，这样更有可能赚到大钱，而且在中间区域区分市场定价是贵是贱，也不如在极端区域更加可靠。

发现市场走到极端，并且能利用走到极端的市场，真的是我们能找到的最好的方法了。而且我相信，这种事情做起来很可靠，前提是你能系统地深入分析，有洞察力（或者对历史很精通），而且做事沉着冷静、不动感情。可是，这也意味着，你别指望能够每天、每个月，甚至每年都能做出能赚钱的决策。

根据周期选择投资时机的合理性，只取决于你对选择投资时机的期望。你如果经常想要察觉到我们所处周期的位置，而你的目的是推断“明天会发生什么情况”或者“下个月会发生什么情况”，就不可能成功。我把这种做法称为“想要小聪明”。要做出很好的区分并不容易，没有人能够经常或者持续地做到精细地区分市场的定价，没有人能靠这个本事显著地提高投资业绩。也没有人知道，根据周期定位推断市场可能的走势时，什么时候这个“可能”会变成现实。

彼得·伯恩斯坦认为：“未来并不是我们能够提前知道的，但是明白这一点能够帮助我们知道错误是不可避免的、是很正常的。我们出错并不是因为发生那些可怕的悲剧，也不是因为推理上出现可怕的漏洞，甚至不是因为像在大多数情况下那样碰上坏运气。我们之所以会出错，是因为出错是行动的特权，而任何行动都取决于完全不可预知的未来……”

~~~

人容易走极端的倾向，永远不会终止，因此，这些极端最终必须得到修正，而不是周期的发生会有改变。经济和市场从来不是走一条直线，过去不走直线，未来也肯定不会走直线。这就意味着，投资人能够理解周期，就能够找到赚钱的良机。
~~~